PR und Organisationskommunikation im Gesundheitswesen

Doreen Reifegerste
(Hrsg.)

PR und Organisationskommunikation im Gesundheitswesen

Interdisziplinäre Perspektiven auf Wertehorizonte und deren Spannungsfelder

Hrsg.
Doreen Reifegerste
Universität Bielefeld, Bielefeld, Deutschland

ISBN 978-3-658-32883-2   ISBN 978-3-658-32884-9   (eBook)
https://doi.org/10.1007/978-3-658-32884-9

Die Deutsche Nationalbibliothek verzeichnet diese Publikation in der Deutschen Nationalbibliografie; detaillierte bibliografische Daten sind im Internet über http://dnb.d-nb.de abrufbar.

Planung/Lektorat: Barbara Emig-Roller
Springer VS ist ein Imprint der eingetragenen Gesellschaft Springer Fachmedien Wiesbaden GmbH und ist ein Teil von Springer Nature.
Die Anschrift der Gesellschaft ist: Abraham-Lincoln-Str. 46, 65189 Wiesbaden, Germany

Inhaltsverzeichnis

Teil I
Werte im Gesundheitswesen

Public Relations und Organisationskommunikation im Gesundheitswesen

Doreen Reifegerste und Elena Link

Zusammenfassung

Das Gesundheitswesen ist ein Bereich, in dem die Ziele der Organisationen und Akteur*innen von vielfältigen Werten beeinflusst werden. So liegen den Zielen häufig sowohl medizinische und gemeinwohlorientierte als auch wirtschaftliche Werte zugrunde, die stets Abwägungen der Organisationen erforderlich machen. Es ist davon auszugehen, dass diese Ziel- und Wertabwägungen sowie die damit einhergehenden Spannungen auch die Kommunikation der Organisationen prägen. Trotz dieser besonderen Herausforderung existieren bislang wenige Arbeiten, die die Themenbereiche Public Relations und Organisationskommunikation im Gesundheitswesen vor dem Hintergrund der unterschiedlichen Werthorizonte betrachten. Der vorliegende Band möchte daher die bislang weitgehend disparaten Forschungsstränge der PR und Organisationskommunikation und der strategischen Gesundheitskommunikation zusammenführen. Dafür werden in diesem Beitrag zunächst zentrale Begriffe geklärt sowie die Inhalte der einzelnen Beiträge überblicksartig dargestellt.

D. Reifegerste (✉)
Fakultät für Gesundheitswissenschaften, Universität Bielefeld, Bielefeld, Deutschland
E-Mail: doreen.reifegerste@uni-bielefeld.de

E. Link
Institut für Journalistik und Kommunikationsforschung, Hochschule für Musik, Theater und Medien, Hannover, Deutschland
E-Mail: elena.link@ijk.hmtm-hannover.de

© Springer Fachmedien Wiesbaden GmbH, ein Teil von Springer Nature 2021
D. Reifegerste (Hrsg.), *PR und Organisationskommunikation im Gesundheitswesen*, https://doi.org/10.1007/978-3-658-32884-9_1

Schlüsselwörter

Public Relations • Organisationskommunikation • Gesundheitswesen • Gesundheitskommunikation • Ziele • Werthorizonte

1.1 Einleitung

Public Relations (PR) und Organisationskommunikation dienen dazu, bestimmte Organisationsziele, wie Imageverbesserung oder Umsatzsteigerung, mittels geplanter Maßnahmen zu erreichen oder die Zielerreichung zu unterstützen (Holtzhausen und Zerfass 2013). Die PR und Organisationskommunikation muss dabei prinzipiell verschiedene Zielsetzungen abwägen und priorisieren und wird durch die Wert- und Zielabwägung der Organisation geprägt. Besonders schwierig kann dies sein, wenn die Ziele miteinander in Konflikt stehen. Ein Bereich, in dem sich solche Zielkonflikte besonders deutlich zeigen, ist das Gesundheitssystem. Den Zielen im Gesundheitssystem liegen häufig gleichermaßen medizinische, gemeinwohlorientierte und wirtschaftliche Werte zugrunde, die stets Abwägungen der Akteur*innen und Organisationen erforderlich machen (Roski 2014; Seifert 2019).

So stellt es beispielsweise ein Ziel von Kliniken, Pharmaunternehmen und Krankenversicherungen dar, die Gesundheit ihrer Patient*innen zu erhalten und zu verbessern oder die Versorgung ihrer Versicherten zu gewährleisten. Zugleich streben sie (gemeinwohlorientierte) Wirtschaftlichkeit und mitunter auch Gewinnmaximierung an. Das Handeln in den Organisationen im Gesundheitswesen ergibt sich somit aus *komplexen Ziel- und Werthorizonten,* die allerdings nicht nur konfligieren, sondern sich auch ergänzen oder verstärken können (siehe dazu Vieth in diesem Band). Es ist beispielsweise notwendig und teilweise sogar von Vorteil, dass die Organisationen sowohl ökonomische als auch gemeinwohlorientierte Ziele anstreben, um die Organisation zu erhalten und deren Existenz zu rechtfertigen (Maio 2016).

Bei der Betrachtung von Zielen und den zugrunde liegenden Werten im Gesundheitswesen wird allerdings auch deutlich, dass die Orientierung an ökonomischen Zielen mit einer Gefährdung der Patient*innen oder einer (aus gesellschaftlicher Perspektive) problematischen Verteilung der Ressourcen einhergehen kann (Maio 2014). Um allen Bürger*innen den Zugang zu umfassender medizinischer Versorgung zu ermöglichen, unterliegt der Gesundheitsmarkt in zahlreichen Bereichen staatlicher Regulierung, die zu stetigen Anpassungen der Strukturen des Gesundheitswesens führen (Knieps und Reiners 2015). Trotz dieser Regulierungen scheinen aufgrund möglicher Diskrepanzen und Spannungen zwischen ökonomischen und gemeinwohlorientierten Werten und Zielen moralische Dilemmata und daraus resultierende *Wert- und Zielkonflikte* innerhalb der Organisationen im Gesundheitswesen vorprogrammiert (Fell 2018; Wils und Baumann-Hölzle 2019).

Für die Werte- und Zielabwägung ist dabei auch von Bedeutung, dass Gesundheitsthemen mit einer *hohen Emotionalität* und hohem Involvement der Patient*innen sowie ihren Angehörigen (als wichtige Stakeholder) einhergehen (Knieps und Reiners 2015). Daher ist es von zentraler Bedeutung, die PR- und Organisationskommunikation mit Blick auf die beschriebenen Herausforderungen genauer zu betrachten. Beispielsweise um zu verstehen, wie sich die Werthorizonte auf Kommunikationsbeziehungen im Gesundheitswesen auswirken, welche Besonderheiten das Lobbying der Patient*innen im Gesundheitswesen aufweist oder welche Formen der Kommunikation Krankenversicherungen nutzen.

Darüber hinaus ist das Gesundheitssystem durch hohe Komplexität der Prozesse und stetige Wandlungsprozesse aufgrund von Entwicklungen wie Digitalisierung, Individualisierung und demografischer Alterung geprägt, die sich ebenfalls auf die Werte und Ziele auswirken und deren Rahmenbedingungen bilden (Dockweiler und Razum 2016; Geisel et al. 2017; Rauen 2013). Sich mit den Besonderheiten der PR- und Organisationskommunikation des Gesundheitssystems zu befassen, erscheint zusätzlich vor dem Hintergrund bedeutsam, dass die Gesundheitsbranche als einer der größten Wirtschaftszweige mit mehr als 11 % des Bruttoinlandsprodukts, jährlichen Ausgaben von mehr als 4.300 € pro Einwohner*in sowie mit enormem Wachstum seit langem als *Zukunftsmarkt* gilt (Bundesministerium für Gesundheit 2002; Statistisches Bundesamt Deutschland 2018).

Gleichzeitig gilt es aber bei der Auseinandersetzung mit der PR- und Organisationskommunikation im Gesundheitswesen zu beachten, dass vor der zunehmenden Wettbewerbsorientierung im Gesundheitswesen für viele Organisationen (insbesondere Kliniken sowie Ärzt*innen) lange Zeit keine Notwendigkeit bestand, strategische Public Relations und Organisationskommunikation zur Legitimierung oder dem „Verkauf" ihrer Arbeit zu betreiben. Somit verfügen sie zum Teil über wenig Erfahrung in diesem Bereich und möglicherweise eine (noch) geringe Professionalisierung der Kommunikationsverantwortlichen (Matusiewicz 2019).

Ziel des Bandes ist es daher, die aktuelle Forschungslage zum Themenbereich PR- und Organisationskommunikation der verschiedenen Akteure im Gesundheitswesen vor dem Hintergrund unterschiedlicher Werthorizonte und

Ziele sowie der genannten Wandlungsprozesse aufzuzeigen, um zu einem erweiterten Verständnis beizutragen. Die Beiträge umfassen daher empirische Arbeiten, systematische Übersichten oder Praxisprojekte und dienen der Zusammenführung der Forschungsfelder Gesundheitskommunikation sowie PR- und Organisationskommunikation.

1.2   Begriffsklärungen

Im Zuge der Betrachtung der PR- und Organisationskommunikation im Gesundheitswesen wird Kommunikation von Akteur*innen als Organisationsfunktion, d. h. als Kommunikation, mit der organisationsbezogene Ziele verfolgt werden sollen, verstanden (Holtzhausen und Zerfaß 2015). Es handelt sich somit stets um zielgerichtete organisationsbezogene Kommunikationsprozesse. Im Sinne einer ganzheitlichen Betrachtung dieser Prozesse sollen Rückbezüge zu Annahmen der Public Relations (PR) oder Öffentlichkeitsarbeit, Organisationskommunikation, Unternehmenskommunikation und dem Kommunikationsmanagement erfolgen, die teilweise synonym verwendet werden (Röttger et al. 2018).

Dabei wird PR- und Organisationskommunikation als Teilbereich der Kommunikationswissenschaft verstanden, der als Oberbegriff (sog. umbrella term) sowie im Sinne eines *breiten und integrierenden Begriffsverständnisses* sowohl einseitige als auch dialogische Kommunikationsformen, analoge sowie digitale Kanäle, intern sowie extern ausgerichtete Kommunikation und intendierte sowie emergente Handlungspraktiken umfasst (Raupp 2017).

Eine zentrale Differenzierung bildet der Bereich der externen und der internen Kommunikation einer Organisation (Wehmeier et al. 2013). Die *externe Kommunikation* richtet sich zum einen als PR bzw. Öffentlichkeitsarbeit mit Zielen wie Image, Akzeptanz und Vertrauen an die Öffentlichkeit oder einzelne Zielgruppen innerhalb der Öffentlichkeit (Weder 2010). Zum anderen dient die externe Kommunikation im Sinne des Marketings dem Ziel, den Absatz von Produkten eines Unternehmens zu steigern. Handelt es sich um eine gemeinnützige, sog. non-profit Organisation, können diese „Produkte" auch immaterielle Werte, wie beispielsweise Gesundheit, sein. Man spricht in diesem Fall von *sozialem Marketing,* weil die Maßnahmen des Marketing (im Gegensatz zum kommerziellen Marketing) für soziale, d. h. gemeinwohlorientierte Ziele angewendet werden (Goldberg et al. 2018). So können bspw. auch Gesundheitskampagnen als Teil der Organisationskommunikation einer staatlichen Organisation wie der Bundeszentrale für gesundheitliche Aufklärung als Präventionsmarketing betrachtet werden (Scherenberg 2017).

Die *interne Kommunikation* bezieht sich hingegen vor allem auf die Kommunikation von und zwischen Mitarbeiter*innen einer Organisation. Ziel ist es, damit einen Beitrag zu den Organisationszielen zu leisten und dem Personal eine kollektive Orientierung zu geben (Huck-Sandhu 2016). Zu diesen Zielen kann bspw. neben der Personalrekrutierung (bspw. im Sinne des Employer Branding) auch die Begleitung von vorhandenem Personal in Veränderungsprozessen (bspw. im Sinne des Change Management) zählen (Camphausen und Brandstädter 2019).

Eine Organisation im Gesundheitswesen kann dabei sowohl ein gewinnorientiertes Unternehmen als auch eine gemeinnützige oder staatliche Institution, wie eine Stiftung, sein (Weder 2010). Als *Organisationen im Gesundheitswesen* bezeichnen wir solche Organisationen, deren hauptsächlicher Zweck die gesundheitliche Versorgung der Bevölkerung ist. Im deutschen Gesundheitssystem sind dies sowohl die Leistungserbringer (wie Krankenhäuser, Ärzt*innen) als auch die Kostenträger (wie gesetzliche Krankenversicherungen). In diesem Verständnis von Organisationen oder Akteur*innen des Gesundheitssystems sind auch Ärzt*innen eine Organisation, die mit ihrer Praxis (vergleichbar mit einem Kleinunternehmen) strategisch kommunizieren können. Dabei ist es nicht unser Ziel, mit diesem Band alle theoretisch möglichen oder praktisch im Gesundheitssystem vorhandenen Organisationen abzudecken, sondern den Fokus auf die zentralen Organisationen (d. h. Kliniken, Ärzt*innen, Patient*innen, Krankenversicherungen und Pharmaunternehmen) zu legen, wenngleich für spezifische Fragestellungen auch detaillierte Betrachtungen (z. B. ambulante versus stationäre Leistungserbringer oder nichtärztliche Gesundheitsberufe) möglich sind (Aldoory 2014).

Diese Begrifflichkeiten machen jeweils verschiedene Perspektiven, Schwerpunkte oder auch Zielstellungen deutlich. So sind Begriffe wie Gesundheitsmarkt, Konsument*in, Kundenfreundlichkeit, Dienstleistung, Serviceorientierung oder Wettbewerb eher einem ökonomisch-kalkulierenden Selbstverständnis zuzuordnen. Hingegen steht bei Begriffen wie Patient*in oder Gesundheitsversorgung die sozial-karitative Ausrichtung im Vordergrund (Maio 2016).

1.3   Inhalte des Bandes

Bislang liegen zur PR- und Organisationskommunikation von Organisationen im Gesundheitswesen *nur wenige Beiträge aus der Kommunikationswissenschaft* vor. Im Handbuch der Gesundheitskommunikation (Rossmann und Hastall 2019) findet sich jeweils ein Beitrag zu Kliniken (Seifert 2019), Pharmaunternehmen (Dan 2019) und Krankenkassen (Reifegerste et al. 2019), die allesamt konstatieren, dass es sich um eine bedeutende Forschungslücke handelt. Die anderen vorhandenen Publikationen zu diesem Themenfeld beschränken sich meist auf Ratgeber aus der Marketingpraxis (Köhler und Gründer 2017; Matusiewicz 2019; Meffert und Wolde-Lübke 2017), die kaum die gesellschaftlichen Konsequenzen und kommunikationswissenschaftliche Perspektiven berücksichtigen. Zudem finden nur wenige Transfers von Theorien aus anderen Handlungsfeldern der PR- und Organisationskommunikation wie Politik und Wirtschaft (Röttger et al. 2018) statt, obwohl Ziel- oder Wertebeziehungen von Partikularinteressen und Gemeinwohl ein häufiges Forschungsthema in der PR-Forschung sind, z. B. im Rahmen der Forschung zu Corporate Social Responsibility (Raupp et al. 2011).

Es erscheint daher notwendig, die weitgehend *disparaten Forschungsstränge der Organisationskommunikation und der strategischen Gesundheitskommunikation* zusammenzuführen. Angesichts der wachsenden ökonomischen Ausrichtung und gesellschaftlichen Relevanz von Organisationen im Gesundheitswesen soll daher im vorliegenden Band dargestellt werden, inwieweit etablierte Konzepte, Theorien und Befunde der Organisationskommunikation aus anderen Handlungsfeldern auf die PR- und Organisationskommunikation im Gesundheitswesen übertragen werden können und wie sich dies bei den verschiedenen Institutionen wie Ärzt*innen und Arztpraxen, Kliniken, Krankenversicherungen, Stiftungen und Pharmaunternehmen konkret zeigt.

Dafür werden im ersten Teil des Bandes zunächst die Grundlagen relevanter Werte- und Zielbeziehungen der Kommunikation von Organisationen im Gesundheitswesen beschrieben. Im Beitrag von Andreas Vieth werden aus philosophischer Perspektive verschiedene Wege aufgezeigt, wie Kommunikationsverantwortliche im Gesundheitswesen mit *Ziel- und Wertekonflikten* im Spannungsfeld zwischen sozialer Verantwortung, Patient*innenautonomie und Ökonomisierung umgehen (können) und welche Konsequenzen dies für die Organisationen, deren Mitarbeitende und die Gesellschaft hat. In einer *historischen Betrachtung* von Doreen Reifegerste wird deutlich, dass die Spannungsverhältnisse im Gesundheitswesen und ihre öffentliche Thematisierung keineswegs neu sind. Dies zeigt sich besonders eindrucksvoll am Beispiel der PR von Karl August Lingner, der sich als wirtschaftlich sehr erfolgreicher „Odolkönig" in zahlreichen Projekten (wie Gesundheitsausstellungen, Klinikgründungen und Desinfizierungsausbildung) zugunsten der öffentlichen Gesundheit engagierte. Seine Unternehmenskommunikation wurde Anfang des 20. Jahrhunderts heftig vor dem Hintergrund der Motive Gemeinwohl versus Profitgier diskutiert (Büchi 2011).

Im zweiten Teil des Bandes wird dargelegt, dass die interne und externe Kommunikation von Organisationen im Gesundheitswesen wie Arztpraxen und

Kliniken nicht nur aufgrund von Werte- und Zielkonflikten herausgefordert ist, sondern sich auch mit gesellschaftlichen Wandlungsprozessen und somit Unbeständigkeit konfrontiert sieht. So ist mit Blick auf die Wertehorizonte darauf zu verweisen, dass die zunehmende Patient*innenorientierung eine Herausforderung des *Vertrauens in der Arzt-Patienten-Kommunikation* darstellt. Elena Link zeigt in ihrem Beitrag, inwieweit Vertrauen eine zentrale Zielgröße der PR von Ärzt*innen ist und wie es zugleich durch vielfältige öffentliche Krisen oder Skandale auf die Probe gestellt wird (Anselm und Butz 2016; Grünberg 2014). Aktuelle Beispiele aus öffentlichen Diskursen über die Covid-19 Pandemie, die Sicherheit von Medizinprodukten (wie Hüftprothesen oder Herzschrittmachern), die Bewertung von Leistungserbringern auf Internetportalen oder Unregelmäßigkeiten bei der Vergabe von Organtransplantationen verdeutlichen dies (Roloff und Henke-Wendt 2018). Einen weiteren zentralen Wandlungsprozess stellt die Digitalisierung dar, in deren Kontext sich die Frage stellt, wie die Organisationen im Gesundheitswesen vor dem Hintergrund der *Digitalisierung* zielorientiert kommunizieren. In ihrem Beitrag zeigen Nicole Rosenberger, Colette Schneider Stingelin und Julia Grundisch, wie die Organisationskommunikation von Spitälern und Kliniken in Österreich zu einer nachhaltigen digitalen Transformation beitragen kann. Die Relevanz digitaler Kommunikationsprozesse im Gesundheitswesen zeigen auch Tetyana Kotovnykova, Constanze Rossmann und Doreen Reifegerste in ihrem Beitrag zur sektorenübergreifenden Zuweisungskommunikation. Hierbei zeigt sich, dass die Akzeptanz von Zuweisungsportalen einen wesentlichen Einflussfaktor für die erfolgreiche Zusammenarbeit darstellt.

Im dritten Teil des vorliegenden Bandes wird die PR- und Organisationskommunikation von Krankenversicherungen näher beleuchtet. Sophia Schaller und Annemarie Wiedicke untersuchen in ihrem Beitrag mittels einer quantitativen und qualitativen Inhaltsanalyse, inwiefern gesetzliche Krankenversicherungen in der Medienberichterstattung zu Depressionen und Diabetes als gesellschaftliche Verantwortungsträger dargestellt werden. Auch Farina Ohser nimmt in ihrem Beitrag die gesellschaftliche Verantwortung von Krankenversicherungen in den Blick. Der Beitrag untersucht anhand einer quantitativen Inhaltsanalyse der Medienberichterstattung, welche Verantwortungszuschreibungen durch und an gesetzliche Krankenversicherungen erfolgen. Im Beitrag von Sören Schiller und Sarah-Maria Steppe wird schließlich der Blick auf die Kund*innenkommunikation der gesetzlichen Krankenversicherungen gerichtet. Der Beitrag beleuchtet, inwieweit eine einstellungsbezogene Segmentierung der Versicherten als Basis für eine bedarfsgerechte Ansprache dienen kann. Alle drei Beiträge diskutieren, welche Konsequenzen dies für die strategische Kommunikation von Krankenversicherungen hat.

Der vierte Teil des Bandes widmet sich schließlich jenen Akteur*innen und Organisationen, deren Ziele die jeweiligen Pole der Wertehorizonte von Gemeinwohl bis Gewinn abbilden. So verpflichten sich Stiftungen den Patient*innenanliegen und somit dem Gemeinwohl, während Pharmaunternehmen primär wirtschaftliche Interessen verfolgen. Im Beitrag von Julia Stüwe und Felix Pawlowski wird deutlich, wie PR und Advocacy-Arbeit durch eine Stiftung für junge Krebskranke zur Stärkung der Patient*innenanliegen führen kann. Der Beitrag von Isabell Koinig zeigt in einer experimentellen Studie, wie die Stärkung der Patient*innenautonomie auch durch Pharmawerbung erreicht werden kann. Hierbei wird wiederum deutlich, dass Patient*innenorientierung auch Bestandteil einer wirtschaftlich geprägten Kommunikationsstrategie sein kann und wie eng somit die unterschiedlichen Werte miteinander verflochten sind.

1.4   Ausblick

Obwohl wir in den Beiträgen eine breite Auswahl der zentralen Akteur*innen und Organisationen abbilden, finden sich im Gesundheitswesen doch zahlreiche weitere Organisationen und Akteur*innen, die sich an der Kommunikation beteiligen. Während die strategische Kommunikation öffentlicher Organisationen wie NGOs und Krankenversicherungen (Wiegard et al. 2019), vor allem durch zahlreiche Evaluationen ihrer Kampagnen, bereits intensiv beleuchtet wurde, ist PR- und Organisationskommunikation zahlreicher anderer Akteur*innen bislang kaum untersucht worden. Dazu zählen neben Herstellern von Heil- und Hilfsmitteln u. a. die Pflegeberufe, welche allerdings aufgrund der in diesem Bereich zunehmend notwendigen Rekrutierungskommunikation und entsprechenden Marketingmaßnahmen wie dem Employer Branding zunehmend in den Blick geraten (Camphausen und Brandstädter 2019).

Daneben gilt es auch die Auswirkungen der weiteren gesellschaftlichen Wandlungsprozesse wie Digitalisierung, Patient*innenautonomie, Ökonomisierung und Globalisierung in ihren Wechselwirkungen mit der PR- und Organisationskommunikation verstärkt zu untersuchen. Die Veränderung im Gesundheitswesen zugunsten einer höheren Patient*innenautonomie (Dierks und Schwartz 2001; Dieterich 2006) hängt nicht zuletzt auch mit der zunehmenden und umfassenden Verfügbarkeit von Gesundheitsinformationen in digitalen Medienumgebungen zusammen, die traditionell nur für Personen mit medizinischen Berufen zugänglich waren (Link und Baumann 2020). Das zunehmende Empowerment von Patient*innen sowie ihren Angehörigen und deren digitale Aktivitäten (Frielitz 2015; Köhler und Gründer 2017) fordern somit auch im Gesundheitswesen mehr Dialog mit den

Bezugsgruppen bzw. partizipative Beteiligung in der Medienöffentlichkeit (Zerfaß und Droller 2015). Auch die Wechselwirkung der zunehmenden Ökonomisierung mit der strategischen Kommunikation und ihre gesellschaftlichen Implikationen gilt es zu berücksichtigen. So kann bspw. die Steigerung von Umsätzen auf dem zweiten Gesundheitsmarkt durch erfolgreiche Werbekampagnen Bewegung, gesunde Ernährung und Entspannung fördern. Gleichzeitig kann aber die interessengeleitete PR- und Organisationskommunikation von Pharmaunternehmen auch zur Medikalisierung beitragen (Peter und Neubert 2016).

Im Zuge der Globalisierung erscheint es auch relevant, *Länderspezifika* zu berücksichtigen, da sowohl die nationalen Rahmenbedingungen der Gesundheitsversorgung, der Digitalisierung als auch kulturelle Besonderheiten einen Einfluss haben können. So führen beispielsweise Formen und Fortschritte der Digitalisierung des Versorgungsbereiches (Kostera und Thranberend 2018) zu deutlichen Differenzen der PR- und Organisationskommunikation im Gesundheitswesen. Ebenso kann auch die unterschiedliche nationale Finanzierung von Gesundheitsleistungen (wie Privatversicherung, Morbi-RSA) zu Unterschieden in der Kommunikation führen, selbst wenn man nur die deutschsprachigen Länder Deutschland, Österreich und Schweiz oder die Unterschiede in europäischen Ländern betrachtet (Terfrüchte 2017).

Letzlich möchten wir mit diesem Band dazu anregen, Werte und Ziele sowie ihre Reflektion als expliziten Ausgangspunkt für die wissenschaftliche Betrachtung strategischer Kommunikation von Organisationen im Gesundheitswesen zu nehmen. Werte und Ziele sehen wir hierbei als zentrale Treiber und Themen der Gesundheitskommunikation, die die gesundheitsbezogene Medienberichterstattung, Ziele von Gesundheitskampagnen, die Ausgestaltung digitaler Gesundheitsanwendungen, Inhalte der Gespräche von Ärzt*innen und Patient*innen und eben auch die PR- und Organisationskommunikation im Gesundheitswesen prägen (Reifegerste 2020). Die verschiedenen Beiträge im Band zeigen, dass Werte- und Zielorientierungen einen entscheidenden Einfluss darauf haben, wie intensiv, mit welchen Inhalten und in welchen Formen die verschiedenen Akteur*innen im Gesundheitswesen kommunizieren.

Zudem ist die Reflektion über diese Werte und Ziele (Schildmann et al. 2014) notwendig, um die Grundlagen für bestimmte Handlungen und Entscheidungen transparent zu machen, denn Vertrauen und Verlässlichkeit sind wichtige Werte in der Gesundheitskommunikation (Link 2019). In den verschiedenen Beiträgen wurden deshalb einige zentrale ethische Herausforderungen und Konfliktlinien der Gesundheitskommunikation deutlich, die sich aus den verschiedenen Wertehorizonten der Beteiligten ergeben. Dieser Wunsch nach Transparenz von Werte- und

Zielhorizonten zeigt sich beispielsweise auch in Bezug auf Medieninformationen über COVID-19. Für die Umsetzung dieser Transparenz bedarf es aber auch einer größeren Akzeptanz bzw. Akzeptabilität divergierender Wertehorizonte (Meyer 2019; Vieth 2018).

Literatur

Aldoory, L. (2014). Public relations and health care organizations. In T. L. Thompson (Hrsg.), *Encyclopedia of health communication* (S. 1129–1132). Los Angeles: Sage Publications.

Anselm, R., & Butz, U. (2016). Vertrauen in der Organisation Krankenhaus – wie lässt sich das Nicht-Organisierbare organisieren? In H. Steinfath & C. Wiesemann (Hrsg.), *Autonomie und Vertrauen. Schlüsselbegriffe der modernen Medizin* (S. 133–162). Wiesbaden: Springer.

Büchi, W. A. (2011). Karl August Lingner als Aktivist der Hygiene-Bewegung. *Dresdner Hefte, 29*(108), 4–15.

Bundesministerium für Gesundheit (Hrsg.). (2002). *Zukunftsmarkt Gesundheit*. Baden-Baden: Nomos-Verlags-Gesellschaft.

Camphausen, M., & Brandstädter, M. (2019). Employer Branding: Von der Notwendigkeit einer Arbeitgebermarke für Gesundheitseinrichtungen. In D. Matusiewicz, F. Stratmann & J. Wimmer (Hrsg.), *Marketing im Gesundheitswesen* (S. 75–90). Wiesbaden: Springer.

Dan, V. (2019). Pharmakommunikation. In C. Rossmann & M. R. Hastall (Hrsg.), *Handbuch der Gesundheitskommunikation. Kommunikationswissenschaftliche Perspektiven* (S. 109–120). Wiesbaden: Springer.

Dierks, M.-L., & Schwartz, F. W. (2001). Role changes in new public health. The patient as a consumer. *Bundesgesundheitsblatt – Gesundheitsforschung – Gesundheitsschutz, 44*(8), 796–803.

Dieterich, A. (2006). *Eigenverantwortlich, informiert und anspruchsvoll …: Der Diskurs um den mündigen Patienten aus ärztlicher Sicht* (WZB Discussion Paper No. SP I 2006–310). Abgerufen am 19.04.2018 von https://hdl.handle.net/10419/47375

Dockweiler, C., & Razum, O. (2016). Digitalisierte Gesundheit: neue Herausforderungen für Public Health. *Gesundheitswesen, 78*(1), 5–7.

Fell, S. (2018). Werteorientierte Führung. In K. Keller & F. Lorenz (Hrsg.), *CSR im Gesundheitswesen: Dynamik im Spannungsfeld von individuellem und organisationalem Anspruch und deren Auswirkungen auf die Unternehmensstrategie* (S. 77–84). Wiesbaden: Springer.

Frielitz, F.-S. (2015). Das Kommunikationsinstrument Social Media im Kontext der Sozialversicherung am Beispiel des Gesundheitswesens. In L. Mülheims, K. Hummel, S. Peters-Lange, E. Toepler & I. Schuhmann (Hrsg.), *Handbuch Sozialversicherungswissenschaft* (S. 487–499). Wiesbaden: Springer.

Geisel, B., Lampert, T., Wurm, S., & Thyen, U. (2017). Demografischer und sozialer Wandel. *Gesundheitswesen, 79*(11), 906–909.

Goldberg, M. E., Fishbein, M., & Middlestadt, S. E. (2018). *Social marketing. Theoretical and practical perspectives*. New York: Psychology Press.

Grünberg, P. (2014). *Vertrauen in das Gesundheitssystem. Wie unterschiedliche Erfahrungen unsere Erwartungen prägen.* Wiesbaden: Springer.

Holtzhausen, D., & Zerfass, A. (2013). Strategic communication–pillars and perspectives of an alternative paradigm. In A. Zerfaß (Hrsg.), *Organisationskommunikation und Public Relations. Forschungsparadigmen und neue Perspektiven* (S. 73–96). Wiesbaden: Springer.

Holtzhausen, D., & Zerfaß, A. (2015). Strategic communication. Opportunities and challenges of the research area. In D. Holtzhausen (Hrsg.), *Routledge handbook of strategic communication* (S. 3–17). New York: Routledge.

Huck-Sandhu, S. (2016). Interne Kommunikation im Wandel. Entwicklungslinien, Status Quo und Ansatzpunkte für die Forschung. In S. Huck-Sandhu (Hrsg.), *Interne Kommunikation im Wandel* (S. 1–19). Wiesbaden: Springer.

Knieps, F., & Reiners, H. (2015). *Gesundheitsreformen in Deutschland. Geschichte – Intentionen – Kontroversen.* Bern: Huber.

Köhler, A., & Gründer, M. (2017). *Online-Marketing für das erfolgreiche Krankenhaus. Website, SEO, Social Media, Werberecht.* Verfügbar unter https://doi.org/10.1007/978-3-662-48583-5

Kostera, T., & Thranberend, T. (2018). *#SmartHealthSystems. Digitalisierung braucht effektive Strategie, politische Führung und eine koordinierende nationale Institution* (Daten, Analysen, Perspektiven 5). Abgerufen am 04.12.2018 von https://www.bertelsmann-stiftung.de/fileadmin/files/BSt/Publikationen/GrauePublikationen/VV_SG_SHS_dt.pdf

Link, E. (2019). *Vertrauen und die Suche nach Gesundheitsinformationen.* Wiesbaden: Springer.

Link, E., & Baumann, E. (2020). Nutzung von Gesundheitsinformationen im Internet: personenbezogene und motivationale Einflussfaktoren. *Bundesgesundheitsblatt, Gesundheitsforschung, Gesundheitsschutz.* https://doi.org/10.1007/s00103-020-03144-5

Maio, G. (2014). Gefährdung der Patientensicherheit im Zeitalter der DRGs. *Zeitschrift für Evidenz, Fortbildung und Qualität im Gesundheitswesen, 108*(1), 32–34.

Maio, G. (2016). *Geschäftsmodell Gesundheit. Wie der Markt die Heilkunst abschafft.* Berlin: Suhrkamp Verlag.

Matusiewicz, D. (2019). Marketing im Gesundheitswesen – eine Einführung. In D. Matusiewicz, F. Stratmann & J. Wimmer (Hrsg.), *Marketing im Gesundheitswesen* (Bd. 2, S. 3–24). Wiesbaden: Springer.

Meffert, H., & Wolde-Lübke, F. (2017). Healthcare Marketing – marktorientierte Führung im Gesundheitsbereich. In C. Thielscher (Hrsg.), *Medizinökonomie 2. Unternehmerische Praxis und Methodik* (FOM-Edition, 2. Aufl., S. 211–254). Wiesbaden: Springer.

Meyer, T. (2019). Zur ethischen Relevanz von Akzeptanz und Akzeptabilität für eine nachhaltige Energiewende. In C. Fraune, M. Knodt, S. Gölz & K. Langer (Hrsg.), *Akzeptanz und politische Partizipation in der Energietransformation. Gesellschaftliche Herausforderungen jenseits von Technik und Ressourcenausstattung* (Energietransformation, S. 45–60). Wiesbaden: Springer VS.

Peter, C., & Neubert, C. (2016). Medikalisierung sozialer Prozesse. In M. Richter & K. Hurrelmann (Hrsg.), *Soziologie von Gesundheit und Krankheit.* Wiesbaden: Springer VS.

Rauen, L. (2013). Ein Sektor im Umbruch: Change Communication im Krankenhaus. In C. Rossmann & M. R. Hastall (Hrsg.), *Medien und Gesundheitskommunikation. Befunde, Entwicklungen, Herausforderungen* (S. 99–112). Baden-Baden: Nomos.

Raupp, J. (2017). Strategische Wissenschaftskommunikation. In H. Bonfadelli, B. Fähnrich, C. Lüthje, J. Milde, M. Rhomberg & M. S. Schäfer (Hrsg.), *Forschungsfeld Wissenschaftskommunikation* (S. 143–163). Wiesbaden: Springer.

Raupp, J., Jarolimek, S., & Schultz, F. (2011). Corporate Social Responsibility als Gegenstand der Kommunikationsforschung. In J. Raupp, S. Jarolimek & F. Schultz (Hrsg.), *Handbuch CSR* (9–18). Wiesbaden: Springer.

Reifegerste, D. (2020). Kommunikation über Gesundheitsthemen. Werte als zentrale Treiber. *Communicatio Socialis, 53*(3), 296–307.

Reifegerste, D., Schiller, S., & Leu, J. (2019). Krankenkassenkommunikation. In C. Rossmann & M. R. Hastall (Hrsg.), *Handbuch der Gesundheitskommunikation. Kommunikationswissenschaftliche Perspektiven* (S. 121–132). Wiesbaden: Springer.

Roloff, E., & Henke-Wendt, K. (2018). *Geschädigt statt geheilt. Große deutsche Medizin- und Pharmaskandale.* Stuttgart: S. Hirzel Verlag.

Roski, R. (2014). Akteure der Gesundheitskommunikation und ihre Zielgruppen. In K. Hurrelmann & E. Baumann (Hrsg.), *Handbuch Gesundheitskommunikation* (S. 348–359). Bern: Verlag Hans Huber.

Rossmann, C., & Hastall, M. R. (Hrsg.). (2019). *Handbuch der Gesundheitskommunikation. Kommunikationswissenschaftliche Perspektiven.* Wiesbaden: Springer.

Röttger, U., Kobusch, J., & Preusse, J. (2018). *Grundlagen der Public Relations. Eine kommunikationswissenschaftliche Einführung.* Wiesbaden: Springer VS.

Scherenberg, V. (2017). *Präventionsmarketing. Ziel- und Risikogruppen gewinnen und motivieren.* Konstanz.

Schildmann, J., Hirschberg, I., & Vollmann, J. (2014). Ethische Aspekte der Gesundheitskommunikation. In K. Hurrelmann & E. Baumann (Hrsg.), *Handbuch Gesundheitskommunikation* (S. 493–502). Bern: Verlag Hans Huber.

Seifert, M. (2019). Klinikkommunikation. In C. Rossmann & M. R. Hastall (Hrsg.), *Handbuch der Gesundheitskommunikation. Kommunikationswissenschaftliche Perspektiven* (S. 133–146). Wiesbaden: Springer.

Statistisches Bundesamt Deutschland. (2018). *Gesundheitsausgaben.* Abgerufen von https://www.destatis.de/DE/ZahlenFakten/GesellschaftStaat/Gesundheit/Gesundheitsausgaben/Gesundheitsausgaben.html

Terfrüchte, L. (Hrsg.). (2017). *Organisationskommunikation von Krankenhäusern online. Die Niederlande und Deutschland im Vergleich.* Münster: Münsterscher Verlag für Wissenschaft.

Vieth, A. (2018). *Einführung in die philosophische Ethik.* s.l.: BoD.

Weder, F. (2010). *Organisationskommunikation und PR.* Wien: Facultas Verlag.

Wehmeier, S., Rademacher, L., & Zerfass, A. (2013). Organisationskommunikation und Public Relations: Unterschiede und Gemeinsamkeiten. Eine Einleitung. In A. Zerfaß (Hrsg.), *Organisationskommunikation und Public Relations. Forschungsparadigmen und neue Perspektiven* (S. 7). Wiesbaden: Springer VS.

Wiegard, B., Zschorlich, B., & Koch, K. (2019). Gesundheitskommunikation öffentlicher Institutionen in Deutschland. In C. Rossmann & M. R. Hastall (Hrsg.), *Handbuch der Gesundheitskommunikation. Kommunikationswissenschaftliche Perspektiven* (S. 1–15). Wiesbaden: Springer.

Wils, J.-P., & Baumann-Hölzle, R. (2019). *Die normative Idee des Gesundheitswesens.* Baden-Baden: Nomos.

Zerfaß, A., & Droller, M. (2015). Kein Dialog im Social Web? Eine vergleichende Untersuchung zur Dialogorientierung von deutschen und US-amerikanischen Nonprofit-Organisationen im partizipativen Internet. In O. Hoffjann & T. Pleil (Hrsg.), *Strategische Onlinekommunikation. Theoretische Konzepte und empirische Befunde* (S. 75–103). Wiesbaden: Springer VS.

Dr. Doreen Reifegerste ist Professorin für Gesundheitskommunikation an der Fakultät für Gesundheitswissenschaften der Universität Bielefeld.

Dr. Elena Link ist wissenschaftliche Mitarbeiterin am Institut für Journalistik und Kommunikationsforschung der Hochschule für Musik, Theater und Medien Hannover.

Kommunikative Werte im Gesundheitswesen

2

Andreas Vieth

Zusammenfassung

Werte sind für die Kommunikation im Gesundheitswesen von besonderem Gewicht. Daher ist das Handeln natürlicher Personen in den komplexen Institutionen des Gesundheitssystems nicht nur werteorientiert, sondern es ist auch notwendig, über individuelle, soziale und institutionelle Werte zu kommunizieren. Man kann dafür verschiedene Beispiele aus dem Gesundheitswesen anführen. Wertekonflikte im Gesundheitswesen werden allerdings in zwei Hinsichten einseitig gedeutet: Zum einen werden sie als Interessenkonflikte und zum anderen als Konflikte zwischen Personen gedeutet. Beides erschwert Kommunikation im Gesundheitssystem. Das Konzept des Interesses ist ein juridisches oder ökonomisches Konzept. Unsere Kommunikation über vielschichtige und komplexe Wertehorizonte im Gesundheitswesen sollte daher nicht ausschließlich an Toleranz und Konsens orientiert sein. Es geht wertmäßig um eine akzeptierenswerte Kommunikation und Interaktion natürlicher und nicht-natürlicher Personen in einem rechtlich definierten sozialen Rahmen (Akzeptabilität). Wertekonflikte in diesem Rahmen sollten nicht notwendiger weise als kritikwürdige Mängel des Systems oder als Zwietracht zwischen Personen erachtet werden, denn moralischer Pluralismus ist ein unverzichtbarer Wert in unserer Kultur. Somit sind für die Kommunikation die beiden Werte *Respekt für Disharmonie* und *Akzeptabilität ohne Konsens* zentral.

A. Vieth (✉)
Philosophisches Seminar, Westfälische Wilhelms-Universität, Münster, Deutschland
E-Mail: vieth@uni-muenster.de

© Springer Fachmedien Wiesbaden GmbH, ein Teil von Springer Nature 2021
D. Reifegerste (Hrsg.), *PR und Organisationskommunikation im Gesundheitswesen*, https://doi.org/10.1007/978-3-658-32884-9_2

Schlüsselwörter

Values • Values-based-practice • Value-communication • Acceptability •
Ethics • Pluralism

2.1 Einleitung

Im Gesundheitswesen gibt es viele Prozesse, die von den Beteiligten als moralisch (d. h. werteorientiert) erlebt werden. Dementsprechend verständigen sich
die Institutionen (wie z. B. Krankenkassen mit ihren Mitgliedern) über Werte.
Und die beteiligten Personen erleben Werte, Wertekonflikte und die gesellschaftliche, institutionelle und persönliche Diskussion über sie kontinuierlich.
Wertekommunikation ist demnach allgegenwärtig.

Menschen entwickeln sich biografisch zu Personen und verändern ihre Wertehorizonte im Verlaufe ihres Lebens mehrfach. Wir leben unser Leben in einem
sozialen Rahmen, der von uns jederzeit ein Bewusstsein von Werten abverlangt,
das unser Handeln leitet und somit eine Grundlage für Ziele darstellt. Werte
werden uns bewusst. Werte motivieren uns und erklären unser Handeln. Wir
artikulieren, interpretieren und reflektieren Werte, um moralische Fragen nach
dem angemessenen, richtigen und guten Handeln zu verstehen und verständlich
zu machen. Und das tun wir ganz alltäglich, auch wenn es gerade nicht um
gravierende moralische Fragen und kritische Konflikte pluralistischer Lebenszu-
sammenhänge geht. Diese Art der Wertekommunikation ist jeder Person vertraut
und Expert*innen können allenfalls eine Theorie der Wertekommunikation entwickeln.

Im Folgenden soll diese allgemein vertraute Kompetenz der Wertekommunikation im besonderen Feld des Gesundheitswesens untersucht werden. Dort handeln
alle Personen in Institutionen oder in bestimmten tradierten und (arbeits-)rechtlich
definierten Rollen. Im Gesundheitswesen Tätige können bspw. Verwaltungsange-
stellte einer Klinik oder approbierte Ärzt*in sein. Pfleger*innen sind zwar nicht in
einer Kammer organisiert, aber auch sie verfügen über ein Berufsethos, das ihnen
bestimmte Rechte und Pflichten nahelegt (Riedel und Linde 2018). Natürliche
Personen agieren daher im Gesundheitswesen zumeist in einem nicht-natürlichen
Sinne als Rechtspersonen: Sie üben „Ämter" oder „Funktionen" in Krankenkassen, Pharmaunternehmen, Interessenverbänden aus. Für diese Funktionen gibt es
rechtliche und ständische Rahmenbedingungen (z. B. Verfassung, Gesetze, Richtlinien, Standesethos). Die Artikulation, Interpretation und Reflexion über Werte
sind hier explizit und kontinuierlich notwendig.

Wertekommunikation muss also in einer natürlichen bzw. personalen Dimension gesehen werden und weist überdies eine nicht-natürliche bzw. institutionelle Dynamik durch die strukturelle Einbindung einer Person auf. Diese Personen in ihren natürlichen und nicht-natürlichen Rollen diskutieren kontinuierlich. Für die Einheit ihres Agierens im Gesundheitssystem ist diese *Ambiguität* des Personenbegriffes als natürliche und als rechtliche bzw. nicht-natürliche aber eine Herausforderung, weil sie häufig intransparent für die Beteiligten ist bzw. in der jeweiligen Situation nicht reflektiert wird. Es ist für jede handelnde Person schon schwierig, diese Perspektiven für sich introspektiv auseinander zu halten und sich in ihren verschiedenen Rollen wahrzunehmen und zu reflektieren. Noch schwieriger ist die Artikulation, Interpretation und Reflexion von Werten in Interaktionen mit anderen.

Dafür ist eine Kompetenz zur Wertekommunikation unerlässlich. Diese Kompetenzen umfassen diejenigen des Artikulierens, Interpretierens und Reflektierens von Werten und sind mit bestimmten Werten der Kommunikation verbunden. Sie sind graduell und jede erwachsene Person ist mit ihnen in vielen Hinsichten vertraut. Bevor allerdings in Abschn. 2.3 die kommunikativen Werte der Wertekommunikation diskutiert werden, sollen in Abschn. 2.2 mit Verweisen auf einige Beiträge dieses Bandes einige Werte im Gesundheitswesen aufgezeigt werden. Da sich die Kommunikation über Werte im Gesundheitswesen zumeist aus Wertekonflikten (als Katalysatoren) entwickelt, wird in Abschn. 2.3.1 zunächst die negative Dimension dieser Kommunikation vorgestellt. Wertekonflikte werden dabei als Interessenkonflikte gedeutet, in dem Gemeinwohlinteresse und Wirtschaftsinteressen aufeinanderprallen. Doch Werte sollten *nicht* mit Interessen gleichgesetzt werden. Da Wertekonflikte oft als Spannungen zwischen Personen sowie als persönliches und institutionelles Defizit erlebt werden, sollen dann in Abschn. 2.3.2 zwei kommunikative Werte positiv herausgearbeitet werden. Dies sind *A) Respekt ohne Harmonie* und *B) Akzeptabilität ohne Konsens* (Abschn. 2.4). Der vorliegende Beitrag ist ein Plädoyer für die strategische Realisierung dieser Werte im Gesundheitssystem.

2.2   Praktische Werte als Wertungen

Zunächst soll präzisiert werden, was im Folgenden unter Werten zu verstehen ist und wie sie die Kommunikationspraxis des Gesundheitssystems konstituieren. Es soll hier keine Theorie der Werte vorgestellt werden. Die Werte, um die es den Autor*innen dieses Bandes in der Behandlung ihrer Themen geht, sind: ‚*Empowerment*‘ durch Werbung (siehe Koinig in diesem Band), ‚Vertrauen‘ (siehe Link in diesem Band) ‚Gemeinwohl' und ‚Eigeninteresse' (siehe Reifegerste in diesem Band), und ‚Fertilitätseinschränkung' (siehe Stüwe und Pawlowski in diesem Band).

Vielleicht werden die angeführten Stichworte nicht von jedem ohne weiteres als Werte identifiziert. Aber sie sind in einer *values-based-practice* (Loughlin 2014) Faktoren, die von den Beteiligten im Sinne von Wertungen als *wertvoll* oder als *unwertvoll* erlebt werden. In der Praxis geht es nicht um philosophische Theorie, sondern um gelebte Wertekommunikation (Vieth 2018, S. 149–165). Man sollte daher in der Praxis von den Werten ausgehen, die man als Wertungen vorfindet. Wie wirken Werte in der Praxis? Nimmt man die illustrierenden Beispiele, so sind zwei wesentliche Wirkungen von Werten für die Praxis relevant: a) Werte motivieren uns und b) Werte liefern uns Gründe.

Wir sehen unser individuelles und institutionelles Handeln im Lichte von Wertevorstellungen, die in unsere weltanschaulichen und professionellen Wertehorizonte gehören. Im Grundsatz und im Normalfall sind diese Werte moralisch unproblematisch. In diesem Sinne sind Werte mit Interessen vergleichbar. Ein Interessenausgleich geht auch davon aus, dass im Grunde jedes relevante Interesse berechtigt ist und vielleicht sogar gleichberechtigt. Man muss mit dem Fundus an Interessen arbeiten, die man vorfindet. Man muss mit den Personen interagieren, die man vorfindet. Im Rahmen der *Public Relations* und der *Organisationskommunikation* im Gesundheitswesen findet man Prozesse und Strukturen vor, deren Wertehorizonte man artikulieren, interpretieren und reflektieren muss (siehe Reifegerste, sowie Link in diesem Band).

Man darf im Gesundheitswesen im Kern nur mit im Grunde moralisch berechtigten Wertungen bzw. Wertvorstellungen rechnen. Die institutionellen und rechtlichen Strukturen werden sicherlich von vielen kritisiert, aber es gibt keinen grundlegenden Widerstand. Doch wie steht es mit Menschen, die *moral outlaws* sind? Wenn einzelne – man denke an Pflegende, die das Leben von Patienten ‚gnädig' beenden – durch moralisch unakzeptable Wertvorstellungen motiviert werden, dann werden sie aus dem Gesundheitswesen entfernt (Osterbrink und Andratsch 2015). Solche *moral outlaws* im Gesundheitswesen oder grundlegende Ideologiekritik dessen sind allerdings in der Gesundheitskommunikation eher Randphänomene, aber sie zeigen, wo die Grenzen unserer Werte liegen bzw. deren Grenzen überschritten sind und wir das Handeln Einzelner negativ bzw. als unmoralisch bewerten.

Unter Werten im Gesundheitssystem sollte man daher letztlich *Wertungen* verstehen. Denn viele Individuen handeln und kommunizieren im Gesundheitswesen miteinander. Sie tun dies vor dem Hintergrund ihrer individuellen, institutionellen und gesellschaftlichen oder kulturellen *Wertehorizonte*. Unsere Wertehorizonte werden uns als unsere Wertungen bewusst. Und unsere persönlichen Wertungen verändern sich zumindest zeitweise, wenn wir uns als Handelnde in institutionellen und rechtlichen Rahmenbedingungen sehen. Drei Bedingungen sind folglich für eine *values-based-practice* gleich wichtig:

1. Personen werden durch Werte motiviert, weil sie so sind, wie sie sich als Personen biografisch und kulturell entwickelt haben. Sie haben einen Wertehorizont.
2. Personen werden in ihrem Wertehorizont motivational beeinflusst, wenn sie ihr Handeln an rechtlichen und institutionellen Wertehorizonten ausrichten. Als Rechtsperson handelt man anders als als Privatperson.
3. Personen handeln in Situationen vor dem Hintergrund dieser Wertehorizonte. Eine Sachbearbeiter*in beurteilt Fälle rechtlich, eine Ärzt*in behandelt Patient*innen medizinisch, eine Vertreter*in einer gesetzlichen Krankenkasse verwaltet solidarische Interessen der Mitglieder. Privates Handeln wird von uns in Gegensatz zu beruflichem gesehen.

In den Kommunikationspraktiken des Gesundheitssystems findet man sowohl Individuen als auch Institutionen vor. Die dort bestehenden Rahmenbedingungen und die situativen Belange sind ebenfalls nur indirekt beeinflussbar und können daher als faktischer Rahmen für das Handeln und die Kommunikation aller vorausgesetzt werden. Und dafür sind in beiden Hinsichten motivierende und begründende Werte relevant.

2.3 Kommunikation über Wertekonflikte

Wertekommunikation folgt bestimmten Bahnen, die abhängen von den komplexen Strukturen der für unser Leben und Wirken konstitutiven Werte. Für unsere Wertekommunikation hat das Konzept des Interesses eine „übergriffige" Relevanz bekommen. Dem soll in Abschn. 2.3.1 begegnet werden. Sodann identifiziert unsere Wertekommunikation leicht Wertekonflikte mit Konflikten zwischen Personen. worauf in 2.3.2 eingegangen wird. Die Ergebnisse hier in Abschn. 2.3 sind also zunächst eher negativer Natur. Die Kritik in Abschn. 2.3 führt jedoch schon zu einem ersten kommunikativen Wert, der dann in Abschn. 2.4 durch einen weiteren positiv ergänzt wird.

2.3.1   Das Konzept des Interesses

Im Gesundheitssystem geht es um viele Werte. Gesundheit selbst ist ein Wert,
der uns sehr stark motiviert. Da Kranke oft schwach und in dem Sinne gedemü-
tigt sind, dass sie abhängig werden, solidarisieren wir uns mit ihnen. Im Sinne
einer solidarischen Finanzierung wird das Lebensrisiko der Krankheit von uns
allen gemeinsam getragen. In den gesetzlichen Krankenkassen werden von uns
allen Gesundheitsrisiken für jeden von uns versichert, damit wir uns sozial als
gleichwertig achten können. Die durch Krankheit entstehende Asymmetrie muss
durch die Leistungen der gesetzlichen Krankenversicherung ausgeglichen werden.
Aber diese solidarischen Anliegen werden durch die ökonomischen Ressourcen
begrenzt (Mays 2000; Vieth 2018, S. 219–237).

Der Wertekonflikt, der hierdurch entsteht, soll in Abschn. 2.3.2 genauer
untersucht werden. Hier soll es zunächst um eine Kritik des Begriffes „Gemeinwohlinteresse" gehen. Denn die ökonomischen Interessen scheinen das
Gemeinwohlinteresse im Gesundheitswesen zu bedrohen. Es handelt sich hierbei allerdings um eine unangemessene Namensgebung, die zu einem falschen
Selbstverständnis der Handelnden im Gesundheitssystem führen kann.

Der Begriff des „Interesses" ist rechtlicher und ökonomischer Herkunft (vgl.
das *Grimmsche Wörterbuch* oder das *Deutsche Rechtwörterbuch,* s. v. Interesse,
und das *Oxford English Dictionary,* s. v. *interest*). Interessen sind demnach Interessen von Individuen als natürliche und nicht-natürliche Personen: Personen *haben*
Interessen, die im Wesentlichen rechtlich definiert sind. Und in diesem Sinne sind
die individuellen Interessen des einen in Gegensatz und in Konkurrenz zu denen
anderer zu sehen und durchzusetzen. Wir machen sie gegeneinander als unsere
Rechte geltend.

Interessen in diesem Sinne entspringen dem Wert der negativen Freiheit für
unsere Lebensentwürfe in der freiheitlichen Kultur. Wir verwirklichen uns selbst,
indem wir uns als Individuen untereinander differenzieren und uns gegen Ein-
griffe des Staates in unsere Selbstverwirklichung behaupten. Wir erachten eine
freiheitliche Lebensform als *wertvoll* (Taylor 1992). Das Moment der Konkurrenz der individuellen Interessen kommt durch die Denkfigur des Menschen als
homo oeconomicus ins Spiel (Sen 1997).

Kranke Personen haben das „Interesse", dass alles getan wird, was für ihre
Gesundheit nötig ist. Ihr Interesse ist vielleicht therapeutischer, oft aber nur noch
palliativer Natur. Und die wirtschaftlich arbeitenden und denkenden Institutionen
im Gesundheitswesen (Pharmaunternehmen, Medizingerä_tehersteller, Kranken-
hausgesellschaften, Arztpraxen, ...) haben „ökonomische Interessen". In den

gesetzlichen Krankenkassen in Deutschland entscheiden Personen über die Verwendung der Gelder für Patient*innen, die krank sind. Ihre Rationalität folgt den Gesetzen der Solidarität. Andere vertreten die „Interessen der Krankenkassen" gegenüber Kliniken, Ärzt*innen, Pharmaunternehmen usw. Es ist somit ihre rechtlich definierte Aufgabe, zwischen Solidarität und Ökonomie zu vermitteln. Man kann daher das Gesundheitssystem als einen *Kampfplatz* von gegensätzlichen Interessen deuten.

Das ist jedoch problematisch. Denn es sind vor allem unterschiedliche Interessen und nicht wesentlich gegensätzliche. Die beteiligten Personen orientieren sich in ihrem Verhalten und in ihren Reflexionen und ihrer Wahrnehmung an unterschiedlichen Werten, die durch Namen oder Attribute differenziert werden: Wir sollten therapeutischen, palliativen, solidarischen, ökonomischen, … Werten gerecht werden (Gostin und Wiley 2018, S. 59–96; Thistlethwaite 2012; Garrison 2016). Die Aufgabe der Wertekommunikation im Gesundheitswesen ist somit nicht, die Interaktion der Handelnden und der Institutionen bloß als konkurrierende Interessen zu konzipieren. Positiv könnte man diese Aufgabe so formulieren: Man muss die Wertehorizonte des Gesundheitswesens in ihren Strukturen artikulieren, interpretieren und reflektieren. In der Wertekommunikation sollte man daher nur vom „Gemeinwohl" als Wert und nicht von „Gemeinwohlinteresse" reden. Sonst kann die Fehlbenennung zu einem moralischen und kommunikativen Problem werden, da „Interessen" als persönliche Ziele statt als Werte aufgrund einer beruflichen Rolle fehlgedeutet werden könnten.

2.3.2 Wertekonflikte

Zwar ist nun klar, dass das Gesundheitssystem nicht nur ein Kampfplatz für das Verfolgen persönlicher Interessen ist. Aber die Reduktion der sozialen Beziehungen und der Interaktion der beteiligten Personen und Institutionen im Gesundheitswesen auf das Verfolgen von Interessen hat noch einen weiteren Nachteil.

Eine exemplarisch interessante Wertekonstellation besteht aus den Werten Gesundheit, Wirtschaft und Solidarität: Der Gesundheitswert ist für Individuen fast von unendlichem Wert. Sie opfern sehr viel für ihre Gesundheit und tun dies auch dann noch, wenn Gesundheit medizinisch kein sinnvolles Ziel mehr ist (bspw. wenn nur noch palliativ behandelt werden kann). Allerdings kann ein medizinisch verfügbarer Gesundheitswert nur realisiert werden, wenn es Organisationen gibt, die ihn materiell realisieren können, und Mittel, die technisch oder pharmazeutisch eingesetzt werden können. Gleichzeitig gibt es Personal, das seinen Lebensunterhalt mit der Arbeit in diesen Organisationen erwirtschaften muss und daher einen wirtschaftlichen Wert verfolgt. Wie in Abschn. 2.3.1 beschrieben, sind unsere modernen (am Wert der Gleichheit orientierten) Rechtsstaaten mit Blick auf die Gesundheit solidarisch. Wir wollen aus dem Bewusstsein unserer Zerbrechlichkeit verantwortlich füreinander sein und deshalb organisieren wir als Bürger*innen gesetzliche Krankenkassen, die solidarisch zwischen dem Gesundheitswert und dem wirtschaftlichen Wert vermitteln.

Man sieht leicht, dass diese drei Werte Gesundheit, Wirtschaft und Solidarität in Konflikt miteinander geraten können und sich in allen möglichen Konstellationen von Personen und Institutionen widerspiegeln. Gesundheit kostet und kann die Solidarität überstrapazieren. Um diese Werte unterschiedlich gegeneinander zu gewichten, sollte man die Komplexität eines Wertehorizontes allerdings nicht unangemessen reduzieren. Und man sollte diese Konflikte nicht als Mangel begreifen, sondern als Disharmonien in und zwischen Wertehorizonten, die wesentlich für jede wertebasierte Praxis (*values-based-practice*) sind – nicht nur im Gesundheitssystem.

Wertehorizonte sind komplex und zwei Merkmale sind besonders hervorstechend: i) *Wertekonflikte sind kein Unwert*. Sie sind konstitutiv für unser Leben. Einerseits wollen wir gesund sein, andererseits ist die Medizin nicht (immer) in der Lage, uns zu heilen. Und irgendwann werden die Mittel knapp. Aber Wertekonflikte sind ii) auch *keine Konflikte zwischen Personen*. Das gilt selbst dann, wenn man jederzeit faktisch aufgrund der Wertekonflikte mit seinen „Gegner*innen" hadert und gegen sie kämpft. Die Ärzt*in wird nicht dadurch zur persönlichen Feind*in, dass sie uns nicht heilen kann. Und die Krankenkasse wird nicht zur Feindin, wenn sie bestimmte Leistungen auf rechtlicher Grundlage verweigert (siehe dazu Schaller und Wiedicke, sowie Dobrick in diesem Band). Positiv kann man folglich für die Aufgabe der Kommunikation im Gesundheitswesen den ersten angekündigten kommunikativen Wert formulieren: A) Wertehorizonte im Gesundheitswesen sollten mit *Respekt für Disharmonien* artikuliert, interpretiert und reflektiert werden.

2.4 Der kommunikative Wert der Akzeptabilität ohne Konsens

Im Unterschied zum eher negativen Charakter des vorangehenden Abschnitts soll nun eine positive Forderung vorgestellt werden. In der Ethik verstehen wir traditionell moralische Konflikte so, dass Personen verantwortlich gemacht werden für Handlungen. Sie handeln aus „guten" oder „bösen" Motiven oder ihr

Handeln hat „gute" oder „schlechte" Folgen. Die Ethik gilt vielen als Theorie solcher persönlichen Verantwortlichkeiten. Verantwortung ist in diesem Kontext eine Personeneigenschaft natürlicher und nicht-natürlicher Personen. Und moralische Urteile über Personen haben das Ziel, Personen durch Kritik und Rechtfertigung zu verändern.

Eine Ethik der Wertekommunikation entpersönlicht die Theorie dagegen durch eine perspektivische Orientierung auf eine wertvolle soziale Praxis, die für die Individuen lebenswert ist. Im Gesundheitssystem handelt man als natürliche und als nicht-natürliche Person im Rahmen einer etablierten Praxis. Und in einer solchen Praxis handelt man nicht primär, indem man sich wechselseitig *kritisiert* und sich voreinander *rechtfertigt*. In einem rechtlich ausgestalteten und im Normalfall funktionierenden Gesundheitssystem hat man es mit einer Praxis der Wertekommunikation zu tun, die sich weitgehend als akzeptabel erwiesen hat. In der Berufsausbildung lernen Menschen, ihre Wertehorizonte im Lichte der Wertehorizonte ihrer Aufgaben im Gesundheitswesen zu sehen. In Institutionen ist Qualitätsmanagement ohne Artikulation, Interpretation von und Reflexion über Werte undenkbar. Und die verschiedenen Aufgaben der Supervision auf allen Ebenen beruhen oft auf disharmonischen Wertehorizonten. Kritische Reflexionen und rationale „Resilienz"-Strategien sind also ihrerseits *konstruktive* Teile dieser Praxis und ihr immanent.

Mit Blick auf das „sich Beraten" könnte man nun geneigt sein zu sagen, dass das Ziel der Ethikberatung *Toleranz* ist. Doch Toleranz ist ein viel zu starkes Konzept. Denn derjenige, der Toleranz ausübt, wähnt sich im Besitz der Wahrheit – einer Wahrheit, die die Wahrheit des anderen eigentlich ausschließt (Baumgartner 1979). Eine Haltung der Toleranz beruht auf einer moralischen Asymmetrie. Man ist lediglich bereit, über diese Asymmetrie hinweg den anderen zu *dulden*. Moralische oder ethische Kommunikation im Gesundheitssystem muss andere jedoch *respektieren*. Wertekommunikation in der Medizin sollte andere als gleichwertig achten. Eine Duldung ist moralisch problematisch, weil sie keine respektvolle Haltung darstellt. Im medizinischen Kontext sollte man einander also nicht bloß dulden. Vielleicht wäre es besser, einander zu *akzeptieren*?

Akzeptanz ist ein für Wertekommunikation jedoch kaum besseres Konzept. Zwar steht Akzeptanz eher für ein symmetrisches Verhältnis: Man akzeptiert etwas oder jemanden aus Gründen. Und die Gründe können intersubjektiv verstehbar sein. Akzeptanz trägt aber das Merkmal des *Konsenses*. Man schließt sich in einem reflexiven Entscheidungsakt einer Auffassung aus Gründen an, weil sie intersubjektiv verständlich sind. Und somit gewährt man anderen Auffassungen und Perspektiven Anerkennung (Meyer 2019).

Der Verweis auf Chomsky soll nun auf das Konzept der *Akzeptabilität* hinführen, das in der Wertekommunikation primär sein sollte (Chomsky 1957, S. 13–17, 49; Riedel und Linde 2018, S. 9–10). Akzeptanz kommt zwar ohne die moralische Asymmetrie der Toleranz aus, doch ihr Credo ist einerseits die kognitive Harmonie des rationalen Konsenses. In ihr wird also ein Ideal suggeriert: Intersubjektive Zustimmung zu Gründen ist ein positiver sozialer Wert. Andererseits ist das Credo des Akzeptierens von Gründen problematisch. Erst dadurch, dass eine Person den Gründen einer anderen *zustimmt* (oder *konsentiert*), werden sie in der sozialen Praxis für beide zu rationalen Gründen. Gründe rechtfertigen einander nur wechselseitig.

Dass Toleranz als Duldung des anderen moralisch problematisch ist, liegt nahe. Aber warum sollte „Akzeptanz" moralisch problematisch sein? Das Argument an dieser Stelle ist: Die Duldung ist eine hierarchische Beziehung zwischen Personen. Das widerspricht unserem Wert der Gleichwertigkeit. Der wechselseitige Konsens des Akzeptierens ist in dieser Hinsicht moralisch besser. Er ist egalitärer. Denn der rationale Charakter der Gründe der einen Person hängt im Konsens vom subjektiven Akt des akzeptieren Könnens der anderen ab. Darin verbirgt sich aber die Forderung nach wechselseitiger Rechtfertigung voreinander. Sie widerspricht dem *Pluralismus* in unserer Kultur, dem auch die Praxis des Gesundheitssystems gerecht werden muss. An dieser Stelle kommt Chomsky erneut ins Spiel. Mit seiner Hilfe soll ein Zwischenraum zwischen „dulden" und „akzeptieren" offengelegt werden (vgl. „informants response", Chomsky 1957, S. 99). Man kann sie nur empirisch testen, indem man *responses* auslöst und ihre Verbreitung misst.

Chomsky versteht in der Linguistik unter „Akzeptabilität" ein messbares Merkmal der Sprach*kompetenz* von Personen einer Sprechergemeinschaft (Sprouse 2018). Einerseits ist der Satz „Colorless green ideas sleep furiously" im Englischen grammatikalisch wohlgeformt, aber er würde bei Muttersprachler*innen Befremden auslösen und sie würden ihn nicht als Englisch akzeptieren. Sie würden Akzeptanz verweigern, ohne dass sie dafür grammatikalische Gründe angeben könnten. Andererseits gibt es ungrammatische Sätze, die von Muttersprachler*innen akzeptiert werden. Grammatikalische oder semantische Fehlerhaftigkeit kann ein stilistisches Merkmal sein: „Hier werden Sie geholfen!", „Wir lieben Technik. Wir hassen teuer.". Das mögen bisweilen riskante Formulierungen sein, weil sie von vielen despektierlich als „prollig" erlebt werden. Aber sie werden dennoch insofern sozial akzeptiert, als sie im Sinne der Werbung *wirken*. Grammatikalität und Semantik sind also weder hinreichend noch notwendig für Akzeptabilität. Und in der Ethik ist Rationalität analog weder notwendig noch hinreichend für moralische Akzeptabilität.

Der Grund könnte darin bestehen, dass Sprachkompetenz wesentlich in *Akzeptabilität* besteht: Also in der Fähigkeit, akzeptierenswerte Sätze formulieren zu können. Darunter ist eine kollektive Kompetenz von Sprecher*innen einer Sprache zu verstehen, die abhängig ist von sozialen Strukturen (Gebildete, Ungebildete), von Schichten, von Generationen (Junge, Alte), von Wertehorizonten (spießige oder kreative Personen), von Dialekten. Akzeptabilität als Kompetenz (bspw. Sprachkompetenz) von Personen ist methodisch nicht direkt zugänglich. Man muss sie testen. Denn als Eigenschaft von Sätzen ist sie nicht begründbar, weil weder Grammatik noch Semantik notwendige oder hinreichende Bedingungen sind. Grammatik und Semantik einer Sprache zwingen uns durch die Geltung von Regeln zur Akzeptanz von Urteilen über unsere Formulierungen. Kollektive Responsivität als Geltungsprinzip der Akzeptabilität ist ein Merkmal der Lebenswelt.

Eine Sprecher*in duldet befremdliche Formulierungen in solchen Fällen nicht nur, weil sie sie selbst aktiv in ihrem Sprachgebrauch einsetzt oder sie affirmativ rezipiert. Aber sie akzeptiert sie dennoch nicht, weil sie „bloß" stilistisch oder strategisch benutzt werden. Oder sie wird in ausgezeichneten Kontexten benutzt, aber nicht im normalen Sprachgebrauch. Das gilt sogar wechselseitig. Wenn Sprecher*innen einen Soziolekt uneigentlich übernehmen, dann empfinden die Sprecher*innen des Soziolektes dies zumeist als peinlich, übergriffig und irritierend. In diesem Sinne verweist Akzeptabilität als Kompetenz von Sprecher*innen einer Sprache auf eine kognitive und normative Kompetenz der Individuen: a) Es gibt richtig und falsch (aber ohne Regeln und Konsens). Und b): Es gibt soziolektische Äußerungen, die nicht nur falsch, sondern unakzeptabel sind. In der Wertekommunikation im Gesundheitssystem findet man die „Soziolekte" in den verschiedenen Weisen, wie natürliche oder nicht-natürliche Personen ihre Wertehorizonte artikulieren, interpretieren und reflektieren.

Es scheint in unserer Gesellschaft beispielsweise verschiedene Auffassungen über die Altenpflege zu geben. Sollen alte Menschen, die eventuell dement sind, zu Hause von der Familie oder in professionellen Einrichtungen gepflegt werden? Wie sieht gute Pflege aus? Diesbezüglich gibt es, kurz gesagt, *konservative* Auffassungen in der Bevölkerung und *progressive*. Darüber hinaus gibt es *rechtliche* und *professionelle* Perspektiven. Für diese Auffassungen, Perspektiven und die mit ihnen verbundenen Wertehorizonte und Handlungen in der Praxis sind Werte konstitutiv. Disharmonien in Wertehorizonten werden als Konflikte erlebt. Die Pflege Pflegebedürftiger im familiären Rahmen erfordert professionellen Charakter, wenn sie von den solidarischen Kassen finanziert und bezuschusst werden soll. Sie muss im häuslichen Rahmen sinnvoll und möglich sein. Eine Ablehnung eines Antrages auf Gelder wird als ungerecht erlebt, weil die familiären und die solidarischen Werthorizonte sich disharmonisch zueinander verhalten. Aus der Perspektive einer Familie erscheint die Perspektive der Kassen grausam. Umgekehrt erscheint die andere Perspektive irrelevant. Disharmonien dieser Art erschweren die Kommunikation und führen zu Konflikten.

Ähnliche Beobachtungen kann man in Pflegeheimen machen, wenn Pflegebedürftige dort aufgenommen werden. Die Abläufe sind anders als zu Hause und schon allein das kann zu Konflikten führen, weil Angehörige sich einmischen zu müssen meinen. Vielleicht sind bisweilen Schuldgefühle relevant, weil einerseits das „Abschieben" ins Heim nicht zum familiären Selbstbild passt und andererseits auch in seiner Notwendigkeit als Ausdruck des eigenen „Versagens" erlebt wird. Konflikthafte Kommunikation wird durch das Stichwort „Interessenkonflikt" unzureichend beschrieben, weil die persönlichen und sozialen Wertehorizonte füreinander Zumutungen bereithalten, die gleichwohl gemeinsam gelebt werden müssen. Interessenkonflikte müssen geklärt werden. Eine soziale Praxis, die von disharmonischen Werthorizonten geprägt ist, muss dadurch lebenswert werden, dass Wertehorizonte artikuliert, interpretiert und reflektiert werden (Moser und Pinhard 2010; Riedel und Linde 2018).

Im Gegensatz zu den kritisierten Konzepten des Duldens und des Akzeptierens hat Akzeptabilität als Sprecher*innenkompetenz einen spezifischen Nachteil. Dulden und Akzeptieren sind bewusste Akte. Akzeptabilität kann man nur ausprobieren und testen. Beides ist auch kein individueller Akt, sondern ein sozialer: Um festzustellen, ob eine Formulierung sprachlich akzeptabel ist, spricht man sie laut, um sie selbst dann zu hören, oder man testet sie an der Sprachkompetenz anderer. Diese Problematik des Akzeptabilitätskonzeptes kann hier nicht systematisch erörtert werden. Kompetenzen dieser Art sind *black-boxes.* Erneut: Ob jemand die Eigenschaft einer Muttersprachler*in des Deutschen hat, kann man nur testen. Man sieht und hört es nicht.

Die Sprachkompetenz und ihr Merkmal der Akzeptabilität sind eine Analogie für Akzeptabilität in Wertfragen. Es geht in der Wertekommunikation analog um die Frage der wechselseitigen sozialen Belastungsfähigkeit durch unser Handeln. Im Normalfall ist für eine Gemeinschaft das Zusammenleben moralisch unproblematisch – eine Kultur beruht auf weitgehend geteilten Wertvorstellungen. Das gilt auch für eine pluralistische und multikulturelle Gesellschaft. Dennoch muten Menschen sich wechselseitig durch unterschiedliche moralische Auffassungen viel zu.

Akzeptabilität in der Wertekommunikation steht also für eine Eigenschaft der moralischen Urteilskompetenz von Personen, die sowohl für ihr Handeln als auch die Kommunikation im Sinne des Artikulierens, Interpretierens und

Reflektierens zentral ist. Akzeptabilität in diesem Sinne ist kognitiv. Denn Akzeptabilitätsurteile können wahr und intersubjektiv überprüfbar sein. Ihre Kognitivität entspringt aber nicht einem Reflexionsakt (Überlegung, Billigung, Entscheidung oder Akzeptanz), durch den die Geltungsgründe argumentativ und intersubjektiv gültig artikuliert werden könnten. Sie ist intuitiv und daher geltungstheoretisch nicht auf Konsens und das Konzept der wechselseitigen Rechtfertigung angewiesen. Wir müssen uns in moralischen Fragen nicht voreinander rechtfertigen. Das widerspricht unserem Wert des Pluralismus.

In geteilten Wertehorizonten gibt es klare Urteile, die subjektiv und intersubjektiv „nachvollziehbar" sind, wenn man sie artikuliert, interpretiert und reflektiert. Nachvollziehbarkeit in diesem Sinne ist moralische Akzeptabilität. Solange wir in der Lage sind, die wechselseitigen Zumutungen zu *ertragen,* die Wertehorizonte anderer Personen oder die von Institutionen und gesellschaftlichen Subsystemen uns abverlangen, können wir Gründe, die nicht die unsrigen sind, *akzeptieren,* können wir Gefühle, die nicht die unsrigen sind, *empathisch nachvollziehen.* Geteilte Wertehorizonte sind auch im sozialen und institutionellen Rahmen des Gesundheitssystems moralische Räume der akzeptierenswerten Zumutungen, die gemeinsam gelebt werden können. Als akzeptierenswert darf demnach gelten, was keinen relevanten Widerstand bewirkt. Akzeptabilität ist also ein kommunikativer Wert.

2.5   Fazit

Personen im Gesundheitswesen sollten in ihren Aufgaben und Zielen den *A) Respekt für die Disharmonie* als kommunikativen Wert erkennen. Konflikte zwischen Werten im Gesundheitssystem sind ein konstruktiver Beitrag zum gemeinschaftlichen Ganzen des Gesundheitswesens. Wertekonflikte sind kein Mangel des Gesundheitssystems. Gemeinschaftlich sollte man im Aushandeln der vielfältigen und vielschichtigen „Interessen" am Wert der *B) Akzeptabilität ohne Konsens* orientieren. Nur so kann man die moralischen Übergriffigkeiten des Duldens oder des Akzeptierens vermeiden.

Die beiden hier vorgestellten kommunikativen Werte sollten die Kommunikation im Gesundheitssystem konstruktiv verändern. Interessenkonflikte im rechtlichen und ökonomischen Denken werden durch Entscheidung und „Sieg" gelöst. Viele Konflikte können aber nicht *gelöst* werden. Geraten verschiedene Perspektiven in Konflikt miteinander, dann liegt der Grund oft in ihren Wertehorizonten. Die Wertehorizonte von Personen und Institutionen kann man jedoch nicht durch Argumente und durch Entscheidungen überwinden („besiegen"). Die

Perspektiven gesetzlicher Kassen, von Kliniken oder Heimen, von Berufsgruppen, von Familien und überdies auch alle „subjektiven" Besonderheiten von natürlichen und nicht-natürlichen Personen können und sollten nicht *harmonisiert* werden. Unsere Kommunikation sollte daher die Disharmonie respektieren, indem sie sie konzentriert auf Werte und Wertehorizonte bezieht. Das muss man gezielt als soziale Praxis etablieren.

Im Recht wollen wir Rechtssicherheit und eindeutige Antworten. Auch für die Moral haben die meisten die Vorstellung, dass es ein normierendes „Gesetz" gibt, das intersubjektiv verständlich und daher für alle gleichermaßen verbindlich ist. Diese Sicherheit und diese Eindeutigkeit gibt es in der Praxis des Gesundheitswesens nicht. Und ein Konsens über moralische Fragen ist nicht zu erwarten. Der Dissens ist also kein Mangel, weil wir in einer pluralistischen Gesellschaft leben. Unsere Kommunikation über als moralisch erlebte Konflikte sollte sich also nicht am Ideal des Konsenses orientieren. Die Auffassungen über Pflege, die Wertungen im Bereich des Lebensbeginns und des Lebensendes, die Interpretation grundlegender Werte wie Autonomie, Nicht-Schaden, Fürsorge und Gerechtigkeit ist nicht nur gekennzeichnet von Disharmonien in der Praxis, sondern auch von Pluralismus. Dieser Pluralismus sollte als Vielfalt von Wertehorizonten offengelegt werden, um den Bereich der wechselseitigen Akzeptabilität von Zumutungen auszudehnen, die wir füreinander bereithalten. In diesem Sinne sollten Kommunikatoren im Gesundheitswesen sich genau überlegen, wo Konsens ein sinnvolles Ziel ist und wo der Wert des Dissenses positiv herausgestellt werden sollte.

Die Ziele der organisationsbezogenen Kommunikation im Gesundheitssystem sind ebenso vielfältig wie die der zugrunde liegenden Wertehorizonte darin. Aus philosophischer Perspektive wären allzu konkrete Ratschläge übergriffig und inhaltlich zumeist beliebig. Es ist jedoch ein moralphilosophisches Merkmal der Kommunikation und Kooperation im und aus dem Gesundheitssystem, dass Individuen und Institutionen bewusst über Wertehorizonte reflektieren sollten. Man versteht insbesondere in Konfliktsituationen die Problemkonstellationen nicht, wenn man die vielschichtigen Netze von individuellen und institutionellen Wertehorizonten ignoriert. Institutionen sollten ebenso über ein klares Wertemanagement verfügen wie über ein transparentes Fehlermanagement. Transparenz in beiden Hinsichten setzt Organisationsstrukturen und Kommunikationskompetenzen voraus, die als Kultur der internen und externen Kommunikation eingeübt und institutionell verankert werden müssen. Klinische Ethik-Komitees sind eine Form der institutionellen Selbstreflexion, in deren Rahmen Fallbesprechungen ein Medium der Beratung über die Beobachtungen, Motivationen und Reflexionen darstellen. Darüber hinaus können aber auch viele andere Bereiche der Organisationskommunikation, wie bspw. das Beschwerdemanagement, die

Strategieentwicklung für die Corporate Identity oder die Begleitung von Veränderungsprozessen (siehe Rosenberger et al. in diesem Band) wichtige Impulse für die Artikulation, Interpretation und Reflektion von Werten im Gesundheitswesen liefern.

Ebenso das Qualitätsmanagement in Kliniken. Es stellt ein weiteres Feld der institutionellen Selbstaufklärung dar, in dem die Reflexion und die Beratung über die Werte nötig sind. Qualitätskriterien ohne artikulierte Vorstellungen über Werte bleiben für die handelnden Individuen abstrakt. Individuen müssen sich im alltäglichen Umgang miteinander und in Ausübung institutioneller Funktionen im Lichte der für die Qualität relevanten Werte sehen können. Sie müssen in diesem Lichte die für sie akzeptablen Motivationen entwickeln können. Eine Formulierung von Zielen und Leitlinien und ihre Präsentation nach außen bleibt wertlos, wenn sie nach innen nicht gelebt werden oder gelebt werden können. Die stetige transparente Weiterentwicklung der Wertehorizonte muss also als integrales Element der Funktion der Kommunikation im Gesundheitssystem und seiner PR anerkannt werden. Daher stellen die beiden in diesem Beitrag herausgearbeiteten kommunikativen Werte in unserer Gesellschaft und in den komplexen Strukturen des Gesundheitswesens Kernbedingungen des Gelingens dar. Die Schulung kommunikativer Kompetenz sollte sich daher auf den wechselseitigen Respekt des Gegensätzlichen und der Akzeptabilität im Verstehen konzentrieren.

Literatur

Baumgartner, W. (1979). *Naturrecht und Toleranz*. Würzburg: Königshausen & Neumann.

Chomsky, N. (1957). *Syntactic structures*. The Hague: Mouton.

Garrison, L. P. (2016). Cost-effectiveness and clinical practice guidelines: Have we reached a tipping point? *Value in Health, 19*(5), 512-515.

Gostin, L. O., & Wiley, L. F. (Hrsg.). (2018). *Public health law and ethics* (3. Aufl.). Oakland: University of California Press.

Loughlin, M. (Hrsg.). (2014). *Debates in values-based practice: Arguments for and against*. Cambridge: University Press.

Mays, N. (2000). Legitimate decision making: The Achilles' heel of solidaristic health care systems. *Journal of Health Services Research & Policy, 5*(2), 122-126.

Meyer, T. (2019). Zur ethischen Relevanz von Akzeptanz und Akzeptabilität für eine nachhaltige Energiewende. In Fraune, C., Knodt, M., Gölz, S., & Langer K. (Hrsg.), *Akzeptanz und politische Partizipation in der Energietransformation* (S. 45-60). Wiesbaden: Springer VS.

Moser, V., & Pinhard, I. (2010). *Care. Wer sorgt für wen?* Opladen: Verlag Barbara Budrich.

Osterbrink, J., & Andratsch, F. (2015). *Gewalt in der Pflege. Wie es dazu kommt, wie man sie erkennt, was wir dagegen tun können*. München: Beck.

Riedel, A., & Linde, A.-C. (Hrsg.). (2018). *Ethische Reflexion in der Pflege, Konzepte – Werte – Phänomene.* Berlin: Springer.

Sen, A. (1997). Rational fools: A critique of the behavioural foundations of economic theory. *Philosophy and Public Affairs, 6*(4), 317-344.

Sprouse, J. (2018). Acceptability judgments and grammaticality, prospects and challenges. In N. Hornstein, H. Lasnik, P. Patel-Grosz, & C. Yang (Hrsg.), *Syntactic Structures after 60 Years: The Impact of the Chomskyan Revolution* (S. 196-223). Berlin: De Gruyter.

Taylor, C. (1992). *Negative Freiheit.* Frankfurt: suhrkamp.

Thistlethwaite, J. E. (2012). *Values-based interprofessional collaborative practice: Working together in health care.* Cambridge: University Press.

Vieth, A. (2018). *Einführung in die Philosophische Ethik.* Norderstedt: BOD.

Priv.-Doz. Dr. phil. Andreas Vieth ist Lehrkraft für besondere Aufgaben am Philosophischen Seminar der Westfälischen Wilhelms-Universität Münster.

Wertehorizonte in den PR-Aktivitäten des Gesundheitsaktivisten Karl August Lingner zu Beginn des 20. Jahrhunderts

3

Doreen Reifegerste

Zusammenfassung

Der Unternehmer Karl August Lingner (1861–1916) gilt aufgrund seiner Aktivitäten im Gesundheitsbereich als Vorreiter, der wichtige Impulse sowohl für die Gesundheitskommunikation als auch die PR gab. Sein Kommunikationsmanagement wird in einer historischen Betrachtung anhand der Stufen des DPRG/ICV-Bezugsrahmens aufgezeigt. In der Analyse zeigt sich, dass die wirtschaftlichen Interessen und Gemeinwohlziele der PR-Aktivitäten Lingners eng zusammenhängen. Es muss letztlich offen bleiben, ob er als sozialer Unternehmer handelte (der seinen wirtschaftlichen Erfolg für gemeinnützige Zwecke nutzte) oder eher Greenwashing betrieb, um seine Reputation zu erhöhen. Deutlich wird allerdings, dass sein umfangreiches Engagement in allen Bereichen weit über legitimierende Plattitüden hinausging und bis heute nachwirkt. Zudem zeigt sich anhand der Reaktionen seiner Zeitgenoss*innen, dass genau diese Ambivalenz in der Kommunikation der Werteorientierungen zu deutlichem Widerspruch und Reaktanzen führten.

Schlüsselwörter

Karl August Lingner · Corporate Social Responsibility · Wirkungsmodell des DPRG · Kommunikationsmanagement · Soziales Unternehmertum · Odol

D. Reifegerste (✉)
Fakultät für Gesundheitswissenschaften, Universität Bielefeld, Bielefeld, Deutschland
E-Mail: doreen.reifegerste@uni-bielefeld.de

© Springer Fachmedien Wiesbaden GmbH, ein Teil von Springer Nature 2021
D. Reifegerste (Hrsg.), *PR und Organisationskommunikation im Gesundheitswesen*, https://doi.org/10.1007/978-3-658-32884-9_3

3.1   Einleitung

PR-Aktivitäten im Gesundheitsbereich (d. h. die strategische externe Kommunikation einer Organisation zum Aufbau von Image, Reputation und Vertrauen;
siehe dazu Reifegerste und Link in diesem Band) sind mit verschiedenen medizinischen, gemeinwohlorientierten und wirtschaftlichen Interessen verbunden,
denn sie zielen auf das Wohl der Patient*innen ab, aber streben andererseits
auch Wirtschaftlichkeit bzw. sogar Gewinnmaximierung an (Roski 2014). Die
Kommunikationsmaßnahmen finden somit vor dem Hintergrund komplexer Zielbeziehungen statt, bei denen die Ziele nicht nur in Konflikt stehen, sondern sich
auch bedingen oder gegenseitig verstärken können. Auch wenn die Zielzusammenhänge im modernen Gesundheitssystem zunehmend deutlicher als Problem
hervortreten (Maio 2016), so lassen sich doch wichtige historische Vorläufer in
der PR im Gesundheitsbereich im 20. Jahrhundert ausmachen.

Besonders pointiert lassen sich dabei Zielverschränkungen (Konflikte und
gegenseitige Verstärkungen) anhand der PR-Aktivitäten von Karl August Lingner (1861–1916) aufzeigen, dessen Aktivitäten in der Zeit der frühen PR-Arbeit
(Szyszka 2015) bis heute in ganz unterschiedlichen Bereichen der Gesundheitskommunikation deutlich nachwirken. Seine PR-Aktivitäten wurden Anfang des
20. Jh. heftig vor dem Hintergrund der Werte Gemeinwohl vs. Profitgier diskutiert
(Büchi 2011). Zentrale Fragestellung ist somit, wie die wirtschaftlichen Interessen
und Gemeinwohlziele der PR-Aktivitäten Lingners zusammenhängen.

Um diese Frage zu beantworten, werden die Ziele von Lingners PR-Aktivitäten
im Bezugsrahmen für Kommunikations-Controlling der Deutschen Public Relations Gesellschaft (DPRG) und des Internationalen Controller Vereins (ICV)
betrachtet (Rolke und Zerfass 2009). Die vier Stufen des Bezugsrahmens (Input,
Output, Outcome und Outflow) dienen als Orientierung, um die verschiedenen
historischen Aussagen mit der Methode der historischen Analyse (Schönhagen
2008) einzuordnen.

Die Analyse macht deutlich, dass die Debatten im Gesundheitswesen und
der PR-Forschung allerdings keineswegs neu sind. Im Fazit werden daher die
Bezüge zu aktuellen Debatten (wie Soziales Unternehmertum, Greenwashing,
Vielstimmigkeit der PR) hergestellt, um Anregungen für weitere Forschung
aufzuzeigen.

3.2   Karl August Lingner und seine Relevanz für die Gesundheitskommunikation und die PR

In einer Zeit wesentlicher medizinischer Fortschritte (wie der Entdeckung der Tuberkulosebakterien durch Robert Koch) und zahlreicher hygienischer Herausforderungen der Industrialisierung (insbesondere in den Großstädten Deutschlands) brachte Lingner 1892 das antibakterielle Mundwasser Odol auf den Markt. Es passte damit perfekt zum Bakterien- sowie Hygienethema der damaligen Zeit. Mit diesem Produkt war Lingner ökonomisch sehr erfolgreich (wurde zum „Odolkönig") und nutzte diesen wirtschaftlichen Erfolg u. a. für zahlreiche wohltätige Projekte wie die erste Internationale Hygieneausstellung (1911), ein Säuglingsheim oder eine öffentliche Lesehalle (Büchi 2006; Funke 1996). Nachfolgeinstitutionen, die aus der Hygieneausstellung hervorgingen, wie das Deutsche Hygienemuseum Dresden und die Bundeszentrale für gesundheitliche Aufklärung, haben bis heute eine hohe Relevanz für die Gesundheitskommunikation (Roessiger und Roth 1999; Sammer 2015; Vogel 2010).

Für die PR gilt Lingner als wichtiger Vordenker, der zahlreiche Kommunikationsinnovationen (wie integrierte Kommunikation, Markenkommunikation, Anzeigen mit Nutzenargumenten) entwickelte und umsetzte, bevor sie in Lehrbüchern niedergeschrieben wurden (Hofmann und Liebert 2012). Auch für die Gesundheitskommunikation setzte er durch den Einsatz von PR-Strategien in der Gesundheitsaufklärung wichtige Maßstäbe (wie Visualisierung, Verständlichkeit und Unterhaltungsangebote), die bis heute Gültigkeit haben (Osten 2005). PR- und Werbemaßnahmen waren dabei immer ein wichtiger Bestandteil seiner Aktivitäten. Beim ihm galten Herstellung sowie Verkaufs- und Propagandaabteilung als gleichwichtig, was ungewöhnlich für die damalige Zeit war (Büchi 2006). Da dies bei all seinen Projekten der Fall war, erscheint es angemessen, ihn und seine Kommunikationsmaßnahmen in den Mittelpunkt zu stellen (anstatt einer einzelnen von ihm gegründeten Organisation, die teilweise sogar selbst als Teil einer Reputationsstrategie gedeutet werden könnte; siehe hierzu bspw. Neumann 1988). Nur in der Gesamtbetrachtung seiner PR-Aktivitäten und seiner vielfältigen Projekte werden die Zusammenhänge zwischen den verschiedenen Werthorizonten deutlich. Damit ist sein Beispiel in mehrfacher Hinsicht geeignet, um die Zielbeziehungen der PR im Gesundheitswesen aus einer historischen Perspektive zu beleuchten.

3.3   PR-Modell der Wirkungsstufen

Das Wirkungsmodell der PR wird vor allem dazu angewendet, Maßnahmen
der Unternehmenskommunikation aus einer Controllingperspektive auf aufeinander folgenden Wirkungsstufen zu betrachten und zu bewerten (Rolke und
Zerfass 2009). Entgegen dieser sonstigen Anwendung des PR-Wirkungsmodells
werden im Folgenden nicht die quantitativen Kenngrößen (wie z. B. Reich-
weite einer Werbemaßnahme oder Steigerung der Umsatzzahlen aufgrund einer
Pressemitteilung), sondern vielmehr die qualitativen Aussagen zu Lingners Ziel
und seiner Zielerreichung auf den einzelnen Wirkungsstufen analysiert (siehe
Tab. 3.1). Als Grundlage für diese Analyse dienen zahlreiche historische Doku-
mente, wie Aufzeichnungen von August Lingner, Berichte von Zeitzeugen und
die Medienberichterstattung aus dieser Zeit.

Als Analysegegenstand für die Ebene des *Inputs* dienen vor allem Aussagen
über Lingners Ziele und Motive, die er selbst oder seine Zeitgenoss*innen, die
mit ihm zusammenarbeiteten, über ihn machten. Der *Output* bezieht sich auf
Inhalte seiner PR (wie Reklame und Ausstellungen), während sich der *Outcome*
mit den Reaktionen auf seine PR-Aktivitäten beschäftigt. Der *Outflow* lässt sich
anhand seiner wirtschaftlichen Erfolge und gemeinnützigen Aktivitäten betrachten, wobei auch hier eine Trennung nicht immer möglich oder sinnvoll erscheint,
um mögliche Zielzusammenhänge aufzuzeigen.

Tab. 3.1   Einordnung der PR-Aktivitäten anhand des DPRG/ICV-Bezugsrahmens

Wirkungsstufe	Input	Output	Outcome	Outflow
Messbereiche und – objektive	Finanzaufwand und Personaleinsatz	Inhalte und Reichweite in Medienkanälen	Wahrnehmung, Nutzung und Wirkung auf Einstellung, Wissen etc.	Wertschöpfung, Einfluss auf (im)materielle Ressourcen
Einordnung der PR-Aktivitäten	Lingners (vermutete) Intentionen und sein Einsatz für Kommunikationsmaßnahmen	PR-Maßnahmen wie Reklame und Ausstellungen	Reaktionen auf seine PR-Aktivitäten	Erfolg seiner Unternehmen und seiner gemeinnützigen Aktivitäten

3.4 PR-Aktivitäten Karl August Lingners

3.4.1 Inputebene

Lingners Intentionen bzw. Wertorientierungen waren schon zu seinen Lebzeiten vielfach umstritten. Ihm wurden sowohl Gewinnstreben, Eigennutz und Ehrsucht als auch eigene Krankheitserfahrungen, Bildungsstolz oder Barmherzigkeit als mögliche Motive seiner Aktivitäten unterstellt (Büchi 2011). Leider sind zahlreiche seiner privaten Aufzeichnungen (wie Tagebücher oder Briefe) nicht mehr vorhanden, da er sie auf eigenen Wunsch vernichten ließ (Büchi 2011). In den Leitgedanken zur Sonderausstellung „Volkskrankheiten und ihre Bekämpfung" schreibt er, dass er zufällig zur Sozialhygiene gelangt sei, weil seine geschäftlichen Unternehmungen es notwendig machten, sich mit dem Desinfektionswesen zu beschäftigen: „Das Gebiet hat mich dermaßen begeistert, daß ich zu dem Entschlusse gelangt bin, mich in jeder nur möglichen Weise auf demselben zu betätigen und andere Betätigungen, die dieser herrlichen Idee zweckmäßig dienen, fördern zu helfen (Lingner 1904, S. 533). Auch Julius Ferdinand Wolff (1930, S. 11) schrieb in seiner Biografie über Lingner: „Schon damals trug er die Begeisterung für seine hygienischen Erziehungsideen und jene potentielle Energie, sie zum Glück der Menschen in Tat und Leistung umzusetzen, sozusagen Tag und Nacht mit sich herum." Büchi (2011) spricht in seiner Beschreibung von Lingners Zielen schließlich davon, dass dieser „gewiß nicht nur der Menschenliebe wegen, sondern auch mit Blick auf die vielen neuen kommerziellen Möglichkeiten" von den neuen Präventionsthemen begeistert war.

Sein langjähriger Privatsekretär Georg Seiring berichtete hingegen, dass Lingner eigentlich gegen seinen Willen Kaufmann geworden sei. Erst nachdem er ökonomisch erfolgreich war, konnte er sich, so Seiring, einer seiner Lieblingsaufgaben widmen; der Belehrung und Aufklärung des Volkes auf dem Gebiete der Hygiene (Seiring 1930). In einer Werbung für Odol von 1932 in der Berliner Illustrierten Zeitung heißt es sogar: „Er sucht Erleuchtung in der Einsamkeit, zermartert sein Gehirn, getrieben von der großen weltumfassenden Liebe zu den Menschen und dem Wunsche, ihnen zu helfen. Nach Jahren mühevollen Experimentierens erfand er dann Odol." (nach Büchi 2011, S. 45). Auch andere Autor*innen äußerten sich später in dieser Hinsicht und vermuteten, dass Lingner, der selbst aus sehr einfachen Verhältnissen stammte, Geld verdienen nicht als Selbstzweck betrachtete, sondern als ein Mittel, um sich anderen Zielen verstärkt widmen zu können (Neumann 1988).

Die Ausgaben, die er für Reklame aufwendete, werden mit etwa 10 bis 14 % des Umsatzes angegeben, was für deutsche Verhältnisse zu jener Zeit sehr viel war. Bereits 1896 stellte er zudem einen Leiter der Propagandaabteilung ein, was seinen frühen Willen zur Professionalisierung der Unternehmenskommunikation entsprach (Büchi 2006). Darüber hinaus können auch viele weitere seiner Aktivitäten (bis zu hin zu Projekten und Unternehmensgründungen) als Einsatz für sein Reputationsmanagement gedeutet werden.

3.4.2 Outputebene

Dementsprechend waren Lingners PR-Aktivitäten umfassend und intensiv. Er nutzte dazu alle verfügbaren Kommunikationsmittel und wendete eine integrierte Kommunikationsstrategie an; auch wenn dieses Konzept damals noch nicht beschrieben war. So wurde bspw. die Reklame für das Odolwasser vor allem in Anzeigen, aber auch mit Postkarten, Plakaten und Schaufensterdekorationen mit verschiedensten Werbeargumenten umgesetzt (Wolff 1930). Seine Mundwasserreklame enthielt Wettbewerbsargumente, indem er sein Mundwasser als das beste darstellte mit den Worten: „ohne jeden Zweifel bestes aller bekannten Mund- und Zahnreinigungsmittel". Zudem warb er auch mit Schönheitsversprechen und gesundheitsorientiert lehrhaften Wortanzeigen wie „Blitzsauber halte Deinen Schnabel/Sonst wird er zum Bazillen-Babel" oder „Bedenke, daß Gesundheit regelmäßige Zahnpflege bedingt" (Büchi 2006, S. 56).

Gleichzeitig nutzte er aber vielleicht auch das Sponsoring, die Stipendienvergabe und das Mäzenatentum, um wirtschaftlichen Einfluss im Sinne von Lobbying zu gewinnen. Er gründet seine Desinfektorenschule aber nicht nur um den Absatz seiner Desinfektionsapparate zu erhöhen, sondern auch um staatliches sozialhygienisches Engagement zu initiieren (Büchi 2011).

Schließlich übertrug er die für den ökonomischen Erfolg erarbeiten Kommunikationsstrategien auch auf die Gesundheitsausstellungen. Hier legte er großen Wert darauf, dass die Informationen anschaulich und verständlich für die Besucher*innen aufbereitet wurden (Büchi 2006). Die von ihm gegründete Desinfektionszentrale nutzte er, um dort Präparate, Moulagen, Mikroskope und Statistiken herzustellen, die später auch in den Ausstellungen eingesetzt wurden (Büchi 2011).

3.4.3 Outcomeebene

In den Reaktionen auf seine PR-Aktivitäten wurde Lingner vielfach kritisiert, sowohl für den Umfang seiner werblichen Aktivitäten als auch für deren Inhalte.

Die von ihm verwendete Form der Reklame im dialogischen Stil galt in dieser Zeit noch als sittenwidrig (Büchi 2006). Zudem wurde die Wirksamkeit Odols in diversen Gutachterstreitigkeiten und Gerichtsverfahren angezweifelt (Obst 2005). Von Anhängern der Naturheilkunde wurden in diesem Zusammenhang Flugblätter und Zeitschriftenbeiträge veröffentlicht, die die Wirksamkeit des Mittels stark in Zweifel zogen. Man warf ihm vor, dass das Produkt nur ein Reklameartikel und nicht wirklich desinfizierend sei (Büchi 2006). Seine Mitarbeiterin Marta Fraenkel schätzte dagegen seine Fähigkeit, Ergebnisse der Forschung in gewinnbringende Anwendungen überführen zu können (Büchi 2006).

Man glaubte ihm, dem Idealisten, nicht und beneidete offenbar seinen Reichtum. Man vermutete, dass es zu der „amerikanischen smartness Lingners gehöre, dass man, wenn das makemoney gelungen ist, seinen Namen auch gern mal mit gemeinnützigen Riesenunternehmungen in Verbindung bringt" (Büchi 2011, S. 12). Unter diesem Misstrauen litt er laut Einschätzung seines Freundes sehr, da sie ihm Menschenfreundlichkeit und Idealismus absprach (Wolff 1930). Er fühlte sich möglicherweise dahin gehend missverstanden, dass seine – aus seiner Sicht – gemeinwohlorientierten Kommunikationsmaßnahmen als Ausdruck eines Partikularinteresses wahrgenommen werden.

Lingner selbst rühmte sich, dass infolge seiner Werbung für das Odol Mundwasser Hunderttausende von Menschen zur Anwendung von Mund- und Zahnpflege bekehrt worden seien (Büchi 2011). Er begann also schon vor den Gesundheitsausstellungen mit der „Massenbelehrung" und wollte die Bevölkerung von Hygienemaßnahmen überzeugen. Und bereits zu seiner Zeit gab es jene, die ihn für einen wirkmächtigen Volksaufklärer hielten.

3.4.4 Outflowebene

Sowohl in seinen ökonomischen, aber auch in seinen wohltätigen Zielen war Lingner sehr erfolgreich. Er verdiente mehrere Millionen mit dem Verkauf seines Mundwassers und wurde damit zum Odolkönig (Roessiger und Roth 1999). Die Marke Odol ist bis heute vorherrschend auf dem Mundwassermarkt und vereinigt als Dachmarke auch weitere Produkte wie Zahncreme und Zahnpflegekaugummi (Bergmann 2013).

Lingner reichte allerdings der wirtschaftliche Erfolg seines Mundwassers nicht aus. Er wurde zum Förderer, Initiator und Mitstreiter zahlreicher gemeinnütziger Vorhaben zur Verbesserung der Volksgesundheit und der Volksbildung. Funke (1996) beschreibt in seiner Biographie neun größere Projekte aus dem Bereich des gemeinnützigen Wirken Lingners. Dabei standen beide Bereiche, der wirtschaftliche und gemeinnützige, für ihn in engem Zusammenhang (Roessiger und Roth 1999). Neben dem Titel des Odolkönigs erhält er daher auch den Titel des Hygienepapsts (Güldenberg 1988).

Selbst wenn nicht alle seiner gemeinnützigen Aktivitäten von dauerhaftem Erfolg gekrönt waren, so waren doch einige sehr erfolgreich und nachhaltig wirksam. Die I. Internationale Hygieneausstellung (1911) in Dresden wird mit mehr als fünf Millionen Besucher*innen ein großer Erfolg (Osten 2005). Obwohl die II. Internationale Hygieneausstellung (1930) sich kommerziell nicht rechnet, ist damit die Gründung des Deutschen Hygienemuseums verbunden, die Lingner testamentarisch verfügt hat (Weinert 2017). Das Hygienemuseum setzt bis heute modernste Ausstellungstechniken und allgemein verständliche Präsentationsformen ein, um sich mit gesellschaftlich relevanten Fragestellungen auseinanderzusetzen (Vogel 2010), auch wenn diese gesundheitsorientierten Bestrebungen in der wechselvollen Geschichte des Museums auch politisch verschiedentlich instrumentalisiert wurden (Sammer und Thaut 2017).

3.5   Fazit mit Bezügen zu aktuellen Debatten

Zusammenfassend lassen sich die Zielverschränkungen auf allen vier Ebenen der PR-Aktivitäten Lingners aufzeigen. Ziel- oder Wertebeziehungen sind ein häufiges Forschungsthema in der PR-Forschung. So werden etwa im Kontext der Corporate Social Responsibility *(CSR)- und Nachhaltigkeitskommunikation* vor allem die Konflikte zwischen wirtschaftlichen und gemeinnützigen Zielen diskutiert (Öberseder et al. 2013). Lingners Engagement lässt sich mühelos in aktuelle CSR-Konzepte (Raupp et al. 2011) einordnen, da er seine Gewinne freiwillig und nachhaltig, d. h. zukunftssichernd für soziale Belange, einsetzte und damit auch Reputationsmanagement betrieb, um Legitimation und Glaubwürdigkeit aufzubauen.

Bei der Diskussion über die Wertebeziehungen im Bereich der CSR überwiegt allerdings eine problematisierende Sichtweise auf die Zusammenhänge zwischen den beiden Zielstellungen. Dies wird insbesondere deutlich am Begriff des *Greenwashing,* der (moralisch abwertend) irreführende „grüne" Botschaften bezeichnet. Mit diesen Botschaften geben Organisationen vor, gemeinwohlorientiert und nachhaltig zum Erhalt der Umwelt beizutragen, obwohl dies nicht der Fall oder sogar das Gegenteil richtig ist (Schmidt und Donsbach 2012).

Ähnlich problematisch werden die Zielbeziehungen auch im Zusammenhang mit der *integrierten Kommunikation* (Bruhn 2016) betrachtet. Dort werden vor allem die Synergien propagiert, die sich durch die Orientierung auf eine Zielstellung in verschieden Kommunikationskanälen ergeben. Vertrauen und Glaubwürdigkeit bei den verschiedenen Anspruchsgruppen werden nach diesem Ansatz vor allem dann erzeugt, wenn die Ziele und das resultierende Kommunikationsmanagement konsistent sowie eindeutig sind und sich eben nicht widersprechen. Die Kommunikation von Vielstimmigkeit, d. h. die Vereinbarkeit verschiedener Ziele oder die Verfolgung mehrerer Logiken in einer Organisation, wird hingegen noch selten betrachtet (Christensen et al. 2015).

So werden auch die positiven Zusammenhänge von Partikularinteressen und Gemeinwohlzielen in der PR-Forschung kaum thematisiert, lediglich das Soziale Unternehmertum und das Soziale Marketing bieten hierfür Ansätze. Das *Soziale Unternehmertum* (Bundesministerium für Wirtschaft und Energie 2016) oder auch die Gemeinwohl-Ökonomie (sog. Social Entrepreneurship) beinhaltet dabei Organisationen, die soziale Ziele mit unternehmerischen Konzepten erreichen wollen. Der erwirtschaftete Gewinn wird eingesetzt, um soziale Zwecke und gesellschaftlichen Nutzen zu erzielen. Auch beim *Sozialen Marketing* (French und Gordon 2015) werden Gemeinwohlinteressen mit ökonomischen Strategien verfolgt. Im Gegensatz zum sozialen Unternehmertum werden hier allerdings nicht die Finanzierungsmaßnahmen, sondern die Persuasionsstrategien aus überwiegend wirtschaftlich orientierten Unternehmen übertragen. Mittel des Business Marketing werden dabei angewendet, um Verhaltensänderungen in Bereichen wie Gesundheit, Umweltschutz oder politischem Engagement zu erzielen.

Auf der *Inputebene* wird bereits deutlich, dass sich Lingners ökonomische Interessen und seine Wohlfahrtsziele gegenseitig bedingt haben. Während er selbst davon spricht, dass die ökonomischen Ziele ihn zu den anderen gemeinwohlorientierten Zielen geführt haben (Lingner 1904), formulierten es andere Autoren (Güldenberg 1988; Seiring 1930) posthum so, als ob die ökonomischen Interessen lediglich Mittel zum Zweck waren und seine Aktivitäten somit als Soziales Unternehmertum interpretiert werden können.

Auf der *Outputebene* werden ebenso komplexe Zusammenhänge deutlich. Einerseits nutzt Lingner Wohlfahrtsargumente („Gesundheit der Bevölkerung") für seine Reklame, um ökonomische Ziele zu erreichen. Andererseits setzt er auch Erfahrungen aus seinen wirtschaftlich orientierten Aktivitäten für die gemeinwohlorientierten Aktivitäten im Sinne eines Sozialen Marketings ein (Büchi 2011).

Kästner (1931) zitiert in seinem Roman Fabian H.G. Wells, der fordert, die Reklame nicht länger auf die Steigerung des Konsums von Seife und Kaugummi zu beschränken, sondern sie auch in den ‚Dienst von Idealen' zu stellen. Das bedeutet, dass das Konzept des sozialen Marketings, welches heute weit verbreitet in der Gesundheitsaufklärung ist (Scherenberg 2017), bereits damals eingefordert wurde.

Auf der *Outcomeebene* wird deutlich, dass es für seine Zeitgenoss*innen äußerst unglaubwürdig erschien, dass seine ökonomischen Interessen und gemeinwohlorientierte Ziele derart miteinander verschränkt waren (Büchi 2006; Obst 2005), was wiederum den Annahmen der integrierten Kommunikation und Ergebnissen der CSR-Forschung entspricht. Lingner fühlte sich zutiefst missverstanden, dass seine – aus seiner Sicht – gemeinwohlorientierten Kommunikationsmaßnahmen als Ausdruck eines Partikularinteresses wahrgenommen wurden (Wolff 1930).

Für die *Outflowebene* lässt sich sagen, dass Lingner sowohl in seinen ökonomischen aber auch in seinen wohltätigen Zielen sehr erfolgreich war. Er verdiente mehrere Millionen mit dem Verkauf seines Mundwassers (das bis heute Marktführer ist) und wird damit zum Odolkönig (Roessiger und Roth 1999). Auch mit seinen gemeinnützigen Aktivitäten wie dem Deutschen Hygienemuseum in Dresden war er zum Teil sehr erfolgreich und nachhaltig wirksam.

Zusammenfassend lassen sich somit auf allen vier Ebenen sowohl verstärkende als auch konfligierende Zielverschränkungen aufzeigen. Für aktuelle Debatten der Wertebeziehungen von Organisationen ergibt sich daraus die Forderung, neben den Konflikten auch die gegenseitigen Abhängigkeiten zwischen wirtschaftlichen und gemeinnützigen Orientierungen zu betrachten. Mit Bezug auf das aktuelle Gesundheitssystem kann etwa gefragt werden, inwieweit die Ziele der Wirtschaftlichkeit und des Gemeinwohls aufeinander angewiesen sind (Maio 2016) und welche Auswirkungen dies auf die Vielstimmigkeit der PR hat (Christensen et al. 2015).

Literatur

Bergmann, J. (2013). Was Marken nützt: Die Ikone. *brand eins*, (4). Abgerufen von https://www.brandeins.de/magazine/brand-eins-wirtschaftsmagazin/2013/handel/die-ikone

Bruhn, M. (2016). Konzepte der Integrierten Marketing- und Unternehmenskommunikation: Übersicht und kritische Würdigung. In M. Bruhn, F.-R. Esch & T. Langner (Hrsg.), *Handbuch Strategische Kommunikation* (S. 76–102). Wiesbaden: Springer Fachmedien.

Büchi, W. A. (2006). *Karl August Lingner. Das grosse Leben des Odolkönigs (1861 – 1916); eine Rekonstruktion* (1. Aufl.). Dresden: Ed. Sächsische Zeitung.

Büchi, W. A. (2011). Karl August Lingner als Aktivist der Hygiene-Bewegung. *Dresdner Hefte*, 29(108), 4–15.

Bundesministerium für Wirtschaft und Energie. (2016). *Soziales Unternehmertum*. Abgerufen von https://www.bmwi.de/Redaktion/DE/Publikationen/Mittelstand/praxisleitfaden-soziales-unternehmertum.html

Christensen, L. T., Morsing, M., & Thyssen, O. (2015). The polyphony of values and the value of polyphony. *Journal for Communication Studies, 8*(1), 9–25.

French, J., & Gordon, R. (2015). *Strategic social marketing.* London: Sage.

Funke, U.-N. (1996). *Lingner, Karl August. Leben und Werk eines gemeinnützigen Großindustriellen.* Dresden: B-Edition.

Güldenberg, H. (1988). Persönlichkeiten prägen Marken. In G. Reith & H. Güldenberg (Hrsg.), *100 Jahre Lingner-Werke Dresden – Düsseldorf* (S. 39–49). Bühl: Lingner & Fischer.

Hofmann, K., & Liebert, T. (2012). *Karl August Lingner /Odol,* PR-Museum. Abgerufen von https://pr-museum.de/wp-content/uploads/2018/04/Lingner-Odol-Zusammenstel lung-der-Texte.pdf

Kästner, E. (1931). *Fabian. Die Geschichte eines Moralisten* (dtv, Bd. 11006). München: Deutscher Taschenbuch-Verlag

Lingner, K. A. (1904). Volkskrankheiten und ihre Bekämpfung. In R. Wuttke (Hrsg.), *Die deutschen Städte. Geschildert nach den Ergebnissen der ersten deutschen Städteausstellung zu Dresden 1903* (S. 531–547). Leipzig: F. Brandstetter.

Maio, G. (2016). *Geschäftsmodell Gesundheit. Wie der Markt die Heilkunst abschafft* (2. Aufl.). Berlin: Suhrkamp Verlag.

Neumann, J. (1988). Karl August Lingner: Leben und Werk im Dienste der Menschen. In G. Reith & H. Güldenberg (Hrsg.), *100 Jahre Lingner-Werke Dresden – Düsseldorf* (S. 56–73). Bühl: Lingner & Fischer.

Öberseder, M., Schlegelmilch, B. B., & Murphy, P. E. (2013). CSR practices and consumer perceptions. *Journal of Business Research, 66*(10), 1839–1851.

Obst, H. (2005). *Karl August Lingner, ein Volkswohltäter? Kulturhistorische Studie anhand der Lingner-Bombastus-Prozesse 1906-1911.* Göttingen: V&R unipress.

Osten, P. (2005). Hygieneausstellungen: Zwischen Volksbelehrung und Vergnügungspark. Die Geschichte medizinischer Publikumsausstellungen dokumentiert den Aufstieg der Eugenik und offenbart eine wechselhafte Sensibilität in der Darstellung von Krankheit und Tod. *Deutsches Ärzteblatt, 102*(45), 3085–3088.

Raupp, J., Jarolimek, S., & Schultz, F. (2011). Corporate Social Responsibility als Gegenstand der Kommunikationsforschung. In J. Raupp, S. Jarolimek & F. Schultz (Hrsg.), *Handbuch CSR* (S. 9-18). Wiesbaden: Springer.

Roessiger, S., & Roth, M. (1999). Odol-König und Museumsgründer. In K. Nitschke (Hrsg.), *Die großen Dresdner. 26 Annäherungen* (S. 233–243). Frankfurt am Main: Insel.

Rolke, L., & Zerfaß, A. (2009). Wirkungsdimensionen der Kommunikation: Ressourceneinsatz und Wertschöpfung im DPRG/ICV-Bezugsrahmen. In J. Pfannenberg & A. Zerfaß (Hrsg.), *Wertschöpfung durch Kommunikation: Kommunikations-Controlling in der Unternehmenspraxis* (S. 50–60). Frankfurt am Main: FAZ Institut.

Roski, R. (2014). Akteure der Gesundheitskommunikation und ihre Zielgruppen. In K. Hurrelmann & E. Baumann (Hrsg.), *Handbuch Gesundheitskommunikation* (S. 348–359). Bern: Verlag Hans Huber.

Sammer, C. (2015). Die Modernisierung der Gesundheitsaufklärung in beiden deutschen Staaten zwischen 1949 und 1975. *Medizinhistorisches Journal, 50*(3), 249–294.

Sammer, C., & Thaut, L. (2017). Im Mittelpunkt steht der Mensch. Zur Geschichtspolitik des Deutschen Hygiene-Museums in der DDR. In A. Brait & A. Früh (Hrsg.), *Politique de la mémoire. Ethnografische und historische Museen als Orte geschichtspolitischer*

Verhandlungen vom 19. bis zum 21. Jahrhundert (Itinera. Beihefte zur Schweizerischen Zeitschrift für Geschichte, Bd. 174, S. 45–60).

Scherenberg, V. (2017). *Präventionsmarketing. Ziel- und Risikogruppen gewinnen und motivieren* (UTB Gesundheits- und Pflegewissenschaften, Marketing, Bd. 4742). Konstanz: UVK Verlagsgesellschaft mbH; UVK/Lucius.

Schmidt, A., & Donsbach, W. (2012). „Grüne"Werbung als Instrument für „schwarze"Zahlen. *Publizistik, 57*(1), 75–93.

Schönhagen, P. (2008). Historische Untersuchungen. Von der „Faktenhuberei" zur Facherkenntnis. In H. Wagner, P. Schönhagen, U. Nawratil & H. W. Starkulla (Hrsg.), *Qualitative Methoden in der Kommunikationswissenschaft. Ein Lehr- und Studienbuch* (Vollst. überarb., erw. und erg. Neuaufl.) (S. 359–380). Baden-Baden: Nomos; Fischer.

Seiring, G. (1930). Lingner und sein Werk. *Zeitschrift für Desinfektions- und Gesundheitswesen, 5*, 267–274.

Szyszka, P. (2015). Berufsgeschichte Public Relations in Deutschland. In R. Fröhlich, P. Szyszka & G. Bentele (Hrsg.), *Handbuch der Public Relations* (S. 487-510). Wiesbaden: Springer Fachmedien.

Vogel, K. (2010). Mensch und Körper im Museum: Das Deutsche Hygiene-Museum Dresden. *Public Health Forum, 18*(3), 14e.1–14.e3

Weinert, S. (2017). *Der Körper im Blick: Gesundheitsausstellungen vom späten Kaiserreich bis zum Nationalsozialismus:* Berlin: De Gruyter.

Wolff, J. F. (1930). *Lingner und sein Vermächtnis.* Hellerau: Verlag von Jakob Hegner.

Dr. Doreen Reifegerste ist Professorin für Gesundheitskommunikation an der Fakultät für Gesundheitswissenschaften der Universität Bielefeld.

Teil II
PR und Organisationskommunikation von Ärzt*innen und Kliniken

Vertrauen als Zielgröße der PR von Ärzt*innen

Elena Link

Zusammenfassung

Vertrauen ist ein zentraler Wert des Gesundheitswesens. Es schafft die Basis einer funktionierenden Arzt-Patienten-Beziehung sowie der Versorgung von Patient*innen durch medizinisches Fachpersonal und dient dem oder der Einzelnen zur Orientierung im Gesundheitssystem. Dem Wert Vertrauen stehen allerdings eine zunehmend stärkere ökonomische Ausrichtung des Gesundheitssystems und veränderte Rahmenbedingungen der Beziehung zwischen Ärzt*innen und Patient*innen entgegen. Dies sind z. B. neue Anforderungen an informierte Patient*innen oder die zunehmende Auswahl und Bewertung von medizinischem Fachpersonal über Online-Portale. Sie führen dazu, dass die Vertrauensbeziehung zwischen Ärzt*innen und Patient*innen gefährdet ist. PR-Maßnahmen, die das Ziel haben, Vertrauen zu stärken, können zum besseren Umgang mit den beschriebenen Herausforderungen beitragen. Dementsprechend zielt der vorliegende Beitrag auf eine Integration der Perspektiven der Gesundheitskommunikation und der Public Relations ab. Damit soll ein höheres Bewusstsein für die Anforderungen an eine vertrauensbildende persönliche und öffentliche Kommunikation im Gesundheitswesen erreicht werden.

E. Link (✉)
Institut für Journalistik und Kommunikationsforschung, Hochschule für Musik, Theater und Medien, Hannover, Deutschland
E-Mail: elena.link@ijk.hmtm-hannover.de

© Springer Fachmedien Wiesbaden GmbH, ein Teil von Springer Nature 2021
D. Reifegerste (Hrsg.), *PR und Organisationskommunikation im Gesundheitswesen*, https://doi.org/10.1007/978-3-658-32884-9_4

Schlüsselwörter

Vertrauen • Soziale Werte • Arzt-patienten-beziehung • Public Relations •
Personen-PR • Image • Reputation • Wertkonflikte

4.1 Einleitung

Für medizinisches Fachpersonal wie Ärzt*innen stellt das in sie gesetzte Vertrauen eine der Grundlagen ihrer Arbeit dar. Entsprechend des Konzeptes
der unterstützenden Versorgung (Ommen et al. 2007), das eine Inhalts- und
Beziehungsebene der Interaktion zwischen Ärzt*innen und Patient*innen unter-
scheidet, ist Vertrauen ein konstituierendes Merkmal der Beziehungsebene der
Versorgung. Es schafft damit die Basis für eine funktionierende Arzt-Patienten-
Beziehung. Aufgrund der entsprechend hohen Bedeutung von Vertrauen sind
dessen Entstehungsbedingungen, Einflussfaktoren und Konsequenzen Gegenstand
einer Vielzahl von Studien der Gesundheitskommunikation, der Gesundheitswissenschaften und der Medizin (z. B. Hall et al. 2001; Trachtenberg et al. 2005).
Der Fokus in diesen Studien liegt dabei auf der interpersonalen Beziehung und
dem direkten Kontakt zwischen Patient*innen und Ärzt*innen. Unberücksichtigt
bleiben allerdings häufig die veränderten Rahmenbedingungen und der zunehmende äußere Druck auf Vertrauensbeziehungen im Gesundheitswesen. Dieser
Druck entsteht unter anderem durch eine Veränderung der Arztwahl und öffentliches Patient*innen-Feedback auf Arzt-Bewertungsportalen (Powell et al. 2019).
Zudem sind Ärzt*innen auch verstärkt zu einer professionellen Selbstdarstellung
beispielsweise auf einer eigenen Homepage aufgefordert.

Den beschriebenen neuen Anforderungen kann mithilfe von strategischer
Kommunikation begegnet werden, sodass eine Integration von Gesundheitskom-
munikation und PR sinnvoll erscheint. Der vorliegende Beitrag fokussiert im
Feld der strategischen Kommunikation auf *extern ausgerichtete Kommunikation*
als geplante Maßnahme, um bestimmte strategische Ziele zu erreichen (Holtz-
hausen und Zerfass 2013; Raupp 2017; Reifegerste und Link in diesem Band).
Im Zentrum steht die Kommunikation zwischen Ärzt*innen und Patient*innen.
Dies trägt dem Umstand Rechnung, dass Ärzt*innen zunehmend gefordert sind,
Kommunikationsmanagement zu betreiben. Die entsprechenden Maßnahmen der
sogenannten Personen-PR als spezifische Form des Reputationsmanagements
(Nessmann 2010), die eine einzelne Persönlichkeit ins Zentrum stellen, adressieren in diesem Fall Patient*innen. Zugehörige Maßnahmen der Personen-PR
von Ärzt*innen dienen nicht nur der Steigerung von Medienresonanz oder des

Bekanntheitsgrades einer Person, sondern auch dem Erhalt oder der Steigerung von Glaubwürdigkeit und Vertrauen in den Arzt oder die Ärztin (Nessmann 2010; Röttger et al. 2011). Diesem Verständnis entsprechend, ist Vertrauen eine Voraussetzung für eine möglichst positive Fremdwahrnehmung von Ärzt*innen durch Patient*innen (Röttger et al. 2011).

Mit dem Ziel der Integration der Perspektiven der Gesundheitskommunikation und des Reputationsmanagements beschreibt der vorliegende Beitrag zunächst die Funktionen von Vertrauen im Gesundheitssystem und in den PR und stellt dar, warum Vertrauen als zentraler Wert des Gesundheitssystems gefährdet erscheint. Darauf aufbauend soll die Vertrauensgenese aus gesundheitskommunikativer sowie der PR-Perspektive in den Fokus gerückt werden, um abzuleiten, welche Strategien des Reputationsmanagements dem Vertrauensaufbau und -erhalt im Gesundheitswesen dienen können.

4.2 Funktionen von Vertrauen im Gesundheitswesen und in den PR

Das folgende Unterkapitel beschreibt die generellen Funktionen von Vertrauen und geht darüber hinaus auf seine konkreten Funktionen im Gesundheitswesen und in den PR ein.

Der generellen Funktionsbeschreibung liegt zugrunde, dass Vertrauen eine bedeutende Komponente von Beziehungen darstellt. Beziehungen umfassen dabei sowohl intime Partnerschaften, geschäftliche Kooperationen als auch die Beziehungen zwischen Ärzt*innen und Patient*innen (Ommen et al. 2007). Vertrauen basiert jeweils auf den zugeschriebenen Fähigkeiten eines Gegenübers und auf seinen wohlwollenden Motiven. Definiert wird Vertrauen folglich als „willingness of a party to be vulnerable to the action of another party based on the expectation that the other will perform a particular action important to the trustor, irrespective of the ability to monitor or control that other party" (Mayer et al. 1995, S. 712). Damit fungiert Vertrauen als ein zentraler Mechanismus zur Komplexitätsreduktion, der in unsicheren Situationen und bei unvollständigem Wissen an Bedeutung gewinnt und zur Problemlösung beiträgt (Kohring 2001; Luhmann 1989).

Besonders im *Gesundheitswesen*, beruht die Relevanz des Vertrauens in Ärzt*innen auf den Spezifika einer Erkrankungssituation. Gesundheitliche Herausforderungen gehen in hohem Maße mit medizinischen und subjektiven Unsicherheiten, einer hohen Verletzlichkeit und hoher emotionaler Belastung des oder der Einzelnen einher (Brashers 2001; Goold 2001). Zudem ist die Beziehung zwischen Patient*innen und Ärzt*innen durch Asymmetrie geprägt, da Patient*innen auf die Expertise, das Wissen und die Ratschläge von Expert*innen angewiesen sind und jegliche Behandlung eine Form der Kontrollabgabe darstellt. Demnach haben Ärzt*innen eine gewisse Expertenmacht, während Patient*innen Informations-, Kompetenz- und Handlungsdefizite aufweisen. Entsprechend dieses Ungleichgewichts besteht ein Abhängigkeitsverhältnis in der Arzt-Patienten-Beziehung. Die beschriebenen Merkmale machen es für Patient*innen unerlässlich, sich auf Andere zu verlassen und Verantwortung zu teilen. Vertrauen zwischen *Ärzt*innen und Patient*innen* ermöglicht die Akzeptanz der eigenen Verletzlichkeit und dient damit dem Wohlbefinden der Patient*innen. Der Patient oder die Patientin nimmt an, dass sich der behandelnde Arzt oder die behandelnde Ärztin um seine oder ihre Interessen sorgt und kümmert und die notwendigen Kompetenzen zur Bewältigung medizinischer Problemstellungen besitzt (Link 2019, S. 83; siehe auch Anderson und Dedrick 1990; Glattacker et al. 2007).

Zu vertrauen erscheint aber nicht nur für das psychische Wohlbefinden des oder der Einzelnen als unerlässlich, sondern das Investment in den Aufbau und Erhalt von Vertrauen ist auch mit Blick auf medizinische Zielgrößen bedeutsam. So nimmt Vertrauen Einfluss auf die Bereitschaft, medizinische Hilfe in Anspruch zu nehmen, schafft die Basis für einen offenen kommunikativen Austausch und beeinflusst auch den Willen, ärztliche Ratschläge zu befolgen (Balkrishnan et al. 2003; Fiscella et al. 2004; Hall et al. 2001). Die genannten Funktionen sind wichtige Voraussetzungen für die gesundheitliche Leistungserbringung und ein funktionierendes Gesundheitssystem. Zudem schafft Vertrauen die Grundlage für Patient*innen, um trotz der Unkenntnis von Systemzusammenhängen im Gesundheitssystem handlungsfähig zu bleiben. Dies geht vor allem darauf zurück, dass Vertrauen im Sinne der Komplexitätsreduktion eine Orientierungs- und Entlastungsfunktion für Patient*innen besitzt. Es ist entscheidend dafür, dass der oder die Einzelne trotz des fehlenden Fachwissens über Diagnosen und Therapien ebenso wie Unkenntnis über bestimmte Aspekte des Gesundheitssystems, nicht in Verunsicherung und Ängsten verharrt (Grünberg 2014), sondern sich beispielsweise an medizinischen Entscheidungen beteiligt und Therapien wahrnimmt.

Auch in den *PR* wird die Funktion von Vertrauen zur Komplexitätsreduktion bei vorhandener Unsicherheit beschrieben. Vertrauen stellt laut Kohring (2001) eine „selektive Verknüpfung von Fremdhandlungen und Eigenhandlungen unter der Bedingung einer rational nicht legitimierbaren Tolerierung von Unsicherheit" (S. 67) dar. Damit einher geht die Bereitschaft zur Verantwortungsübergabe an eine Person oder Organisation, die vorherrschende Handlungs-

und Planungsunsicherheit zu überbrücken vermag (Röttger et al. 2011). Vertrauen manifestiert sich dementsprechend in Erwartungen von Stakeholdern oder Interessensgruppen an die Kontinuität von bestimmten Handlungen, Entscheidungen und Verhaltensweisen einer Organisation oder Person (Röttger et al. 2011). Entsprechende Interessensgruppen umfassen in diesem Fall auch die Patient*innen, allerdings eher verstanden als Kund*innen des Gesundheitssystems. Zudem ermöglichen Vertrauen und Glaubwürdigkeit wirkungsvolle Kommunikation. Beide bedingen die Effizienz jeglicher Formen der externen Kommunikation im Zuge des Reputationsmanagements und schaffen damit die Basis für eine positive Fremdwahrnehmung von Personen wie Ärzt*innen (Roski 2014).

Aufgrund der beschriebenen vielfältigen Funktionen des Vertrauens im Gesundheitswesen und in den PR erscheint es essenziell, dass dieses selbst zum Ziel strategischer Kommunikationsmaßnahmen wird. Ärzt*innen sind folglich gefordert, mittels PR-Maßnahmen den Erhalt und Aufbau von Vertrauen zu adressieren. Daher soll im nächsten Kapitel auf die spezifischen Herausforderungen der Vertrauensgenese eingegangen werden.

4.3 Herausforderungen der Vertrauensgenese

Den Funktionen von Vertrauen soll gegenübergestellt werden, warum Vertrauen durch Wertkonflikte und veränderte Rahmenbedingungen des Gesundheitssystems gefährdet ist. Anhand der Definition von Vertrauen wird deutlich, dass Vertrauen ein Bestandteil des sozial-karitativen Verständnisses des Gesundheitssystems ist (Maio 2016). Vertrauen ist dabei ein zentraler Wert des Gesundheitssystems und spiegelt sich in dem Wertehorizont der beruflichen Rolle von Ärzt*innen wider (siehe Vieth in diesem Band). Die mit der Rolle verbundenen Erwartungen der Patient*innen umfassen sowohl Privilegien als auch Pflichten des Arztes oder der Ärztin (Haselhoff 2010). Demnach vertrauen Patient*innen vor allem auf den Experten oder die Expertin als Vertreter*innen der medizinischen Profession (Barber 1983; Sztompka 1999). Die Erwartungen an die Vertrauenswürdigkeit beziehen sich konkret auf fachliche und interpersonale Kompetenzen, das Wohlwollen oder die Redlichkeit und Ehrlichkeit eines Arztes oder einer Ärztin (siehe Abb. 4.1; Link 2019). Diese Gründe für die Vertrauenswürdigkeit finden ihre Entsprechung in den am Wohl der Patient*innen ausgerichteten gesundheitlichen und sozialen Zielen des Gesundheitssystems.

Allerdings verfolgt medizinisches Fachpersonal zugleich auch ökonomische Interessen und ist ökonomischen Zwängen ausgesetzt, während die Wettbewerbungsorientierung im Gesundheitswesen zunimmt (siehe Reifegerste und Link

Abb. 4.1 Prozess der Vertrauensgenese. (Eigene Darstellung in Anlehnung an Link 2019)

in diesem Band). Dadurch ist der Arbeitsalltag von medizinischem Fachpersonal durch hohe Anforderungen an effizientes Arbeiten und ein begrenztes Zeitbudget pro Patient*in geprägt. Demnach sind für Vertrauensbeziehungen die verstärkt vorherrschenden ökonomisch-kalkulierenden Anforderungen an das Gesundheitswesen Ursachen für Wertkonflikte, die unabhängig davon bestehen, dass Gesundheit auch materielle Ressourcen benötigt, die erwirtschaftet werden müssen. Dieser Wertekonflikt ist für den Vertrauensaufbau herausfordernd, weil die ökonomischen Interessen dabei den Erwartungen an wohlwollende Motive, an die Redlichkeit und Fürsorge von Ärzt*innen entgegenstehen. Somit ergibt sich ein Spannungsverhältnis aus den Anforderungen an den Aufbau einer Vertrauensbeziehung und denen des medizinischen Arbeitsalltags.

Zudem sind auch die Werthorizonte weiterer Beteiligter im gesamtgesellschaftlichen Kontext zu beachten (siehe Vieth in diesem Band). In diesem Kontext ist einerseits auf die veränderten Rollen von Patient*innen und Ärzt*innen sowie andererseits auf eine veränderte Medienumgebung zu verweisen. Von Patient*innen wird eine stärkere Partizipation an der Gesundheitsversorgung gefordert, sie sollen sich stärker in medizinische Entscheidungsprozesse einbringen und Verantwortung für die eigene Gesundheit übernehmen (Rummer und Scheibler 2016; siehe Koinig in diesem Band). Diese partizipative Rolle macht einen hohen Grad an Informiertheit und eine kritischere Auseinandersetzung mit Gesundheitsleistungen und ihren Erbringern erforderlich. Zugleich verlieren dadurch aber auch Ärzt*innen die alleinige Kontrolle über medizinisches Wissen (Hesse et al. 2005; Lee 2008). Dies verändert die Voraussetzungen für

Vertrauensbeziehungen grundsätzlich und kann den Aufbau einer Vertrauensbeziehung erschweren. Es fordert zudem Ärzt*innen heraus, zu erkennen, welche Rollenerwartungen Patient*innen an sie richten und ein gemeinsames Verständnis der Arzt-Patienten-Beziehung zu finden. So kann es beispielsweise problematisch sein, wenn Patient*innen ein partnerschaftliches Verhältnis wünschen und Ärzt*innen eine stärker paternalistische Vorstellung haben (Klemperer 2006).

Mit Blick auf die Rolle der Medien ist darauf zu verweisen, dass sie in ihrer Funktion als Vertrauensvermittler zu Vertrauens- und Reputationsverlusten beitragen können. Öffentliche Skandale, beispielsweise Berichte über die Schädlichkeit von spezifischen Hüftimplantaten, können dem Gesundheitssystem sowohl auf System- als auch Individualebene schaden (Grünberg 2014; Klimmt et al. 2016). Darüber hinaus haben auch die veränderte Medienumgebung und die damit verbundenen Potenziale, sich als Patient*in umfassend zu informieren, einen direkten Einfluss auf die Beziehung zwischen Ärzt*innen und Patient*innen. Besonders deutlich werden diese Einflüsse anhand des hohen Anteils an vorinformierten Patient*innen (Link 2019) und der zunehmenden Bedeutung von Arztbewertungsportalen, die vor allem die Arztwahl maßgeblich beeinflussen und einen Vertrauensvorschuss nicht nur etablieren, sondern auch erschweren können (Link et al. 2020).

All diese skizzierten gesellschaftlichen Veränderungen erhöhen die Bedeutung von Maßnahmen des Reputationsmanagements von Ärzt*innen, um ein gutes Image zu erzielen, neue Patient*innen zu gewinnen sowie diese vertrauensvoll an sich zu binden. Haselhoff (2010) beschreibt in diesem Kontext, dass Ärzt*innen gefordert sind, sich langfristig patienten- oder kundenorientiert auszurichten und es mehr strategischer Kommunikation für den Aufbau oder Erhalt von Vertrauen bedarf.

4.4 PR-Maßnahmen zur Förderung von Vertrauen

Vor dem Hintergrund der beschriebenen Herausforderungen werden nun Implikationen abgeleitet, wie Vertrauen in Ärzt*innen erhalten oder gefördert werden kann. Dazu erfolgt eine Integration bestehender Theorien der interpersonalen Kommunikation, der Gesundheitskommunikation und der PR.

Grundlegend ist bei der Förderung von Vertrauen zu beachten, dass Vertrauen nicht direkt adressiert oder kommuniziert werden kann (Thiedeke 2007). Vielmehr handelt es sich um eine beobachter- und situationsabhängige Zuschreibung, die auf der Beobachtung des symbolischen Handelns von Personen, wie Ärzt*innen, beruht (Luhmann 1989). Durch die Beobachtung sowohl des Verhaltens als auch der interpersonalen oder öffentlichen Kommunikation wird durch Patient*innen versucht, Vertrauen zu legitimieren (Kohring 2001). Entsprechende Gründe für die Vertrauenswürdigkeit von Ärzt*innen identifiziert beispielsweise Link (2019) aufbauend auf Kee und Knox (1970) und Mayer et al. (1995). Demnach beeinflusst die berufliche Rolle von Ärzt*innen einen Vertrauensvorschuss (Barber 1983; Grünberg 2014; Haselhoff 2010; Sztomptka 1999). Der Vorschuss ist auf kollektiver Ebene zu verorten und unabhängig von der individuellen Kommunikation und Interaktion zwischen Ärzt*innen und Patient*innen. Auf interpersonaler Ebene wiederum werden von Patient*innen die fachliche und interpersonale Kompetenz und Kommunikationsfähigkeiten der Ärzt*innen bewertet, ebenso wie deren Ehrlichkeit und Redlichkeit (siehe Abb. 4.1). Die identifizierten Gründe der Vertrauenswürdigkeit (siehe Abb. 4.1) können Ansatzpunkte für PR-Maßnahmen für den Vertrauensaufbau und -erhalt liefern.

Für ein entsprechendes Vertrauens- und Reputationsmanagement sind vor allem die Identität, das Image und die Reputation als wichtige Konstrukte zu nennen, die es zu definieren und zu stärken gilt (Mast und Huck-Sandhu 2013). Unter *Identität* versteht man dabei das Selbstverständnis im Sinne des beruflichen Wertehorizonts und der beruflichen Rolle eines Arztes oder einer Ärztin. Diese berufliche Identität stellt eine kommunikativ konstruierte Größe dar und findet ihren Ausdruck in interpersonaler, nonverbaler und informeller Kommunikation im Zuge von Behandlungsgesprächen und strategischer, formalisierter Kommunikation, wie z. B. einer eigenen Homepage, einem eigenen Jameda-Profil, der Bereitstellung von YouTube-Videos oder Interviews für regionale oder überregionale Medien (Eisenegger 2015; Mast und Huck-Sandhu 2013).

Image und Reputation wiederum stellen die Fremdwahrnehmung dieses Selbstverständnisses durch die Patient*innen als relevante Bezugsgruppe dar. Es handelt sich somit um Wahrnehmungsphänomene, die durch strategische öffentliche Kommunikationsmaßnahmen und interpersonale Arzt-Patienten-Kommunikation auf Seiten der Patient*innen entstehen (Eisenegger 2015; Mast und Huck-Sandhu 2013; Röttger et al. 2011). PR-Kommunikation zielt darauf ab, bestimmte *Images* zu bilden oder zu modifizieren (Röttger et al. 2011), die besonders dann zentral erscheinen, wenn direkte Erfahrungen über interpersonalen Kontakt noch fehlen (Eisenegger 2015). Für die Beziehung zwischen Ärzt*innen und Patient*innen ist somit davon auszugehen, dass Images besonders die Arztwahl beeinflussen können und damit der Kontaktanbahnung dienen.

Reputation baut auf einem positiven Image auf und stellt selbst das öffentliche Ansehen, eine soziale Ressource oder symbolisches Kapital dar, das sowohl für die Arztwahl (im Sinne der Kundenakquise) als auch für die Bindung von Patient*innen bedeutend sein kann (Röttger et al. 2011). Die Reputation begründet einen Wettbewerbsvorteil und basiert dabei auf interpersonaler Kommunikation in Arztgesprächen und öffentlicher Kommunikation (Eisenegger 2015).

Für den Vertrauenserhalt und die Beziehungspflege von Ärzt*innen kann sowohl das Management der eigenen Identität als auch ein Image- und Reputationsmanagement förderlich sein. Eine Klärung des Selbstverständnisses wäre demnach ein erster Schritt für ein erfolgreiches Kommunikationsmanagement von Ärzt*innen. Für das darauf aufbauende Image- und Reputationsmanagement ist generell zu beachten, dass neben dem interpersonalen Kontakt zwischen Ärzt*innen und Patient*innen die öffentliche Kommunikation an Bedeutung gewinnt. Diese kann dabei entsprechend der Identität vertrauensrelevante Gründe (wie die Kompetenz oder die Redlichkeit) adressieren, die auch die Fremdwahrnehmung seitens der Patient*innen prägen sollen und damit Zielgrößen des Image- und Reputationsmanagements sind. Kanäle des Reputationsmanagements können die Selbstdarstellung auf einer eigenen Website und mittels Social Media sein oder ein Profil und die aktive Beteiligung auf Arztbewertungsportalen. Ebenso können aber auch Vortragsabende, Interviews in Zeitungen oder regionalen Sendungen der Reputationsbildung von Ärzt*innen dienen.

Trotz gestiegener Bedeutung öffentlicher Kommunikation, ist allerdings ab dem Erstkontakt mit Ärzt*innen davon auszugehen, dass die interpersonale Kommunikation entscheidend ist und den Vertrauensaufbau dominiert. Mit Blick auf die genannten Gründe der Vertrauenswürdigkeit gilt es dabei, auch die interpersonalen Kompetenzen und Kommunikationsfähigkeiten von Ärzt*innen zu schulen, um in der direkten Interaktion mit Patient*innen potenziellen Wertkonflikten vorzubeugen und ebenfalls vertrauensrelevante Gründe zu kommunizieren, die dem Vertrauensaufbau dienen.

Mit der Bedeutung interpersonaler und öffentlicher Kommunikation von Ärzt*innen geht einher, dass Widersprüche zwischen der öffentlichen und der interpersonalen Kommunikation und Identität minimiert werden müssen. Zudem sollte auch die Überzeugungskraft, die Glaubwürdigkeit und die Kohärenz der Identität und ihrer Fremdwahrnehmung überwacht und bei Bedarf auch gezielt gesteuert werden (Eisenegger 2015). Dies kann beispielsweise einschließen, dass Ärzt*innen aktiv auf Bewertungsportalen agieren und auf das Feedback ihrer Patient*innen eingehen. Entscheidend kann es dabei sein, Dialogangebote zu machen, transparent und offen zu kommunizieren und Bereitschaft zu zeigen, das eigene Verhalten zu korrigieren (Röttger et al. 2011).

Eine strategische öffentliche Kommunikation kann somit die interpersonale Kommunikation zwischen Ärzt*innen und Patient*innen sinnvoll ergänzen und zur Bindung von Patient*innen ebenso wie dem Gewinn ihres Vertrauens beitragen.

4.5   Fazit

Der vorliegende Beitrag zeigt auf, dass veränderte gesellschaftliche Rahmenbedingungen, wie vorinformierte Patient*innen, ein höherer Grad der Partizipation der Patient*innen an ihrer Gesundheitsversorgung sowie eine zunehmende
Ökonomisierung des Gesundheitswesens das Vertrauen in der Arzt-Patienten-
Beziehung gefährden. Vertrauen wird dabei als besonders zentraler Wert des
Gesundheitswesens und wirkungsvoller Bestandteil der Arzt-Patienten-Beziehung
verstanden, den es zu fördern und zu erhalten gilt. Als Gegenmaßnahmen können strategische Kommunikationsmaßnahmen des Reputationsmanagements, wie
beispielsweise der professionelle eigene Internetauftritt, die Präsenz auf Social
Media oder Dialogangebote auf Bewertungsportalen, der Vertrauensbildung dienen. So gewinnt für Ärzt*innen neben der interpersonalen Kommunikation auch
die öffentliche Kommunikation an Bedeutung und bedarf einer aktiven Steuerung.

Bei einer kritischen Betrachtung dieses Trends muss allerdings angeführt
werden, dass die dargestellten Maßnahmen selbst zu einer Herausforderung für
das straffe Zeitkorsett von Ärzt*innen werden können und damit den Vertrauensaufbau vielmehr behindern als unterstützen. Zudem fordert die strategische
Kommunikation entweder den Einsatz finanzieller Ressourcen oder ein Investment
in die Medien- und Digitalkompetenz des einzelnen Arztes oder der einzelnen
Ärztin, die ansonsten für die berufliche Rolle unbedeutend erscheinen. Zudem
kann es als Balance-Akt verstanden werden, ob zu viel Reputationsmanagement
mit dem Werthorizont und dem Selbstverständnis von Ärzt*innen vereinbar ist.

Abschließend soll der Blick über die Arzt-Patienten-Beziehung hinaus gerichtet werden. Der vorliegende Beitrag fokussiert die Mikroebene des Gesundheitssystems. Allerdings ist es eine Besonderheit des Gesundheitssystems, dass
interpersonales Vertrauen und Systemvertrauen besonders stark miteinander verbunden sind. So lässt sich Vertrauen auf der Mikro- (bezogen auf individuelle
Akteure z. B. persönlicher Kontakt zwischen Ärzt*innen und Patient*innen),
Meso- (bezogen auf einzelne Organisationen wie Krankenhäuser, Krankenkassen
oder Pharmaunternehmen) und Makroebene (bezogen auf das gesamte Gesundheitssystem) unterscheiden und bedingt sich gegenseitig. Auf eine Konsequenz
dieser Verschränkung wurde bereits im Zuge des Vertrauensvorschusses verwiesen, der auch durch Kommunikationsmaßnahmen von Kliniken und gesellschaftlichen Vorstellungen über die Gesundheitsversorgung und das Gesundheitssystem
geprägt wird. Damit geht einher, dass zumindest auch auf Meso-Ebene strategische Kommunikationsmaßnahmen zentral erscheinen, um auf gesellschaftliche
Entwicklungen zu reagieren. So kann eine Klinik von Kommunikationsmaßnahmen ihrer einzelnen Ärzt*innen profitieren. Umgekehrt wird auch der individuelle

Vertrauensaufbau zu Ärzt*innen von strategischen Maßnahmen des Vertrauensaufbaus von Organisationen im Gesundheitswesen begünstigt. Zu verweisen ist in diesem Kontext auf Imagekampagnen ebenso wie Klinikmagazine oder Social-Media-Auftritte. Entsprechende strategische Kommunikationsmaßnahmen von Organisationen können aber nicht nur Patient*innen als Zielgruppe zu adressieren versuchen, sondern ebenso auch die Personal-Klinik-Beziehung und somit neben der Akquise von Patient*innen auch der Akquise von Fachpersonal dienen. Es zeigt sich somit, dass PR vielfältige Zielsetzungen im Gesundheitssystem verfolgen kann sowie unterschiedliche Einflussebenen und Zielgruppen identifiziert werden können. Zukünftige Arbeiten sollten diesen ebenfalls Aufmerksamkeit schenken und vor allem die Chancen und Risiken der PR-Maßnahmen der unterschiedlichen Akteure des Gesundheitssystems genauer analysieren.

Literatur

Anderson, L. A., & Dedrick, R. F. (1990). Development of the trust in physician scale: A measure to assess interpersonal trust in patient-physician relationships. *Psychological Reports, 67*, 1091–1100.

Balkrishnan, R., Dugan, E., Camacho, F., & Hall, M. A. (2003). Trust and satisfaction with physicians, insurers, and the medical profession. *Medical Care, 41*(9), 1058–1964.

Barber, B. (1983). *The logic and limits of trust.* New Brunswick, N.J: Rutgers University Press.

Brashers, D. E. (2001). Communication and uncertainty management. *Journal of Communication, 51*(3), 477–497. https://doi.org/10.1111/j.1460-2466.2001.tb02892.x

Eisenegger, M. (2015). Identität, Image und Reputation – Eine kommunikationssoziologische Begriffsarchitektur. In G. Bentele, R. Fröhlich, & P. Szyszka (Hrsg.), *Handbuch der Public Relations: Wissenschaftliche Grundlagen und berufliches Handeln.* (S. 431–460). Wiesbaden: VS Verlag für Sozialwissenschaften.

Fiscella, K., Meldrum, S., Franks, P., Shields, C. G., Duberstein, P., McDaniel, S. H., & Epstein, R. M. (2004). Patient trust: Is it related to patient-centered behavior of primary care physicians? *Medical Care, 42*(11), 1049–1055.

Glattacker, M., Gülich, M., Farin, E., & Jäckel, W. (2007). Vertrauen in den Arzt („VIA") – Psychometrische Testung der deutschen Version der „Trust in Physician Scale". *Physikalische Medizin, Rehabilitationsmedizin, Kurortmedizin, 17*(3), 141–148. https://doi.org/10.1055/s-2007-940008

Goold, S. D. (2001). Trust and the ethics of health care institutions. *Hastings Center Report, 31*(6), 26–33.

Grünberg, P. (2014). *Vertrauen in das Gesundheitssystem.* Wiesbaden: Springer.

Hall, M. A., Dugan, E., Zheng, B., & Mishra, A. K. (2001). Trust in physicians and medical institutions: What is it, can it be measured, and does it matter? *The Milbank Quarterly, 79*(4), 613–639.

Haselhoff, V. (2010). *Patientenvertrauen in Krankenhäuser: Eine qualitative Analyse zur Bedeutung, Bildung und unterschiedlichen Vertrauensebenen.* Wiesbaden: Gabler Verlag.

Hesse, B. W., Nelson, D. E., Kreps, G. L., Croyle, R. T., Arora, N. K., Rimer, B. K., & Viswanath, K. (2005). Trust and sources of health information. *Archives of Internal Medicine, 165*(22), 2618–2624. https://doi.org/10.1001/archinte.165.22.2618

Holtzhausen, D. R., & Zerfass, A. (2013). Strategic communication – pillars and perspectives of an alternative paradigm. In A. Zerfaß, L. Rademacher, & S. Wehmeier (Hrsg.), *Organisationskommunikation und Public Relations* (S. 73–94). Wiesbaden: Springer.

Kee, H. W., & Knox, R. E. (1970). Conceptual and methodological considerations in the study of trust and suspicion. *Journal of Conflict Resolution, 14*(3), 357–366. https://doi.org/10.1177/002200277001400307

Klemperer, D. (2006). Vom Paternalismus zur Partnerschaft: Der Arztberuf im Wandel. In J. Pundt (Hrsg.), *Programmbereich Gesundheit. Professionalisierung im Gesundheitswesen: Positionen, Potenziale, Perspektiven* (S. 61–75). Bern: Huber.

Klimmt, C., Link, E., Emde, K., & Schneider, B. (2016). Communication as integral element of biomedical implant innovation. *BioNanoMaterials, 17*(1-2), 93-102. https://doi.org/10.1515/bnm-2016-0001

Kohring, M. (2001). *Vertrauen in Medien – Vertrauen in Technologie. Arbeitsbericht // Akademie für Technikfolgenabschätzung in Baden-Württemberg: Vol. 196.* Stuttgart: Akademie für Technikfolgenabschätzung in Baden-Württemberg.

Lee, C.-J. (2008). Does the internet displace health professionals? *Journal of Health Communication, 13*(5), 450–464. https://doi.org/10.1080/10810730802198839

Link, E., Schmotz, E., & Baumann, E. (2020). Durch Online-Portale ins Wartezimmer? Wie Arztbewertungsportale die Arztwahl beeinflussen. In A. Kalch & A. Wagner (Hrsg.), *Gesundheitskommunikation und Digitalisierung: Zwischen Lifestyle, Prävention und Krankheitsversorgung* (S. 73–88). Baden-Baden: Nomos.

Link, E. (2019). *Vertrauen und die Suche nach Gesundheitsinformationen: Eine empirische Untersuchung des Informationshandelns von Gesunden und Erkrankten. Research.* Wiesbaden: Springer VS.

Luhmann, N. (1989). *Vertrauen: Ein Mechanismus der Reduktion sozialer Komplexität* (3. Aufl.).. Stuttgart: Enke.

Maio, G. (2016). *Geschäftsmodell Gesundheit: Wie der Markt die Heilkunst abschafft.* Berlin: Suhrkamp.

Mast, C., & Huck-Sandhu, S. (2013). *Unternehmenskommunikation: Ein Leitfaden* (5., überarb. Aufl.). Konstanz: UVK-Verlags-Gesellschaft.

Mayer, R. C., Davis, J. H., & Schoorman, F. D. (1995). An integrative model of organizational trust. *The Academy of Management Review, 20*(3), 709–734.

Nessmann, K. (2010). Kommunikationsmanagement für Personen. Beratungsmodelle, Konzepte und theoretische Sichtweisen. In M. Eisenegger & S. Wehmeier (Hrsg.), *Personalisierung der Organisationskommunikation: Theoretische Zugänge, Empirie und Praxis* (S. 255–270). Wiesbaden: VS Verlag für Sozialwissenschaften.

Ommen, O., Janssen, C., Neugebauer, E., & Pfaff, H. (2007). Einflussfaktoren auf das Vertrauen schwerverletzter Patienten in den Krankenhausarzt. *Der Chirurg; Zeitschrift für alle Gebiete der operativen Medizin, 78*(1), 52–61. https://doi.org/10.1007/s00104-006-1229-9

Powell, J., Atherton, H., Williams, V., Mazanderani, F., Dudhwala, F., Woolgar, S., & Ziebland, S. (2019). *Using online patient feedback to improve NHS services: The INQUIRE multimethod study*. Southampton (UK).

Raupp, J. (2017). Strategische Wissenschaftskommunikation. In H. Bonfadelli, B. Fähnrich, C. Lüthje, J. Milde, M. Rhomberg, & M. S. Schäfer (Hrsg.), *Forschungsfeld Wissenschaftskommunikation* (S. 143–163). Wiesbaden: Springer.

Roski, R. (2014). Akteure der Gesundheitskommunikation und ihre Zielgruppen. In K. Hurrelmann & E. Baumann (Hrsg.), *Handbuch Gesundheitskommunikation* (S. 348–359). Bern: Verlag Hans Huber.

Röttger, U., Preusse, J., & Schmitt, J. (2011). *Grundlagen der Public Relations: Eine kommunikationswissenschaftliche Einführung*. Wiesbaden: VS Verlag für Sozialwissenschaften.

Rummer, A., & Scheibler, F. (2016). Patientenrechte. Informierte Entscheidung als patientenrelevanter Endpunkt. *Deutsches Ärzteblatt, 113*(8), 322–324.

Sztompka, P. (1999). *Trust: A sociological theory. Cambridge cultural social studies*. Cambridge, UK, New York, NY: Cambridge University Press.

Thiedeke, U. (2007). *Trust, but test! Das Vertrauen in virtuellen Gemeinschaften*. Konstanz: UVK Verlagsgesellschaft.

Trachtenberg, F., Dugan, E., & Hall, M. A. (2005). How patients' trust relates to their involvement in medical care. *The Journal of Family Practice, 54*(4), 344–352.

Dr. Elena Link ist wissenschaftliche Mitarbeiterin am Institut für Journalistik und Kommunikationsforschung der Hochschule für Musik, Theater und Medien Hannover.

Strategisches Kommunikationsmanagement von Kliniken in der digitalen Transformation

5

Nicole Rosenberger, Colette Schneider Stingelin und Julia Grundisch

Zusammenfassung

Wie für alle Organisationen bedeutet Digitalisierung auch für die öffentlichen Krankenhäuser in der Schweiz nicht nur, neue Technologien einzuführen, sondern auch ihre organisationalen Strukturen zu verändern. Gleichzeitig verlangt dies, die Führungs- und Unternehmenskultur anzupassen, um intern und extern Verständnis für die digitale Transformation zu schaffen. Somit hängt das Gelingen dieser großen Veränderungsprozesse auch vom strategischen Kommunikationsmanagement ab. Explorativ wurden fünf Expert*inneninterviews mit Kommunikationsverantwortlichen durchgeführt. Mit dem Framework der *Rolle von Corporate Communications in der digitalen Transformation* als Grundlage wurden die Funktionen und Aufgaben des strategischen Kommunikationsmanagements der Krankenhäuser auf der Mikro-, Meso- und Makroebene betrachtet. Die Ergebnisse zeigen, dass die Kommunikation zwar die Funktion auf der Mikroebene übernimmt, die digitale Kommunikation und Transformation der Krankenhäuser zu ermöglichen, dass diese Digitalisierung der Kommunikation aber zugleich die ökonomische Orientierung

N. Rosenberger (✉) · C. Schneider Stingelin · J. Grundisch
Forschungsbereich Organisationskommunikation und Management, Zürcher Hochschule für Angewandte Wissenschaften/Institut für Angewandte Medienwissenschaft, Winterthur, Schweiz
E-Mail: nicole.rosenberger@zhaw.ch

C. Schneider Stingelin
E-Mail: colette.schneider@zhaw.ch

J. Grundisch
E-Mail: julia.grundisch@zhaw.ch

© Springer Fachmedien Wiesbaden GmbH, ein Teil von Springer Nature 2021
D. Reifegerste (Hrsg.), *PR und Organisationskommunikation im Gesundheitswesen*, https://doi.org/10.1007/978-3-658-32884-9_5

des strategischen Kommunikationsmanagements verstärkt. Dies verhindert ein Stück weit das Mitgestalten der digitalen Transformation der Krankenhäuser und das Schaffen von Akzeptanz für diesen Prozess durch die strategische Kommunikation.

Schlüsselwörter

Strategisches Kommunikationsmanagement • Krankenhauskommunikation • Digitalisierung • Digitale Transformation • Spitallandschaft Schweiz • Elektronisches Patientendossier • Healthcare 4.0

5.1   Einleitung

In der Politik diskutierte Krankenhausschließungen, Fusionen und die Einführung eines neuen Leistungsverrechnungssystems haben den Kostendruck in öffentlichen Krankenhäusern in der Schweiz (sog. Spitälern) markant erhöht und den Wettbewerb um Patient*innen unter den Häusern verschärft (H+ 2020). Mit dieser zunehmenden Ökonomisierung und Marktorientierung wächst die Bedeutung der kommunikativen Positionierung und einer professionell gesteuerten Kommunikation von Krankenhäusern (Seifert 2018; Terfrüchte 2017) und damit eines Kommunikationsmanagements, das den Planungs-, Organisations- und Evaluationsprozess der strategischen Kommunikation von Organisationen in organisationale Steuerungsprozesse einbindet (Röttger et al. 2018). Denn kommunikativ sind öffentliche und private Kliniken gleichermaßen gefordert, ihre Rahmenbedingungen, Leistungen und Veränderungsprojekte verständlich, transparent und kontinuierlich zu vermitteln, damit die komplexe Organisationsrealität intern (d. h. vom Personal) verstanden und die Organisation und ihre Arbeit extern (d. h. von der Öffentlichkeit und den Patient*innen) differenziert wahrgenommen und als legitim betrachtet wird.

Mit der Digitalisierung eröffnen sich neue Möglichkeiten sowohl im medizinischen Kerngeschäft als auch in der effizienten Betriebsführung. Damit verbunden sind aber nicht nur neue politische, rechtliche und ethische Fragen, sondern auch Veränderungen von Arbeitsprozessen, der Zusammenarbeit, der Unternehmenskultur und des strategischen Kommunikationsmanagements. Letzteres hat den Transformationsprozess nicht nur selbst zu vollziehen, sondern auch kommunikativ zu begleiten und zu gestalten. Der strategischen Organisationskommunikation (siehe Reifegerste und Link in diesem Band) kommt damit in der digitalen Transformation eine erfolgskritische Funktion zu (Deekeling und Barghop 2017; Pleil und Helferich 2019).

Wie stark die Kommunikation diese Funktion in Krankenhäusern bereits erfüllt, wird am Beispiel von vier Schweizer Krankenhäusern mit Bezug auf das *Framework der Rolle von Corporate Communications in der digitalen Transformation* (Rosenberger und Niederhäuser 2019, S. 77) aufgezeigt. Dies führt zu den folgenden Forschungsfragen:

▶ *FF1: Wie ist das strategische Kommunikationsmanagement von Krankenhäusern ausgestaltet?*

▶ *FF2: Welche Rollen übernimmt das strategische Kommunikationsmanagement in Krankenhäusern in Bezug auf die digitale Transformation der Organisation auf der Mikro-, Meso- und Makroebene?*

5.2 Rahmenbedingungen: Schweizer Spitallandschaft und Healthcare 4.0

5.2.1 Gesundheitssystem und Spitallandschaft Schweiz

Im jährlich erscheinenden „Euro Health Consumer Index" schneidet die Schweiz jeweils sehr gut ab. Bewertet werden Kriterien wie Rechte von Patient*innen, Wartezeiten für eine Behandlung, erbrachte Dienstleistungen und die Prävention. In der Erhebung 2018 erreichte die Schweiz Platz 1 (Health Consumer Powerhouse 2019). Das Schweizer Gesundheitssystem gehört zu den teuersten der Welt. Die Kosten für die im Gesundheitssystem erbrachten Leistungen im Jahr 2018 betrugen 81,9 Mrd. Franken, was mehr als 12 % des Bruttoinlandprodukts entspricht (Bundesamt für Statistik 2020).

Obwohl die Zahl der Schweizer Krankenhäuser zwischen 1982 und 2017 durch Schließung oder Zusammenlegung um 39 % abgenommen hat, ist die *Spitallandschaft* bis heute *vielfältig:* 2017 waren insgesamt 281 Spital-Unternehmen an 572 Standorten tätig, darunter 102 Akut-Krankenhäuser und 179 Kliniken (H+ 2019). Es standen 38.100 Betten zur Verfügung, was einer Versorgung von 4,5 Betten pro 1000 Einwohner*innen entspricht. 2017 arbeiteten 210.000 Personen in Krankenhäusern, das sind 4,3 % aller in der Schweiz Beschäftigten (vgl. ebd.).

Die Spitallandschaft ist föderalistisch geprägt: Der Bund legt die gesetzlichen Rahmenbedingungen, die Steuerung und Koordinationsaufgaben fest. Die 26 Kantone sind verantwortlich für die Gesundheitsversorgung. Sie sind Eigentümer von Krankenhäusern und finanzieren deren erbrachte Leistungen mit. Die

demografische Entwicklung, die Zunahme chronischer Krankheiten, aber auch
steigender Kostendruck führen dazu, dass sich die Spitallandschaft in einem stän-
digen Wandel und die einzelnen Häuser vor großen Herausforderungen befinden
(H+ 2020).

5.2.2 Healthcare 4.0: Technologische Trends

Die digitale Transformation tangiert unterschiedliche Bereiche des Gesundheitssystems. Gemäß PricewaterhouseCoopers (2019) lassen sich zehn technologische
Trends identifizieren, die für *Healthcare 4.0* zentral sind; unter anderem *Bio-
logie und Gentechnologie, digitale Simulationen* und *Body Augmentation* bzw.
Regeneration. Daneben werden auch der Einsatz von *Robotics* oder *Künst-
licher Intelligenz* und die *Telemedizinische Konsultation* die Behandlung von
Patient*innen in Zukunft verändern.

   Grundlage vieler dieser Technologien sind *Big Data* und *Datenmanagement*.
Bereits heute existiert eine Fülle an medizinischen Daten, verteilt auf verschiedene *Wearables* wie Fitnessarmbänder oder auch *Mobile-Health*-Anwendungen
wie Gesundheits-Apps (PricewaterhouseCoopers 2019). In der Schweiz ist die
Akzeptanz solcher Anwendungen relativ hoch: In einer Studie von digitalswitzerland (2019) gaben 63 % der insgesamt 2007 befragten Personen an, dass
sie Akteuren im Gesundheitswesen ihre Daten anvertrauen würden, wenn ihnen
daraus ein Vorteil erwächst. Dieses Potenzial wird bislang allerdings noch nicht
ausgeschöpft: Vor allem der Informationsaustausch zwischen Leistungserbringern
und Patient*innen sowie zwischen den verschiedenen Organisationen selbst kann
an vielen Stellen noch optimiert werden (Angerer et al. 2016). Da es sich gerade
im Gesundheitssektor um hochsensible Daten handelt, kommt dem Datenschutz
eine immer wichtigere Rolle zu. Krankenhäuser sollen hier eine Vorreiterrolle
übernehmen und die Frage des Datenschutzes gemeinsam mit IT-Anbietern ange-
hen (PricewaterhouseCoopers 2019), um die Akzeptanz digitaler Anwendungen
im Gesundheitsbereich zu erhöhen (Angerer et al. 2016).

   Die Entwicklung, Strukturen und Herausforderungen von Gesundheitssystem und Spitallandschaft beeinflussen den Verlauf der digitalen Transformation
von Krankenhäusern stark. Ein zentraler Treiber dieses Prozesses ist die Einführung des elektronischen Patientendossiers EPD (eHealth Suisse 2020), des
Pendants zur elektronischen Patientenakte in Deutschland (Ärzteblatt 2020).
Mit dem EPD sollen die Qualität der medizinischen Behandlung gestärkt, die
Behandlungsprozesse verbessert, die Sicherheit der Patient*innen erhöht und die

Effizienz des Gesundheitssystems gesteigert sowie die Gesundheitskompetenz der Patient*innen gefördert werden (eHealth Suisse 2020).

5.2.3 Digitalisierung von Krankenhäusern

Die Krankenhäuser sind in ihren verschiedenen Tätigkeitsfeldern mit unterschiedlichen Digitalisierungsthemen konfrontiert (Deiters et al. 2018). Während es in der Leistungserbringung beispielsweise um Robotik, personalisierte Medizin oder Telemedizin geht, beschäftigt sich die Informatik mit Cybersicherheit und Cloudlösungen. In Marketing und Kommunikation von Kliniken spielen Website, digitale Kommunikationsmittel und soziale Medien eine immer wichtigere Rolle (Terfrüchte 2017). Im Gegensatz zum medizinischen Kerngeschäft, in dem digitale Technologien in Diagnostik und Behandlung verankert sind, weist eine aktuelle Studie auf „akuten Handlungsbedarf im Bereich Organisation, Zusammenarbeit, digitale Transformation und Prozessdigitalisierung" hin (Lienhard 2019, S. 18). In mehr als der Hälfte der befragten Schweizer Kliniken fehlt eine Digitalstrategie und ein entsprechend koordiniertes Vorgehen. So wird Digitalisierung fokussiert auf einzelne Projekte betrieben, die von der IT-Abteilung und nicht von der Geschäftsleitung verantwortet werden (ebd.).

5.3 Digitale Transformation und strategisches Kommunikationsmanagement

5.3.1 Strategisches Kommunikationsmanagement von Krankenhäusern

Organisationskommunikation umfasst die gesteuerte interne Kommunikation, Public Relations und Marktkommunikation von gewinnorientierten Unternehmen (Röttger et al. 2018). Während Public Relations darauf abzielt, Vertrauen aufzubauen, um Handlungsspielräume der Organisation zu sichern und Strategien zu legitimieren, ist Marktkommunikation auf das Erzeugen von Images auf Produkt und Organisationsebene ausgerichtet (Zerfaß 2010). Die Leistung der internen Kommunikation besteht darin, Einfluss zu nehmen auf Haltung und Verhalten der Mitarbeiter*innen, um deren Identifikation mit dem Unternehmen zu stärken und ihren Wertschöpfungsbeitrag zu steigern (Szyszka und Malczok 2016). Im Gegensatz zu anderen Organisationstypen richtet sich die Organisationskommunikation von Krankenhäusern noch nicht sehr lange auf diese PR- und Marktkommunikationsziele aus (siehe Reifegerste und Link in diesem Band) und stimmt die drei Handlungsfelder erst seit einigen Jahren aufeinander ab (Seifert 2018).

Das Bewusstsein für ein strategisch betriebenes Kommunikationsmanagement, das die Kommunikationsprozesse systematisch an organisationalen Steuerungsprozessen ausrichtet und aufeinander abstimmt (Röttger et al. 2018), hat sich in Krankenhäusern in jüngster Zeit verstärkt etabliert. Grund dafür sind die Ökonomisierung und der damit verbundene Wettbewerbsdruck, aber auch das veränderte Mediennutzungsverhalten von Patient*innen (siehe Reifegerste und Link in diesem Band). Entsprechend beschränken sich die Kommunikationsabteilungen (in Unternehmen in der Schweiz oft als Corporate-Communications-Abteilung bezeichnet) nicht mehr nur auf interne Kommunikation und Medienarbeit, sondern sind verstärkt auch im Bereich Markenbildung aktiv (Seifert 2018) und darum bemüht, Patient*innen über Corporate Publishing und Social Media direkt anzusprechen (Terfrüchte 2017).

5.3.2 Digitale Transformation

Während *Digitalisierung* die „Integration digitaler Technologien in Prozesse und Produkte" (Pleil und Helferich 2019, S. 2) umfasst, verweist *digitale Transformation* auf den Wandel von Organisationen, der durch den zielgerichteten Einsatz digitaler Technologien notwendig wird, um die Wertschöpfungsprozesse neu oder anders zu gestalten (Kreutzer et al. 2015). Dies betrifft Menschen, Maschinen und Produkte gleichermaßen (Appelfeller und Feldmann 2018). Entsprechend zentral ist das Forcieren der Qualifikation von bestehenden und der Rekrutierung von zukünftigen Mitarbeitenden mit den benötigten Kompetenzen, aber auch ein Wandel der Unternehmenskultur und das Commitment des Top-Managements zur verantwortungsbewussten Gestaltung der Transformation (Botzkowski 2018). Als langfristiger und ergebnisoffener Veränderungsprozess ist die digitale Transformation daher auf die strategische Organisationskommunikation angewiesen (Deekeling und Barghop 2017; Kirf et al. 2018) und verändert diese zugleich stark (Ostermeier 2019; Pleil und Helferich 2019; Rosenberger und Niederhäuser 2019).

So treiben viele Kommunikationsabteilungen die Digitalisierung der Kommunikationskanäle voran und führen Newsroom-Strukturen ein, um schneller und wirksamer zu kommunizieren (Niederhäuser und Rosenberger 2018). Dies ist aber nicht mit strategischer Kommunikation in der digitalen Transformation gleichzusetzen, bei der es um die Begleitung von „Verständnis- und Kulturprozessen"

(Deekeling und Barghop 2017) in- und außerhalb des Unternehmens geht. Pleil und Helferich (2019, S. 6) differenzieren vier Handlungsfelder der strategischen Organisationskommunikation in der digitalen Transformation: Mitwirkung an der Unternehmens- und Organisationsentwicklung, Beratung von Führungspersonal und Abteilungen im Hinblick auf die Organisationskultur, Wissensaufbau und Befähigung von Mitarbeiter*innen sowie Positionierung des Unternehmens nach innen und außen.

5.3.3 Rollen und Aufgaben des strategischen Kommunikationsmanagements in der digitalen Transformation

Im Framework *Rolle von Corporate Communications in der digitalen Transformation* (Rosenberger und Niederhäuser 2019, S. 77 ff.) werden die Funktionen und Aufgaben des strategischen Kommunikationsmanagements auf drei Ebenen betrachtet (siehe Abb. 5.1): Auf der *Mikroebene*, der Ebene der Kommunikationsabteilung, geht es darum, die digitale Kommunikation der Organisation und damit deren Transformation zu ermöglichen. Um diese Rolle zu erfüllen, sollte die Kommunikationsstrategie auf die Digitalstrategie der Organisation ausgerichtet sein und in der Content-Strategie Themenmanagement, visuelles

Abb. 5.1 Framework Rolle von Corporate Communications in der digitalen Transformation (Rosenberger und Niederhäuser 2019, S. 78)

Storytelling und Individualisierung der Botschaften adressiert werden. Die Digitalisierung der Kommunikation setzt aber auch voraus, Tools für die Analyse und Automatisierung von Kommunikationsprodukten und -prozessen einzuführen, die Kompetenzen der Kommunikations-Mitarbeitenden entsprechend zu fördern und die Schnittstellen der Corporate Communication zu IT, Personalmanagement, Marketing und den Geschäftsbereichen neu zu definieren (ebd., S. 78–81).

Auf der *Mesoebene* – der Organisationsebene – soll das strategische Kommunikationsmanagement die digitale Transformation der Organisation mitgestalten und begleiten. Dies geschieht vorab über die Beratung der Führungskräfte, aber auch über die Befähigung aller Mitarbeiter*innen der Organisation zur digitalen Kommunikation; zusammen mit Personalmanagement, betrieblicher Fortbildung und Wissensmanagement. Eine weitere zentrale Aufgabe ist zudem, Online- und Offline-Plattformen zu schaffen, auf denen sich Geschäftsleitung und Mitarbeitende über die Strategie- und Organisationsentwicklung austauschen können (Rosenberger und Niederhäuser 2019, S. 81 f.). Damit beschränkt sich das interne Kommunikationsmanagement mit dem Einführen eines Social Intranets und internen sozialen Medien nicht mehr auf das Verteilen von Informationen, sondern übernimmt eine moderierende Rolle in den Austauschprozessen. Dadurch schafft es partizipative Strukturen, in denen Wissensaustausch und selbstorganisierte Prozesse in der Organisation möglich und für die Organisationsentwicklung zunehmend relevant werden (Schwägerl 2019). Allerdings verhindert eine hierarchisch geprägte Unternehmenskultur oftmals, dass sich Mitarbeiter*innen in den Dialog einbringen (Renken 2019; Schwägerl 2019).

Auf der *Makroebene* – dem Austausch mit der Gesellschaft – geht es um das Schaffen von gesellschaftlicher Akzeptanz für den Transformationsprozess des Unternehmens. Geht man von Akzeptanz als Ergebnis eines Reflexionsprozesses aus (siehe Vieth in diesem Band) (Lucke und Hasse 1998), dann müssen Vision, Mission und Werte der Organisation transparent und nachvollziehbar kommuniziert und den Stakeholdern die Digitalstrategie erklärt werden. Ebenso wichtig ist es, dass die Organisation gesellschaftlich relevante Themen wie beispielsweise zukünftige Arbeitsformen, Datenschutz und Datensicherheit oder Big Data und Ethik über Medienarbeit, Veranstaltungen, Corporate Blogs und Social Media in den öffentlichen Diskurs einbringt und dazu Stellung bezieht. Schließlich hat strategisches Kommunikationsmanagement die Aufgabe, über Monitoring und Issues Management die gesellschaftliche Perspektive in die Organisation einzubringen (Rosenberger und Niederhäuser 2019, S. 83).

5.4 Methode

Um die Rolle des strategischen Kommunikationsmanagements in der digitalen Transformation von Schweizer Krankenhäusern zu explorieren, wurden vier Expert*innen-Interviews mit Kommunikationsverantwortlichen von Krankenhäusern geführt. Alle Expert*innen sind seit mehreren Jahren in der Kommunikation tätig (1 w, 3 m). Sie verfügen über einen privilegierten Zugang zum Entscheidungsprozess und zu den am Prozess beteiligten Personen (Reifegerste in Druck). Um die Vergleichbarkeit der Aussagen zu gewährleisten, wurden vier mittelgroße Krankenhäuser in der Deutschschweiz ausgewählt: ein Kantonsspital mit 3500 Mitarbeitenden in einer größeren Stadt, ein Kantonsspital in der Agglomeration einer Großstadt mit 2500 Angestellten, ein Zentrumsspital mit verschiedenen Standorten in einer ländlichen Gegend mit 3500 Mitarbeitenden sowie ein Regionalspital mit 1200 Angestellten. Die vier Kommunikationsverantwortlichen dieser Krankenhäuser wurden Anfang 2020 telefonisch befragt. Zusätzlich wurde ein schriftliches Leitfadeninterview mit zwei Kommunikationsexpert*innen des Schweizer Spitalverbandes H+ geführt. H+ ist der Dachverband der öffentlichen und privaten Schweizer Krankenhäuser, Kliniken und Pflegeinstitutionen. Als nationaler Verband nimmt H+ die Interessen der Mitglieder als Leistungserbringer und Arbeitgeber wahr. Dieses Interview diente dazu, aus einer Metaperspektive Informationen und Einschätzungen bezüglich Digitalisierung und strategischer Kommunikation von Schweizer Krankenhäusern abzuholen. Auf die fünf Experteninterviews wird im Text anonymisiert mit A, B, C, D und E verwiesen.

Der Leitfaden für die Experten*innen (Gläser und Laudel 2010) besteht aus zwei Teilen: der erste Teil beinhaltet Fragen zum strategischen Kommunikationsmanagement von Krankenhäusern, der zweite Fragen zur Digitalisierung der Krankenhäuser und zur Kommunikation entlang des Frameworks der Rolle von Corporate Communications in der digitalen Transformation (Rosenberger und Niederhäuser 2019). Für die Befragung der Verbandsvertreter*innen wurde der Leitfaden leicht angepasst und um Fragen zur Spitallandschaft ergänzt. Ausgewertet wurden die Interviews mittels qualitativer Inhaltsanalyse (Mayring 2015). Der Leitfaden markiert bereits die thematischen Schwerpunkte und die Fragen dienten als Vorformulierungen der relevanten Kategorien (Scholl 2018).

5.5   Ergebnisse

5.5.1   Ausgestaltung des strategischen Kommunikationsmanagements

Die Kommunikationsabteilungen der vier Krankenhäuser sind bei der Geschäftsleitung angegliedert und umfassen zwischen 300 und 540 Stellenprozente. In drei
Häusern ist das Marketing in die Kommunikationsabteilung integriert.

Bei allen vier Abteilungen richtet sich die Kommunikation stark an der
jeweiligen Spitalstrategie aus und adressiert alle relevanten Stakeholder. Neben
Patient*innen und Mitarbeitenden gehören dazu Politiker*innen, Aktionär*innen
und die Standortbevölkerung. Dabei spielt insbesondere die Kommunikation von
wirtschaftlichen Aspekten eine große Rolle (4 Nennungen): Man müsse „transparent aufzeigen können, was als Spital geleistet wird oder weshalb gewisse
Investitionen getätigt werden" (D). Für drei Kommunikationsverantwortliche (B,
C, D) sind zudem potenzielle Mitarbeiter*innen eine wichtige Zielgruppe. Man
habe es mit „Fachkräftemangel" (D) bzw. einem „Arbeitnehmermarkt" (C) zu
tun, daher „ist die Bereitschaft von Mitarbeiter*innen, strategische Entscheidungen der Spitalleitung mitzutragen" geringer (C). Prioritäre Kommunikationsziele
der Krankenhäuser sind Information (4 Nennungen), Positionierung als attraktiver
Erstversorger (4 Nennungen) und attraktiver Arbeitgeber (3 Nennungen), Orientierung stiften und Vertrauen bei der Bevölkerung gewinnen (1 Nennung), intern
Vernetzung fördern und Verständnis für die verschiedenen Bereiche schaffen
(1 Nennung).

Das Spital als attraktiven Arbeitgeber und Erstversorger zu positionieren, wird
von drei Befragten zugleich als große Herausforderung gesehen (B, C, D). Weitere
Herausforderungen sehen die Kommunikationsverantwortlichen in der internen
Kommunikation: Mitarbeitende „auf immer schneller werdende Veränderungen
mitzunehmen" (C), die „Koordination übernehmen" in internen sozialen Netzwerken (D) und „sicherstellen, dass die Leute wissen, wer in welchen Bereichen was
macht" (B). Hinzu kommt mit je einer Nennung das Erreichen aller Mitarbeitenden an verschiedenen Standorten (E) und das verständliche Vermitteln respektive
„Übersetzen" der medizinischen Fachsprache an breites Publikum (D).

Die zwei Interviewpartner*innen des Spitalverbands H+ beobachten im Zusammenhang mit der 2012 eingeführten neuen Spitalfinanzierung einen Professiona-
lisierungsschub in der Kommunikation. Sie machen diesen zum einen daran fest,
dass seither auch in kleineren Institutionen neue Kommunikationsstellen geschaffen und mit erfahrenen Kommunikationsfachleuten besetzt worden sind. Zum
anderen sei das Bewusstsein für die Bedeutung der Organisationskommunikation

für die Umsetzung und Vermittlung von Vision, Mission und Strategie bei Spitalleitung und Verwaltungsrat größer geworden. Dies zeige sich darin, dass sich Kommunikationsabteilungen vermehrt auch um die Handlungsfelder Employer Branding und Zuweiser Marketing kümmerten. Als größte Herausforderung der Kommunikation wird der „zielführende Einsatz der vorhandenen finanziellen und personellen Ressourcen" (A) gesehen.

5.5.2 Strategisches Kommunikationsmanagement auf der Mikroebene der digitalen Transformation

Die vier untersuchten Krankenhäuser haben in den vergangenen Jahren eine Digitalstrategie erarbeitet. Bei der einen Hälfte ist diese Strategie Teil der Unternehmensstrategie, bei der anderen bei der IT angesiedelt. Ist die Digitalstrategie Teil der Unternehmensstrategie, so werden darin medizinische Bereiche ebenso adressiert wie die Infrastruktur und Prozesse. Interviewpartner*in C führt aus, die Digitalisierungsstrategie „betreffe das gesamte Spital" und unterscheide vier Stoßrichtungen: digitales Arbeiten, digitales Kund*innenerlebnis, Strategie und Organisation und digitale Kultur. Die meisten Digitalisierungsprojekte betreffen laut den vier Befragten zum einen die Optimierung der Arbeitsabläufe über Klinikinformationssysteme und mobiles Arbeiten, zum anderen die Einführung des EPD und Datenschutz-Belange. Ein Krankenhaus treibt zudem Digitalisierungsprojekte im Bereich Signalethik und Unterhaltung im Wartebereich voran, die auf die „Customer Journey" (B) (sog. Kund*innenreise) der Patient*innen im Haus ausgerichtet sind.

Bei den befragten Krankenhäusern spielen digitale Kommunikationskanäle eine zentrale Rolle. So bieten sie auf ihrer Website zielgruppenspezifische Einstiegsseiten für Zuweiser*innen, Patient*innen und Besucher*innen sowie zukünftige Mitarbeitende an. Ebenso setzen sie in der externen Kommunikation Social Media ein. Zwei Befragte (D, E) betreiben auf der Website einen unternehmenseigenen Blog mit aus Sicht der Zielgruppen attraktiven Inhalten („Content Management"). Drei der vier Krankenhäuser verfügen über ein internes Kommunikationstool mit Social-Network-Funktionen (App 2 Nennungen, Social Intranet 1 Nennung). Außerdem verfügen alle vier (B, C, D, E) über einen elektronischen Newsletter für bestimmte Zielgruppen.

5.5.3 Strategisches Kommunikationsmanagement auf der Mesoebene der digitalen Transformation

In der internen Kommunikation werden neben Kommunikationstools mit Social-Network-Funktionen Mitarbeiter*innen-Zeitungen (B, C, D) und interne Mailings (E) eingesetzt, um Hintergrundinformationen zu strategischen Themen zu vermitteln. Interviewpartner*in C führt aus, dass auf der Mitarbeiter*innen-App Best-Practice-Beispiele gepostet werden, der erhoffte Austausch über diese jedoch nur in geringem Maße stattfindet. Auf dem internen sozialen Netzwerk in der Organisation von D können Mitarbeiter*innen kritische Fragen stellen, die von allen eingesehen und kommentiert werden können. Allerdings werde nur das diskutiert, „was alltagsnah ist, respektive die Arbeit stark beeinflusst: Parkplatz, Wäsche und Mittagessen".

Die Beratung der Geschäftsleitung und anderer Führungspersonen gehört bei allen Krankenhaus-Kommunikationsverantwortlichen zum Aufgabenprofil. Abgesehen von einem Befragten findet diese allerdings bislang nicht auf die digitale Transformation bezogen statt. Befragter B und E geben zudem an, dass die Beratung wenig institutionalisiert, sondern eher ad hoc erfolge.

5.5.4 Strategisches Kommunikationsmanagement auf der Makroebene

Alle vier Krankenhäuser haben in ihren Leitbildern Werte definiert, die in die „tägliche Kommunikation eingeflochten werden" (B). In drei Häusern werden diese Werte zurzeit überarbeitet (C, D, E). Gründe dafür sind eine eben erst vollzogene Fusion, ein Neubau und eine neue Krankenhausstrategie. Die digitale Transformation spielt in diesen Wertedefinitionsprozessen keine zentrale Rolle, viel prägender sind Fragen der Positionierung gegenüber Patient*innen und potenziellen Mitarbeiter*innen. Werte werden vor allem gegenüber den Mitarbeitenden kommuniziert, nach außen findet deren Vermittlung eher niederschwellig statt.

Ähnlich sieht es bei der Kommunikation von Digitalisierungsthemen aus (siehe Tab. 5.1). Alle vier Krankenhaus-Kommunikationsverantwortlichen geben an, Digitalisierung vor allem in der internen Kommunikation anzusprechen. Dies kann sehr intensiv sein („permanent" C; „fast täglich" D) oder nur sporadisch, beispielsweise anlässlich einer internen Kampagne zu Cybersecurity (E). In zwei Krankenhäusern wird die Digitalstrategie und der mit der Digitalisierung einhergehende Wandel in der internen Kommunikation aktiv thematisiert (C, D).

Tab. 5.1 Kommunikation von Digitalisierungsthemen in den befragten Krankenhäusern

Digitalisierungsthemen	proaktiv / reaktiv kommuniziert	intern / extern kommuniziert
Elektronisches Patientendossier	reaktiv	extern
In Diagnostik und Behandlung neu eingeführte Technologien	proaktiv	extern
Geplante, zukünftige Innovationen	proaktiv	extern
Cybersecurity	proaktiv	intern
Datenschutz	proaktiv	intern
Digitalstrategie und Digitalisierungsfahrplan	proaktiv	intern

In der externen Kommunikation werden Digitalisierungsthemen kaum proaktiv aufgegriffen. Interviewpartner*in C merkt an, dass dies nur geschehe, „wenn damit ein Mehrwert für die Zielgruppe geschaffen werden kann", etwa wenn es um digitale Behandlungsmethoden gehe (B). Die Zurückhaltung wird auch damit begründet, dass diese Themen für die Zielgruppen „nicht relevant [sind]" (D). Erwähnt werden auch Medienanfragen im Hinblick auf das Elektronische Patientendossier, die beantwortet werden (E). Diese reaktive Haltung zeigt sich bei allen vier Krankenhäusern auch in der Kommunikation zu kritischen Digitalisierungsthemen. Diese Themen „betreffen jeweils alle Spitäler", meint Interviewpartner*in B. C und B erwähnen außerdem, dass sich bei negativen Vorfällen die Journalist*innen von selbst bei der Kommunikationsabteilung melden würden. Bei einer proaktiven Kommunikation sieht C überdies die Gefahr, unnötig Ängste zu wecken.

Proaktiver geht der Krankenhausverband H+ die Kommunikation der Digitalisierungsthemen an. So veranstaltete er beispielsweise im Jahr 2017 einen Kongress zur Digitalisierung und veröffentlichte im Online-Jahresbericht desselben Jahres unter dem Titel „Digital im und ums Spital" zu folgenden fünf Themen je ein Video: digitaler Spitalalltag, personalisierte Medizin, Data Driven Intelligence, EPD und digitale Befragungen, Cybersecurity (A).

Im Medienmonitoring der vier Krankenhäuser spielen Digitalisierungsthemen eine Rolle. Sei es, dass solche im Rahmen der Berichterstattung über das Gesundheitswesen erfasst werden (B, D), oder dass Medien gezielt auf Themen wie EPD (C), Cyberkriminalität und Datenschutz (E) hin beobachtet werden. Befragte C, D und E führen aus, dass die Ergebnisse aus dem Monitoring in ein Reporting einfließen, das intern an die zuständigen Stellen weitergegeben wird.

5.6   Diskussion

Die Befragung der vier Kommunikationsverantwortlichen von mittelgroßen Schweizer Krankenhäusern und das Interview mit zwei Vertreter*innen des Schweizerischen Krankenhausverbands H+ bestätigt den von Reifegerste und Link (in diesem Band) sowie von Seifert (2018) und Terfrüchte (2017) thematisierten Zusammenhang von steigender Ökonomisierung des Krankenhauswesens und Entwicklung eines strategischen Kommunikationsmanagements: der Trend zur Integration von Marketing und Kommunikation, die Relevanz der Handlungsfelder Employer Branding und Zuweiser Marketing (siehe Kotovnykova in diesem Band) und die Bedeutung der Kommunikation von wirtschaftlichen Aspekten verweisen auf die ökonomischen Ziele der Krankenhäuser.

Dass die strategische Kommunikation zu diesen wirtschaftlichen Unternehmenszielen einen Beitrag zu leisten versucht, zeigt sich in dem von allen Befragten genannten Kommunikationsziel Positionierung des Krankenhauses als attraktiver Erstversorger und Arbeitgeber und in der Breite der prioritären Zielgruppen der Kommunikationsabteilungen. Die von den Interviewpartner*innen verwendete Fachsprache weist ebenfalls auf den hohen Stellenwert ökonomischer Aspekte in den Krankenhäusern hin: sie sprechen vom „Arbeitnehmermarkt", von „Kund*innen", der „Customer Journey" (sog. Kund*innenreise), dem „digitalen Kundenerlebnis" oder von einer Kommunikation, die für die Zielgruppen „Mehrwert" schaffen soll. Zugleich orientieren sich die Kommunikationsstrategien an der Krankenhausstrategie, und die Kommunikationsabteilungen sind nah bei der Krankenhausleitung angesiedelt. Beides sichert die Einbindung der Kommunikationsfunktion in organisationale Steuerungsprozesse (Röttger et al. 2018).

Die explorative Untersuchung spiegelt das Ergebnis der Studie von Lienhard (2019), dass in mehr als der Hälfte der Schweizer Krankenhäuser eine übergeordnete Digitalstrategie fehlt. Erst bei zwei der vier befragten Krankenhäuser ist diese Teil der Unternehmensstrategie. Allerdings leisten alle vier Kommunikationsabteilungen über digitale Kanäle einen wesentlichen Beitrag zur Umsetzung verschiedenster Transformationsprojekte. Dazu gehört insbesondere die Kommunikation mit Zuweiser*innen, Patient*innen, Besucher*innen und zukünftigen Mitarbeitenden, aber auch die interne Kommunikation mit dem Personal. Damit übernehmen die vier befragten Kommunikationsabteilungen auf der *Mikroebene* die Rolle, die digitale Kommunikation und Transformation der Organisation zu ermöglichen (Rosenberger und Niederhäuser 2019, S. 77 f.).

In den Krankenhäusern, in denen es keine unternehmensweite Digitalstrategie gibt, fehlt den Kommunikationsverantwortlichen der Überblick über Stand und Stellenwert der verschiedenen Digitalprojekte. Dies behindert die kommunikative Unterstützung dieser Projekte und die Ausrichtung des strategischen Kommunikationsmanagements auf die digitale Transformation.

Auf der *Mesoebene* übernimmt die Kommunikation in den vier Krankenhäusern erst teilweise die Funktion, die digitale Transformation der Organisation mitzugestalten und zu begleiten, auch wenn die zwei wichtigsten Voraussetzungen dazu weitgehend vorhanden sind: Zugang zur Geschäftsleitung und interne Kommunikationsplattformen. Allerdings findet in keiner der vier untersuchten Organisationen ein gezielter Austausch über die Strategie- und Organisationsentwicklung statt. Hier dürfte die noch immer stark hierarchisch geprägte Krankenhausorganisation einer partizipativ geprägten Organisationsentwicklung im Wege stehen (Renken 2019). Die Interviewpartner*innen sehen zudem gerade in der internen Kommunikation von Veränderungen und der Koordinationsfunktion in internen sozialen Netzwerken eine große Herausforderung. Dass Kommunikationsverantwortliche die Krankenhausleitung noch nicht systematisch in Bezug auf die Kommunikation der digitalen Transformation beraten, dürfte in dem in Krankenhäusern noch kaum ausgeprägten Verständnis von digitaler Transformation als ein die ganze Organisation betreffender strategischer Veränderungsprozess liegen.

Die Rolle der Kommunikation auf der *Makroebene*, für den Transformationsprozess der Organisation Akzeptanz zu schaffen, wird von allen vier Krankenhäusern ansatzweise nach innen, aber noch kaum nach außen wahrgenommen. In zwei Fällen wird die Digitalstrategie und der organisationale Wandel gegenüber Mitarbeitenden aktiv thematisiert. Allerdings wird es generell als Herausforderung gesehen, Mitarbeitende für Veränderungen zu motivieren. Die Dominanz der beiden Kommunikationsziele Informieren und Positionieren (als attraktiver Erstversorger und als Arbeitgeber) steht jedoch der Akzeptanzförderung entgegen. Denn Informationen und Positionierungsbotschaften vermögen kaum einen Reflexionsprozess auszulösen. Vielmehr müssen sich die Adressat*innen mit unterschiedlichen Standpunkten und den ihnen zugrunde liegenden Werten auseinandersetzen können, um sich für oder gegen eine Position entscheiden zu können (siehe Vieth in diesem Band, Lucke und Hasse 1998). Entsprechend sollte eine auf Akzeptanzbildung ausgerichtete Organisationskommunikation Digitalisierungsthemen in verschiedenen Kontexten proaktiv aufnehmen, nachvollziehbar Chancen und Risiken aufzeigen und auch kritische Stimmen zu Wort kommen lassen. Gerade hier aber zögern die Kommunikationsverantwortlichen. Sie bringen Digitalisierungsthemen einseitig in der Marktkommunikation ein, nicht aber in den breiten gesellschaftlichen Digitalisierungsdiskurs. Und sie nehmen kritische Themen wie Datenschutz oder Datensicherheit insbesondere in der externen Kommunikation höchstens reaktiv auf.

Die Digitalisierung der Kommunikation und die Kommunikation der Digitalisierung ist damit zurzeit stark von einer ökonomischen Perspektive geprägt. Dies könnte daran liegen, dass in den Krankenhäusern die digitale Transformation noch stark projekt- und technologiebezogen (Deiters et al. 2018; Lienhard 2019) und weniger als ein die gesamte Organisation betreffender strategischer Veränderungsprozess verstanden wird. Es wäre wichtig, in weiteren Studien zu untersuchen, ob sich mit einem organisationsbezogenen Transformationsverständnis auch die gesellschaftsorientierte Perspektive im strategischen Kommunikationsmanagement stärker ausformt.

Die vier in der explorativen Studie befragten Krankenhäuser haben das strategische Kommunikationsmanagement und die Digitalisierung der Kommunikation in den vergangenen Jahren vorangetrieben. Damit übernimmt die Kommunikation die Funktion, die digitale Kommunikation und Transformation der Organisation zu ermöglichen. Die interne Kommunikation der Digitalisierung und die mit ihr verbundene Transformation hingegen wird noch nicht bei allen gleich systematisch und wenig strategisch betrieben, obwohl die Voraussetzungen dazu grundsätzlich vorhanden wären. Damit nimmt die Kommunikation die Rolle der Mitgestaltung und Begleitung des Transformationsprozess erst teilweise wahr. Für die Digitalisierung in der internen und externen Kommunikation Akzeptanz zu schaffen, wird von den Interviewpartner*innen hingegen noch kaum als Aufgabe der strategischen Organisationskommunikation gesehen. Damit verstärkt die Digitalisierung zurzeit eher die ökonomische Orientierung der Organisationskommunikation. Dies behindert jedoch ein Stück weit die Übernahme der Rolle des strategischen Kommunikationsmanagements, auf der Mesoebene die digitale Transformation der Krankenhäuser mitzugestalten und auf der Makroebene für diese Akzeptanz zu schaffen.

Literatur

Angerer, A., Hollenstein, E., & Liberatore, F. (2016). *Das Schweizer Spitalwesen – eine Managementperspektive: Ein Brachenreport des Winterthurer Instituts für Gesundheitsökonomie.* Winterthur: ZHAW School of Management and Law.

Appelfeller, W., & Feldmann, C. (2018). *Die digitale Transformation des Unternehmens: Systematischer Leitfaden mit zehn Elementen zur Strukturierung und Reifegradmessung.* Berlin: Springer Gabler.

Ärzteblatt. (2020). *Digitalisierung: Kabinett beschließt Patientendaten-Schutzgesetz.* https://www.aerzteblatt.de/nachrichten/111593/Digitalisierung-Kabinett-beschliesst-Patienten daten-Schutzgesetz#comments. (23.09.2020)

Botzkowski, T. (2018). *Digitale Transformation von Geschäftsmodellen im Mittelstand: Theorie, Empirie und Handlungsempfehlungen. Unternehmensführung & Controlling.* Wiesbaden: Springer Gabler.

Bundesamt für Statistik. (2020, 22. April). *Gesundheit: Kosten.* https://www.bfs.admin.ch/bfs/de/home/statistiken/gesundheit/kosten-finanzierung/kosten.html (23.09.2020)

Deekeling, E., & Barghop, D. (Hrsg.). (2017). *Kommunikation in der digitalen Transformation.* Wiesbaden: Springer Fachmedien.

Deiters, W., Burmann, A., & Meister, S. (2018). Digitalisierungsstrategien für das Krankenhaus der Zukunft. *Der Urologe. Ausg. A, 57*(9), 1031–1039. https://doi.org/10.1007/s00120-018-0731-2

digitalswitzerland. (2019). *The digital pulse of the population: A report on public attitudes towards digitalisation, recorded in the context of Digital Day 2019.* (23.09.2020)

eHealth Suisse. (2020). *EPD elektronisches Patientendossier.* https://www.patientendossier.ch/de (23.09.2020)

Gläser, J., & Laudel, G. (2010). *Experteninterviews und qualitative Inhaltsanalyse als Instrumente rekonstruierender Untersuchungen* (4. Aufl.). *Lehrbuch.* Wiesbaden: VS, Verl. für Sozialwiss.

H+. (2019). *H+ Spital- und Klinikbarometer: Leistungen, Strukturen und Entwicklungen der Branche.* https://www.hplus.ch/de/zahlen-statistiken/h-spital-und-klinik-barometer?type=1534744687 (23.09.2020)

H+. (2020). *H+ Spital- und Klinik-Monitor.* https://www.hplus.ch/de/zahlen-statistiken/h-spital-und-klinik-monitor?type=1534744687 (23.09.2020)

Health Consumer Powerhouse. (2019). *Euro Health Consumer Index 2018.* https://healthpowerhouse.com/media/EHCI-2018/EHCI-2018-report.pdf (23.09.2020)

Kirf, B., Eicke, K.-N., & Schömburg, S. (Hrsg.). (2018). *Unternehmenskommunikation im Zeitalter der digitalen Transformation. Wie Unternehmen interne und externe Stakeholder heute und in Zukunft erreichen.* Wiesbaden: Springer Fachmedien. https://doi.org/10.1007/978-3-658-15364-9

Kreutzer, R. T., Land, K.-H., Tichy, R., Wohlfarth-Bottermann, M., & Azhari, P. (2015). *Dematerialisierung: Die Neuverteilung der Welt in Zeiten des digitalen Darwinismus.* Köln: FUTURE VISION Press.

Lienhard, S. (2019). Digital Health: Ermittlung des digitalen Reifegrades von Schweizer Kliniken und Spitäler. Zürich: *YEA(H)RBOOK,* 18–19.

Lucke, D., & Hasse, M. (1998). *Annahme verweigert.* Wiesbaden: VS Verlag für Sozialwissenschaften.

Mayring, P. (2015). *Qualitative Inhaltsanalyse: Grundlagen und Techniken* (12., überarb. Aufl.). Weinheim: Beltz.

Niederhäuser, M., & Rosenberger, N. (2018). *Kommunikation in der digitalen Transformation: Bestandesaufnahme und Entwicklungsbedarf des strategischen Kommunikationsmanagements von Wirtschaftsunternehmen, Verwaltungen und Non-Profit-Organisationen in der Schweiz. Abschlussbericht zum Projekt Kommunikation in der digitalen Transformation.* Winterthur: ZHAW.

Ostermeier, M. (2019). *Der Beitrag der Kommunikationsabteilungen zur digitalen Transformation in Unternehmen. Handlungsfelder und Unterstützungsmöglichkeiten der Unternehmenskommunikation in Zeiten des digitalen Wandels: Ein Framework.* Berlin: Quadriga Media Berlin.

Pleil, T., & Helferich, P. S. (2019). Unternehmenskommunikation in der digitalen Transformation. In A. Zerfaß, M. Piwinger, & U. Röttger (Hrsg.), *Handbuch Unternehmenskommunikation* (Bd. 10., S. 1–19). Wiesbaden: Springer Fachmedien. https://doi.org/10.1007/978-3-658-03894-6_49-1

PricewaterhouseCoopers. (2019, Februar). *The digital opportunity in the Swiss healthcare system: A patient-centric analysis of technology trends in Swiss healthcare.* https://www.pwc.ch/en/publications/2019/Digital-opportunity-in-the-Swiss-health care-system.pdf (23.09.20)

Reifegerste, D. (in Druck). Emergent und trotzdem zielführend: Klinikkommunikation mit Angehörigen. In K. Hassenstein, C. Ritz, & S. Sandhu (Hrsg.), *Wicked Problems?! Herausforderungen für PR und Organisationskommunikation.* Wiesbaden: Springer VS.

Renken, T. (2019). Der (anspruchsvolle) digitale Arbeitsplatz und das Problem seiner Nutzung. In C. Jecker (Hrsg.), *Interne Kommunikation: Theoretische, empirische und praktische Perspektiven* (S. 300–313). Köln: Herbert von Halem Verlag.

Rosenberger, N., & Niederhäuser, M. (2019). Rollen und Aufgaben der Corporate Communications in der digitalen Transformation. In M. Stumpf (Hrsg.) *Digitalisierung und Kommunikation: Konsequenzen der digitalen Transformation für die Wirtschaftskommunikation* (S. 69–88). Wiesbaden: Springer Fachmedien.

Röttger, U., Kobusch, J., & Preusse, J. (2018). *Grundlagen der Public Relations: Eine kommunikationswissenschaftliche Einführung. Studienbücher zur Kommunikations- und Medienwissenschaft.* Wiesbaden: Springer Fachmedien. https://doi.org/10.1007/978-3-658-17503-0

Scholl, A. (2018). *Die Befragung* (4., bearb. Aufl.). *UTB: Vol. 2413.* München: UVK.

Schwägerl, C. (2019). Ubiquitäre Kommunikation und Kollaboration in Digitalen Arbeitsplätzen. In S. Einwiller, S. Sackmann, & A. Zerfaß (Hrsg.), *Handbuch Mitarbeiterkommunikation.* Wiesbaden: Springer Fachmedien.

Seifert, M. (2018). Klinikkommunikation. In C. Rossmann & M. R. Hastall (Hrsg.), *Handbuch Gesundheitskommunikation: Kommunikationswissenschaftliche Perspektiven* (Bd. 9, S. 1–12). Wiesbaden: Springer Fachmedien. https://doi.org/10.1007/978-3-658-10948-6_11-1

Szyszka, P., & Malczok, M. (2016). Interne Kommunikation – ein Begriff revisited. In S. Huck-Sandhu (Hrsg.), *Interne Kommunikation im Wandel. Theoretische Konzepte und empirische Befunde* (S. 23–39). Wiesbaden: Springer Fachmedien.

Terfrüchte, L. (Hrsg.). (2017). *Schriften aus dem Haus der Niederlande: Band 1. Organisationskommunikation von Krankenhäusern online: Die Niederlande und Deutschland im Vergleich.* Münster: MV Wissenschaft.

Zerfaß, A. (2010). *Unternehmensführung und Öffentlichkeitsarbeit: Grundlegung einer Theorie der Unternehmenskommunikation und Public Relations* (3., aktual. Aufl.). Wiesbaden: VS Verlag für Sozialwissenschaften. https://doi.org/10.1007/978-3-531-92012-2

Prof. Dr. Nicole Rosenberger ist Dozentin und leitet den Forschungs- und Arbeitsbereich Organisationskommunikation und Management am Institut für Angewandte Medienwissenschaft der Zürcher Hochschule für Angewandte Wissenschaften.

Dr. Colette Schneider Stingelin ist Dozentin am Institut für Angewandte Medienwissenschaft IAM der Zürcher Hochschule für Angewandte Wissenschaften und arbeitet im Forschungs- und Arbeitsbereich Organisationskommunikation und Management des IAM.

BA Julia Grundisch ist wissenschaftliche Assistentin am Institut für Angewandte Medienwissenschaft IAM der Zürcher Hochschule für Angewandte Wissenschaften und arbeitet im Forschungs- und Arbeitsbereich Organisationskommunikation und Management.

Sektorenübergreifende Zuweisungskommunikation zwischen Arztpraxen und Kliniken

6

Tetyana Kotovnykova, Constanze Rossmann und Doreen Reifegerste

Zusammenfassung

Der sektorenübergreifende Zuweisungsprozess von Ärzt*innen an Kliniken ist ein wesentlicher Faktor für die Generierung einer ausreichenden Patient*innenzahl, um das Krankenhaus wettbewerbsfähig zu halten. Niedergelassenen Ärzt*innen kommt als Zuweisenden dabei eine zentrale Rolle zu, da sie als Gatekeeper zwischen ihren Patient*innen und den Kliniken fungieren. Ziel der vorliegenden Studie war es zum einen, auf Basis der Theorie des geplanten Verhaltens die Einflussfaktoren des Zuweisungsverhaltens von Ärzt*innen zu ermitteln. Zum anderen wurde mittels der Unified Theory of Acceptance and Use of Technology (UTAUT) die Akzeptanz von Zuweisungsportalen bei Ärzt*innen untersucht. Hierfür wurden 14 qualitative Leitfadeninterviews mit niedergelassenen Ärzt*innen durchgeführt. Aus den Ergebnissen lassen sich praktische Implikationen formulieren, die im Rahmen der strategischen Kommunikation der Klinik mit ihren Zuweisenden Berücksichtigung finden können.

T. Kotovnykova (✉)
Team Gesundheit GmbH, Erfurt, Deutschland
E-Mail: tanja.kotovnykova@gmx.de

C. Rossmann
Seminar für Medien- und Kommunikationswissenschaft, Universität Erfurt, Erfurt, Deutschland
E-Mail: constanze.rossmann@uni-erfurt.de

D. Reifegerste
Fakultät für Gesundheitswissenschaften, Universität Bielefeld, Bielefeld, Deutschland
E-Mail: doreen.reifegerste@uni-bielefeld.de

© Springer Fachmedien Wiesbaden GmbH, ein Teil von Springer Nature 2021
D. Reifegerste (Hrsg.), *PR und Organisationskommunikation im Gesundheitswesen*, https://doi.org/10.1007/978-3-658-32884-9_6

Schlüsselwörter

Zuweisende • Strategische Kommunikation • Theorie des geplanten
Verhaltens • Zuweisungsintention • UTAUT • Zuweisungsportal • Klinik

6.1 Einleitung

Durch Privatisierungen, neue Abrechnungsmodelle und Effizienzmaßnahmen
müssen sich auch Kliniken, die in diesem Beitrag als (gewinnorientierte) Organisationen im Gesundheitswesen betrachtet werden, um ihre Wettbewerbsfähigkeit
bemühen (Braun et al. 2014). Das bedeutet, dass sie für eine ausreichende
Anzahl von Patient*innen sorgen müssen (Hellmann 2017), um auf dem Markt
existieren zu können (Lindlbauer 2017). Die niedergelassenen Ärzt*innen spielen im Entscheidungsprozess eine wichtige Rolle, da sie als sog. Zuweisende
ihre Patient*innen in eine bestimmte Klinik einweisen beziehungsweise ihnen
ein bestimmtes Krankenhaus empfehlen, wenn eine entsprechende Behandlung
notwendig ist (Dobrick et al. 2017; de Cruppé und Geraedts 2015). Aus der
(ökonomischen) Perspektive einer Klinik werden die Zuweisenden daher als eine
relevante Zielgruppe mit Gatekeeper-Funktion angesehen, wenn es darum geht,
neue Patient*innen zu akquirieren (Mayer 2005).

Doch wie entscheiden sich niedergelassene Ärzt*innen für oder gegen eine
Klinik? Welche Faktoren spielen dabei eine Rolle? Und welche technischen
Möglichkeiten bringt der digitale Wandel mit sich, um die Zusammenarbeit zwi-
schen den Zuweisenden und der Klinik zu stärken? Bisherige Studien zeigen,
dass positive Erfahrungen der Zuweisenden mit einem Krankenhaus die Bereit-
schaft erhöhen, auch in Zukunft dort Patient*innen einzuweisen. Diese positiven
Erfahrungen und die allgemeine Zufriedenheit eines Zuweisenden mit einem
Krankenhaus können unter anderem durch eine bedürfnisorientierte Kommunikation gesteigert werden (Braun und Nissen 2005), um so eine kontinuierliche
Bindung an die Klinik zu schaffen (Hellmann 2017). Konkret kann dies im Rahmen der externen (Organisations-)Kommunikation erfolgen, die u. a. auch zur
Absatzsteigerung eines Unternehmens (hier: einer Klinik) beitragen soll.

Bislang wurde die sektorenübergreifende Zuweisung von Patient*innen aus
niedergelassenen Arztpraxen an Kliniken allerdings kaum theoriebasiert untersucht. Zudem gibt es bislang kaum Kenntnisse zur Einbindung technischer
Lösungen. Der Beitrag beleuchtet daher basierend auf der Theorie des geplanten Verhaltens und mittels qualitativer Interviews jene kommunikativen Faktoren,
die das Zuweisungsverhalten erklären können.

6.2 Kommunikation zwischen Kliniken und Zuweisenden

Ein adäquater und gezielter Einsatz von strategischen Kommunikationsmaßnahmen der Klinken an die Zuweisenden kann somit eine zentrale Voraussetzung für Kliniken sein, um langfristig im Gesundheitswesen zu bestehen. Es bedarf demnach einer strategischen Kommunikation zwischen dem ambulanten und dem stationären Sektor (Bienert et al. 2009). Ein wichtiger Ansatzpunkt ist dabei das Verständnis der Faktoren, die die Zufriedenheit mit einer Klinik beeinflussen. Studien zur Zufriedenheit von Zuweisenden zeigen, dass eine gute medizinische und pflegerische Patient*innenversorgung, fachlich kompetentes Klinikpersonal, notwendige technische Ressourcen der Klinik, qualitativ hochwertige Arztbriefe sowie eine kooperative Zusammenarbeit und Kommunikation mit den Krankenhausärzt*innen zu einer erhöhten Zufriedenheit der Zuweisenden beitragen (Adam et al. 2015; Hesse und Schreyögg 2007; Hellmann 2017; Hunger und Garzinsky 2006). Ob ein Arzt oder eine Ärztin eine Klinik weiterempfiehlt oder nicht, wird außerdem von den persönlichen Erfahrungen der Ärzt*innen mit den Kliniken, der Erfahrungen ihrer Patient*innen und der Zusammenarbeit mit der Klinik in der Nachbereitungsphase beeinflusst (Dobrick et al. 2017). Auch wenn sich aus dem Forschungsstand somit bereits einige Erkenntnisse zusammentragen lassen, mangelt es den meisten Studien bislang an einer theoretischen Fundierung, die einen systematischeren Blick auf die Einflussfaktoren ermöglicht.

6.2.1 Einflussfaktoren der Klinikzuweisung

Eine Möglichkeit zur theoretischen Fundierung des Zuweisungsverhaltens bietet die Theorie des geplanten Verhaltens (englisch: Theory of Planned Behavior, TPB; Ajzen 1991). Die sozialpsychologische Theorie wurde bereits als Basis für die Erklärung von Zuweisungsverhalten (-intentionen) von Ärzt*innen herangezogen (Ingólffson 2017). Sowohl die TPB-Konstrukte Einstellungen (Mohaghegh et al. 2014; Green et al. 2008; Kam et al. 2012; Sorsdahl et al. 2013), subjektive Norm (Green et al. 2008; Kam et al. 2012; Mohaghegh et al. 2014; O'Connell et al. 2020) und wahrgenommene Verhaltenskontrolle (Kam et al. 2012; Mohaghegh et al. 2014; Sorsdahl et al. 2013), als auch die diesen zugrunde liegenden Überzeugungen (Mohaghegh et al. 2014; O'Connell et al. 2020) haben sich dabei als signifikante Prädiktoren für die Zuweisungsintention erwiesen. Darüber hinaus zeigen Studien zur Entscheidungsfindung von Zuweisenden verschiedene relevante Hintergrundfaktoren auf, wie patientenbezogene Variablen

(Forrest et al. 2006), berufliche Netzwerke und zwischenärztliche Kommunikation (Cohen et al. 2013).

Allgemein wird Verhalten der TPB zufolge von der Verhaltensintention beeinflusst, die wiederum durch die drei zentralen Konstrukte Einstellungen, subjektive Normen und wahrgenommene Verhaltenskontrolle determiniert wird. Diese basieren ihrerseits jeweils auf spezifischen Überzeugungen: Einstellungen auf den wahrgenommenen Verhaltenskonsequenzen, die subjektive Norm auf den Normvorstellungen und die wahrgenommene Verhaltenskontrolle auf den Kontrollüberzeugungen, d. h. Faktoren, die die Ausübung des Verhaltens erleichtern oder erschweren (Ajzen 1991; im Überblick vgl. auch Rossmann 2011). Neben den Kontrollüberzeugungen spielen tatsächliche Kontrollfaktoren eine Rolle, da sie unabhängig von der individuellen Wahrnehmung einer Person ihr Verhalten bestimmen. Auf Basis der sehr spezifischen und themenabhängigen Überzeugungen ist es somit möglich, konkrete Einflussfaktoren der sektorenübergreifenden Zuweisung zu explorieren und so ein grundlegendes Verständnis für das Verhalten von Zuweisenden zu ermitteln. Darüber hinaus bietet die TPB durch die Berücksichtigung von Hintergrundfaktoren die Möglichkeit, weitere Einflussfaktoren einzubeziehen. Daraus leitet sich folgende Forschungsfrage für die Studie ab:

▶ *FF1: Welche a) wahrgenommenen Verhaltenskonsequenzen, b) Normvorstellungen, c) Kontrollüberzeugungen und d) Hintergrundfaktoren lassen sich bei niedergelassenen Ärzt*innen im Kontext der sektorenübergreifenden Zuweisung identifizieren?*

6.2.2 Einflussfaktoren der Nutzung von Zuweisungsportalen

Das Gesundheitswesen befindet sich in einer Phase des digitalen Wandels, durch den auch im Klinikbereich zunehmend digitale Kommunikationsmöglichkeiten zur Verfügung stehen (siehe Rosenberger et al. in diesem Band). Eine Möglichkeit, die Kommunikationsprozesse zwischen Zuweisenden und dem Krankenhaus zu vereinfachen, ist ein sog. Zuweisungsportal, welches den beteiligten Ärzt*innen Zugang zu relevanten Patient*innendaten ermöglicht, etwa Entlassungsbriefen, Medikationshinweisen, Röntgenbildern, Diagnosen und Befunden (Bienert et al. 2009). Darüber hinaus soll das Portal die Patient*innenversorgung dadurch verbessern, dass ein gemeinschaftliches und sektorenunabhängiges Behandlungsziel festgelegt und so Prozessaufwände reduziert werden (Bienert et al. 2009). Ein solches Zuweisungsportal kann somit die Bindung der Zuweisenden an das Krankenhaus stärken und so einen Vorteil gegenüber den Mitbewerber*innen erreichen (Heuer 2016). Trotz dieser Vorteile entwickelt sich die Implementierung solcher Portale in Praxen von Ärzt*innen schleppend (Braun et al. 2014). Es ist denkbar, dass den Determinanten der Technikakzeptanz unter Ärzt*innen bei der Implementierung zu wenig Beachtung geschenkt wurde (Dockweiler 2016; Harst et al. 2019b), weshalb diese im Rahmen der Studie ebenfalls genauer betrachtet werden soll.

Als theoretische Basis beziehen wir uns dabei auf die UTAUT (englisch: Unified Theory of Acceptance and Use of Technology), die Elemente aus acht Modellen zur Akzeptanz und Nutzung von neuen Informationstechnologien integriert (Venkatesh et al. 2003)[1]. Die UTAUT hat sich bereits in unterschiedlichen gesundheitsbezogenen Kontexten bewährt, etwa für die Erklärung der Technologieakzeptanz in Rehabilitationseinrichtungen (Liu et al. 2015) sowie für die Nutzung von eHealth (Ami -Narh und Williams 2012), mHealth (Hoque und Sorwar 2017; Quaosar et al. 2018) und telemedizinischen Anwendungen (Kohnke et al. 2014; Harst et al. 2019a; Seel und Rossmann 2020).

Analog zur TPB geht auch die UTAUT davon aus, dass das Nutzungsverhalten zunächst von der Verhaltensintention beeinflusst wird. Diese wird wiederum von vier Faktoren determiniert: Leistungserwartungen (subjektive Erwartungen über den Nutzen der Technologie), Aufwandserwartungen (geschätzter Aufwand zur Nutzung der neuen Technologie), sozialer Einfluss (Einstellungen von anderen Nutzenden) und erleichternde Rahmenbedingungen (die die Akzeptanz und Nutzung neuer Technologien fördern und deren Implementierung unterstützen). Der Einfluss dieser Determinanten wird dabei von den vier Merkmalen Geschlecht, Alter, Erfahrung und Freiwilligkeit der Nutzung moderiert. Daraus leitet sich die folgende Forschungsfrage ab:

▶ *FF2: Welche Leistungserwartungen, Aufwandserwartungen, sozialen Einflüsse und erleichternden Rahmenbedingungen sind für die Akzeptanz eines Zuweisungsportals bei den niedergelassenen Ärzt*innen relevant?*

---

[1]Dabei handelt es sich nicht um die aktuellste Version der Theorie, die inzwischen auch als erweiterte UTAUT2 vorliegt (Venkatesh et al. 2012). Während sich die UTAUT2 jedoch auf die Erklärung der Technikakzeptanz im Freizeitverhalten bezieht, wurde die UTAUT, genauso wie ihre Vorläufermodelle, in beruflichen Kontexten entwickelt, weshalb sie auch für diesen Kontext ausgewählt wurde.

6.3   Methode

Um die Forschungsfragen zu beantworten, wurden n = 14 qualitative Leitfaden-interviews mit niedergelassenen Ärzt*innen aus dem Ruhrgebiet durchgeführt. Die Arztpraxen wurden im Zeitraum von April 2019 bis Mai 2019 telefonisch kontaktiert und die Interviews im Zeitraum von Mai 2019 bis Juni 2019 durchgeführt. Um die Anonymität zu gewährleisten, wurden die Namen der befragten Ärzt*innen pseudonymisiert. Von den 14 Teilnehmer*innen sind 8 männlich (57 %) und 6 weiblich (43 %). Die Teilnehmer*innen sind zwischen 38 und 72 Jahre alt, das Durchschnittsalter liegt bei 54 Jahren. Es nahmen neun All-gemeinärzt*innen und Internist*innen (Hausärzt*innen), drei Gynäkolog*innen, eine Kinderärztin und ein Urologe an den Interviews teil. Die Interviews wurden mithilfe eines zuvor erstellten Leitfadens durchgeführt. Der Interviewleitfaden bil-det dabei sowohl die salienten Überzeugungen zu den theoretischen Konstrukten der TPB und den Hintergrundfaktoren (Ajzen und Fishbein 2005) als auch die theoretischen Konstrukte der UTAUT (Venkatesh et al. 2003) ab.

Die Interviews waren zwischen 19 und 48 min lang und fanden in den Praxen der Ärzt*innen statt. Sie wurden mit einem Diktiergerät aufgezeichnet, anschlie-ßend transkribiert und mit einer qualitativen Inhaltsanalyse (Mayring und Fenzl 2014) ausgewertet. Die Kategorien wurden sowohl deduktiv als auch induktiv gebildet und in einem Kodierleitfaden festgehalten (Mayring und Fenzl 2014).

6.4   Ergebnisse

6.4.1   Einflussfaktoren der Zuweisungsintention

Wahrgenommene Verhaltenskonsequenzen (FF1a)
Die *arztbezogenen Vorteile* umfassen die *Stärkung der lokalen Strukturen* und Aspekte, die die *Kommunikation* mit dem Krankenhaus bzw. den Krankenhau-särzt*innen betreffen. Die Befragten bevorzugen jene Kliniken, die eine einfache, persönliche und unbürokratische Kommunikation gewährleisten. Der persönliche Draht zu den Krankenhausärzt*innen spielt dabei eine wichtige Rolle, weil die Befragten dadurch ihre Einweisungsfälle persönlich vorklären und über die wich-tigen Entwicklungen in der stationären Behandlung ihrer Patient*innen schneller informiert werden. Dies deutet darauf hin, dass es für niedergelassene Ärzt*innen wichtig ist, ihre Patient*innen auch außerhalb der ambulanten Behandlung wei-ter zu begleiten. Sie wollen involviert sein und kümmern sich im Rahmen ihrer

Möglichkeiten auch außerhalb der Praxis darum, ihren Patienten*innen die beste Behandlung zu ermöglichen.

Die Befragten profitieren aufgrund ihrer geringen zeitlichen Kapazitäten von einem geringen Verwaltungsaufwand. Um den Verwaltungsaufwand zu begrenzen, werden simplere Anmeldemodalitäten für die Einweisung der Patient*innen oder ein digitaler Datenaustausch (z. B. digitaler Medikationsplan) vorgeschlagen.

Die Befragten legen außerdem viel Wert auf ein gutes Entlassungsmanagement und einen vollständigen, fehlerfreien und zeitnahen Entlassungsbrief, damit sie ihre Patient*innen adäquat beraten und ambulant weiterbehandeln können. Auch das frühzeitige Entlassen der Patient*innen geht mit negativen Folgen für Hausärzt*innen einher: *„Ich finde generell, dass manchmal Patienten viel zu früh entlassen werden […], dass manche Patienten noch schwer krank entlassen werden, wo man sich ambulant eigentlich kaum drum kümmern kann oder das übersteigt dann einfach unsere Kraft."* (Dr. Lisa Bartsch).

Des Weiteren ist es für die Befragten von Vorteil, wenn ihr hausärztliches Budget nicht zusätzlich belastet wird. Der finanzielle Nachteil könne durch eine zusätzliche Budgetbelastung der niedergelassenen Ärzt*innen entstehen: *„Beklagenswert ist zum Beispiel auch, dass die Medikamente nicht gegeben werden. Die Leute müssen ihre Medikamente selber mitbringen, obwohl das Krankenhaus eigentlich dazu verpflichtet wäre. Aber es wird dann oft gesagt, diese Sachen haben wir nicht, also müssen Sie Ihre eigenen Medikamente nehmen. Das belastet mein Budget als Zuweisender, das ist keine Katastrophe, ja, aber das ist einfach nicht fair, das ist ungerecht."* (Dr. Max Klug).

Darüber hinaus profitiert ein Befragter davon, wenn die medizinischen Versorgungs-Strukturen vor Ort gestärkt sind, da er auf die lokalen Kompetenzen angewiesen sei: *„Für mich ist es ja erstmal wichtig, ich brauche diese lokalen Strukturen vor Ort hier. Das heißt, als Kassenarzt [aus XY] habe ich ein hohes Interesse, dass ich eine Klinik [aus XY] am Laufen halte. Das ist klarer Selbstnutzen. […] Insofern primär entscheide ich mich aus rein strategischen Gründen nach Möglichkeit für die [Klinik]."* (Dr. Martin Seeberg). Durch die Unterstützung und Förderung der lokalen Kompetenzen kann ein niedergelassener Arzt oder eine niedergelassene Ärztin langfristig von der „Zusammenarbeit" mit dem Krankenhaus profitieren.

Bei der Krankenhausempfehlung ist außerdem die Nähe bzw. Lage wichtig, kürzere Wartezeiten sowie ein hoher Hygienestandard, ein freundliches und zuvorkommendes Personal und dass der Patient oder die Patientin sich dort grundsätzlich „gut aufgehoben" fühlt (Dr. Bastian Klein). Ein Arzt assoziiert mit einer langen Wartezeit ein gesundheitliches Risiko für seine Patient*innen: *„[…] diese sehr langen Verweilzeiten in der Notaufnahme. […] Es ist tatsächlich mit Risiko verbunden oft."* (Dr. Max Klug).

Normvorstellungen (verhaltensrelevante Bezugspersonen (FF1b))

Die Befragten konnten Personengruppen identifizieren, die eine Zuweisung befürworten oder ablehnen würden: die Geschäftsführung des Krankenhauses beziehungsweise den „Konzern" (z. B. „Helios", „Sana", „Asklepios" etc.), Chefärzt*innen, Patient*innen, sowie Angehörige des Patienten oder der Patientin. Es bleibt jedoch fraglich, ob es sich bei diesen Personen um saliente normative Bezugspersonen handelt. Denn es hat sich gezeigt, dass die Meinung der befragten Ärzt*innen und deren Zuweisungsverhalten kaum von der wahrgenommenen Einstellung dieser Personen abhängt und sie eher autonom handeln. Höchstens das Patient*innenfeedback scheint unter bestimmten Bedingungen das Zuweisungsverhalten beeinflussen zu können.

Die Befragten nehmen eine Erwartungshaltung von Patient*innen wahr, sich vom Arzt oder der Ärztin hinsichtlich der Krankenhauswahl führen lassen und qualitativ beraten lassen zu wollen. Sieben der befragten Ärzt*innen zeigten eine hohe Motivation und Bereitschaft, sich nach den Erwartungen, Wünschen oder Bedürfnissen der Patient*innen zu richten. Diejenigen Ärzt*innen, die ihr Zuweisungsverhalten nach den Wünschen der Patient*innen richten, versuchen deren Bedürfnisse zu antizipieren: *„Da versuche ich halt immer abzuwägen, braucht die Patientin besonders viel Zuwendung oder nicht."* (Dr. Mia Berghaus, Gynäkologin). Einige Ärzt*innen richten sich wiederum weniger nach den Erwartungen der Patient*innen, sondern vielmehr nach der eigenen Überzeugung bezüglich eines Krankenhauses (Dr. Anna Wiege; Dr. Lennart Kühn).

Inwiefern Ärzt*innen das Patient*innenfeedback bezüglich einer Klinik ernst nehmen, scheint von der Art des Feedbacks abhängig zu sein. Es konnte gezeigt werden, dass die Befragten das (negative) Feedback differenzieren. Dabei nehmen sie es objektiv auf und versuchen zu unterscheiden, ob es um persönliches Missfallen von sekundärwichtigen Faktoren (z. B. Krankenhausessen) geht oder tatsächlich schlechte Versorgungsqualität gemeint ist. Ein Gynäkologe gab beispielsweise an, negative ernstzunehmende Patient*innenerfahrungen in einem Qualitätszirkel thematisiert zu haben (Dr. Niklas Schmidt).

Außerdem scheint die Bereitschaft, sich an den Wünschen der Patient*innen zu orientieren, von der Spezialisierung der Ärzt*innen (z. B. Gynäkologie vs. Allgemeinmedizin) sowie von der Arzt-Patient-Beziehung abhängig zu sein. Gynäkolog*innen, die ihre schwangeren Patientinnen über einen längeren Zeitraum begleiten, haben in den Interviews eine höhere Bereitschaft gezeigt, sich an den Bedürfnissen ihrer Patientinnen zu orientieren. Die normativen Verhaltensüberzeugungen können sich somit je nach Spezialisierung der Ärzt*innen beziehungsweise ihrer Beziehung zu den Patient*innen unterscheiden.

Kontrollüberzeugungen (FF1c)

Während die eigenen wahrgenommenen Fähigkeiten der niedergelassenen Ärzt*innen für das Zuweisungsverhalten kaum eine Rolle zu spielen scheinen, spielen verschiedene externe Kontrollüberzeugungen eine wichtige Rolle. Darunter fallen jene Aspekte, die eine Zuweisung an ein Krankenhaus im Gegensatz zu einem anderen begünstigen oder verhindern können. Für die meisten Befragten ist die fachliche Kompetenz der Krankenhausärzt*innen der ausschlaggebende Faktor für die Krankenhauswahl. Ein organisatorisch einwandfreier Ablauf im Einweisungsprozess ist für viele Befragte ein weiterer relevanter Faktor, der sie dazu befähigt, eine unkomplizierte Einweisung durchzuführen: *„Das hängt natürlich auch mit den organisatorischen Formen [zusammen], die mir das Krankenhaus zur Verfügung stellt, um überhaupt jemanden einweisen zu können oder da unterzubringen."* (Dr. Lennart Kühn). Dazu zählen leichte Anmeldungsformalitäten beim Einweisen des Patienten (Dr. Uwe Jansen), ein gutes Terminmanagement (Dr. Berta Gruner), eine zuverlässige Berichterstattung bei der Patient*innenentlassung sowie eine zufriedenstellende Prozess- und Kommunikationsqualität (Dr. Martin Seeberg).

Des Weiteren können krankenhausinterne Strukturen eine Einweisung verhindern, wenn dadurch die Möglichkeiten der Patient*innenversorgung limitiert werden. So kann beispielsweise die Anzahl der zu versorgenden Patient*innen eingeschränkt sein, wenn alle Betten belegt sind. Auch Personalmangel wird von den Befragten als ein hindernder Faktor genannt. Einige Ärzt*innen nennen weitere organisationsbezogene Aspekte, die für eine Einweisung ihrer Patient*innen hinderlich sind bzw. den Einweisungsprozess erschweren, wie z. B. schlechte Kommunikation (Dr. Lena Lemberg; Dr. Simone Meier) oder der organisatorische Aufwand, der neben der Einweisung betrieben werden muss. Dazu gehören z. B. prä-operative Vorbereitungen oder das Besorgen und zur Verfügung Stellen von Laborbefunden oder Briefen für die Kliniken (Dr. Uwe Jansen). Zu weiteren hinderlichen Faktoren gehörten außerdem Hygienemangel sowie eine schlechte medizinische und pflegerische Patient*innenversorgung. Zudem wurden „tatsächliche" Kontrollfaktoren berücksichtigt, die eine Einweisung verhindern, wie z. B. das Fehlen einer Abteilung im Krankenhaus, die die Patient*innen für ihre Behandlung benötigen (Dr. Max Klug).

Hintergrundfaktoren (FF1d)

Als Hintergrundfaktoren spielen vor allem Aspekte der Information eine Rolle. So bevorzugen die Befragten persönliche Kontakte, um sich über die Klinken zu informieren, bspw. auf Fortbildungsveranstaltungen. Als Anregung wird gewünscht, solche Veranstaltungen „spannend" zu gestalten, indem etwa kein oberflächlicher

Gesamtüberblick vermittelt wird, sondern gezielt neue Entwicklungen und Methoden vorgestellt werden (Dr. Berta Gruner). Des Weiteren schätzen es die befragten Ärzt*innen, wenn ein persönlicher Austausch zustande kommt, und nutzen diesen als Informationsquelle. Es wird vor allem gewünscht, dass neu angestellte Chefärzt*innen die Praxis der niedergelassenen Ärzt*innen besuchen, um sie über ihre Versorgungsmethoden zu informieren. Auch das Internet dient für sieben Befragte als eine wichtige Informationsquelle. Die Befragten legen vor allem Wert auf schnell zugängliche und aktuelle Online-Informationen über das Versorgungsangebot der Kliniken, um z. B. schnell die passende Therapiemöglichkeit für ihre Patient*innen zu finden (Dr. Bastian Klein).

In diesem Kontext wurde auch der Wunsch nach einem digitalen Newsletter geäußert: *„So ein Newsletter oder so ein Verteiler fände ich absolut angebracht. Aber dann müsste es halt einer sein, wo, wenn Rückfragen gestellt werden, auch eine kompetente Antwort kommen würde."* (Dr. Max Klug). Da allerdings nicht alle Ärzt*innen einem digitalen Newsletter gegenüber positiv eingestellt sind, schlägt ein Arzt vor, die niedergelassenen Ärzt*innen durch eine Vorabbefragung entscheiden zu lassen, ob sie in einen Newsletter-Verteiler aufgenommen werden möchten (Dr. Max Klug). Außerdem sollte ein Newsletter individuell an die Informationsbedürfnisse der Zuweisenden angepasst werden, um sie adäquat und ihren Wünschen entsprechend zu informieren.

6.4.2 Einflussfaktoren des Nutzungsverhaltens eines Zuweisungsportals

Insgesamt ist die Mehrheit der Ärzt*innen Zuweisungsportalen gegenüber positiv eingestellt. So zeigt sich im Hinblick auf die *Leistungserwartungen,* dass die Ärzt*innen in der Nutzung eines Zuweisungsportals vor allem eine Arbeitserleichterung und Zeitersparnis im Arbeitsalltag sehen. Diese werden damit begründet, dass der analoge Datenaustausch Arbeitszeit in Anspruch nimmt, die durch eine digitale Übertragung verkürzt werden könnte: *„Wenn [...] die Arztbriefe dann gar nicht mehr in gedruckter Form kämen, sondern direkt hier auf dem PC, würde es viel Arbeit erleichtern, [...], weil man dann nicht mehr so viel scannen müsste."* (Dr. Lisa Bartsch). Die Zeitersparnis wird auf einen effizienteren Informationsfluss zurückgeführt, der beispielsweise ein besseres Medikamentenmanagement gewährleistet (Dr. Bastian Klein). Darüber hinaus wäre es laut einem niedergelassenen Arzt deutlich einfacher, an Informationen aus dem Krankenhaus zu gelangen, die normalerweise nicht in einem gewöhnlichen Entlassungsbrief stehen und die er extra anfordern müsste, etwa Laborwerte oder OP-Bericht (Dr. Martin Seeberg). Ein digitaler patient*innenbezogener Datenaustausch ermöglicht es außerdem, vorbereitet und informiert in das Patient*innengespräch zu gehen, sobald diese*r entlassen wird.

Bei den *Aufwandserwartungen* wird eine ambivalente Einstellung seitens der Ärzt*innen deutlich. Obwohl sie eine potenzielle Zeiteinsparung sehen, haben sie Bedenken, aufgrund des Verwaltungsaufwandes mehr arbeiten zu müssen (Dr. Berta Gruner). Außerdem müsse geklärt werden, inwiefern der digitale Datenaustausch den analogen Arztbrief ersetzt und inwiefern die Einsicht in die digitalen Daten obligatorisch für den Arbeitsalltag wird: *„Also da muss einiges geklärt werden. Weil sonst verbringe ich jeden Tag eine Stunde damit, irgendwelche möglicherweise völlig überflüssigen Befunde zu lesen"* (Dr. Berta Gruner). In Bezug auf den Bedienungsaufwand erwarten die befragten Ärzt*innen eine praktische, anwenderfreundliche und schnelle Bedienbarkeit. Vor allem den „älteren" Ärzt*innen müsste die technische Distanz zum System genommen werden (Dr. Bastian Klein), was die Bedeutung einer nutzungsfreundlichen Oberfläche unterstreicht. Ärzt*innen scheuen sich darüber hinaus vor einem Wechsel der Praxissoftware. Zum einen wäre es mit zeitlichem Aufwand (Dr. Anna Wiege), zum anderen mit finanziellem Aufwand verbunden (Dr. Simone Meier). Ferner sprechen insgesamt neun von vierzehn Ärzt*innen datenschutzrechtliche Bedenken aus: *„Ein Thema Datenschutz, das ist das Thema überhaupt. Wenn das nicht geschützt ist, ist das eine Katastrophe."* (Dr. Berta Gruner).

Im Hinblick auf die *sozialen Einflüsse* spielt weniger die Meinung anderer Ärzt*innen für die Akzeptanz des Portals eine Rolle, als mehr die der Praxismitarbeiter*innen. Allerdings kann dieser Einfluss in beide Richtungen gehen. So vermuten einige Befragte, dass die Praxismitarbeiter*innen dem Portal offen gegenüberstehen, während andere davon ausgehen, dass die Mitarbeiter*innen aufgrund des hohen Verwaltungsaufwandes die Nutzung kritisch betrachten. Der Verwaltungsaufwand für die Praxismitarbeitenden sollte daher so gering wie möglich gehalten werden, um die Akzeptanz des Zuweisungsportals zu steigern.

Im Kontext der *erleichternden Rahmenbedingungen* nannten fünf der befragten Ärzt*innen die Kompatibilität der Softwaresysteme. Darüber hinaus fordern fünf der vierzehn Befragten infolge der Aufwanderwartung eine leichte und anwendungsfreundliche Bedienbarkeit sowie eine datenschutzrechtliche Absicherung. Als förderliche Rahmenbedingung äußern die Interviewten zudem ihren Wunsch nach konkreten Regelungen, die die Zuweisenden von der Pflicht befreit, die digitalen Befunde ohne Aufforderung einsehen zu müssen:

„Okay, es muss ganz klar sein, dass ich nicht verpflichtet bin, mir die Sachen anzugu-
cken. Also, die Verantwortung für die Befunde trägt das Krankenhaus, nicht der, der
da rumstöbert oder so. Es darf nicht den Entlassungsbericht ersetzen, da sehe ich auch
so eine Gefahr. [...] Oder er [digitale Befund] kann auch meinetwegen erscheinen,
wenn ich klicke, aber dass der halt dann da ist und dass ich ihn mir nicht selber quasi
denken muss oder so, durch so ein Portal." (Dr. Max Klug).

Des Weiteren nennen zwei Ärzte als erleichternde Rahmenbedingung die Option,
über Endgeräte wie Tablets oder Smartphones auf das Portal zugreifen zu können:
*„Gut wäre eine Verfügbarkeit auf Endgeräten. Dass wenn ich zum Beispiel einen
Patienten zuhause besuche, der gerade entlassen worden ist, im Heim oder so, dass
ich auf dem iPhone nachgucken kann, was ist gelaufen."* (Dr. Max Klug).

6.5   Fazit

6.5.1   Diskussion der Ergebnisse für die strategische Klinikkommunikation

Niedergelassene Ärzt*innen überweisen ihre Patient*innen an Kliniken zur stationären Behandlung, wenn das Behandlungsziel ambulant nicht erreicht werden
kann. Stehen den Ärzt*innen mehrere Kliniken für eine Zuweisung zur Verfügung, können sie selbst auswählen, welche Klinik sie den Patient*innen
empfehlen. Ausschlaggebend sind dabei ein gutes Entlassungsmanagement, eine
einfache, persönliche und unbürokratische Kommunikation mit der Klinik sowie
der persönliche Draht zu den Klinikärzt*innen. Der persönliche Austausch gilt
außerdem neben dem Internet als die wichtigste Informationsquelle zur Informationsbeschaffung über Kliniken und ihre Versorgung. Zudem legen Ärzt*innen
viel Wert darauf, stärker in den Einweisungsprozess involviert zu werden.
Diese auf Basis der TPB ermittelten Überzeugungen zeigen das Spektrum des
Kommunikationsbedarfs bei Ärzt*innen auf.

Die Befunde zum Entlassungsmanagement decken sich mit den Erkenntnissen
von Hunger und Garzinsky (2006) sowie Adam et al. (2015), die herausgefunden
haben, dass Zuweisende einen kurzen, schnellen, vollständigen und verständlichen
Arztbrief bevorzugen, der Informationen zu Änderungen des Medikationsplans,
klinischen Begründungen und pharmazeutischen Hinweise enthält. Zudem ist es
für Zuweisende aus wirtschaftlichen Aspekten von Vorteil, wenn deren hausärztliches Budget nicht zusätzlich belastet wird. Dies steht im Einklang mit den Ergebnissen von Hesse und Schreyögg (2007), die zeigen, dass Ärzt*innen Kliniken
bevorzugen, in denen die Krankenhausärzt*innen die hausärztliche Medikation

fortführen und bei Medikation das hausärztliche Budget berücksichtigen. Darüber hinaus sollten Kliniken viel Wert auf die Patient*innenversorgung, bspw. durch geringere Wartezeiten in der Aufnahme und einen hohen Hygienestandard, legen, um eine langfristige Bindung zu ihren Zuweisenden zu etablieren.

Die normativen Einflüsse scheinen jedoch schwach zu sein, da niedergelassene Ärzt*innen neben den Patient*innen kaum normative Bezugspersonen nennen konnten, die wichtig für deren Zuweisungsverhalten wären. Dies steht im Einklang mit dem Befund von Barnett et al. (2012), dass 67 % der befragten Ärzt*innen die Erfahrung ihrer Patient*innen als den entscheidenden Grund für eine Zuweisung ansehen. Zu weiteren ausschlaggebenden Faktoren zählt die fachliche Kompetenz der Klinikärzt*innen (Barnett et al. 2012; Hesse und Schreyögg 2007). Des Weiteren können positive organisatorische Aspekte Zeit im Arbeitsalltag ersparen und eine Zuweisung begünstigen. Diese Aspekte umfassen einfache Anmeldungsformalitäten bei der Einweisung, ein gutes Terminmanagement, eine zuverlässige Berichterstattung bei der Entlassung sowie eine zufriedenstellende Prozess- und Kommunikationsqualität. Dabei können auch digitale Lösungen zum Einsatz kommen, um die Prozesse zu vereinfachen und zu beschleunigen.

Als relevanter Hintergrundfaktor für das Zuweisungsverhalten konnte im Rahmen der Informationsbeschaffung über Kliniken gezeigt werden, dass Ärzt*innen den persönlichen Kontakt bevorzugen, sei es durch Fortbildungsveranstaltungen oder durch Chefärzt*innenbesuche, die somit auch wichtige Elemente der Klinikkommunikation darstellen. Zudem legen Zuweisende vor allem Wert auf schnell zugängliche und aktuelle Informationen im Internet über das Versorgungsangebot der Kliniken, um z. B. schnell die passende Therapiemöglichkeit für ihre Patient*innen zu finden.

Des Weiteren konnten mithilfe der UTAUT Erwartungen und Bedenken bezüglich der Nutzung von Zuweisungsportalen eruiert werden. Insgesamt zeigten die Ärzt*innen eine positive Einstellung zum Zuweisungsportal, die sich vor allem durch die erwartete Arbeitserleichterung und Zeitersparnis erklären lässt. Gleichzeitig zeigen sich jedoch auch individuelle Hürden, die die Implementierung des Portals hindern könnten. Diese umfassen den Wechsel der Praxissoftware und datenschutzrechtliche Bedenken, welche auch bereits in anderen digitalen Gesundheitsanwendungen als zentrale Barrieren genannt wurden (Harst et al. 2019b).

Mehr Forschung ist allerdings notwendig, um ein umfassenderes Verständnis über das sektorenübergreifende Zuweisungsverhalten und zur Akzeptanz von Zuweisungsportalen von Ärzt*innen und dem Praxispersonal zu erlangen. Notwendig erscheint es daher im nächsten Schritt, diese Forschungsfragen in einer quantitativen Studie auf deren Stärkegrad und Repräsentativität zu überprüfen, um

die Anwendbarkeit der TPB sowie der UTAUT im Kontext der sektorenübergreifenden Zuweisung und als Bestandteil der strategischen Klinikkommunikation zu
überprüfen.

6.5.2 Praktische Implikationen für die strategische Klinikkommunikation

Auf der Basis dieser Befunde lassen sich erste Implikationen für die strategische
Klinikkommunikation ableiten. So sollten Kliniken versuchen, auf die (kommunikativen) Bedürfnisse der niedergelassenen Ärzt*innen einzugehen und diese in
den Einweisungs- und Behandlungsprozess der Patient*innen stärker zu invol-
vieren. Hierzu ist es hilfreich, den organisatorischen Aufwand einer Einweisung
für die Ärzt*innen gering zu halten, was u. a. durch vereinfachte Anmeldungs-
modalitäten oder ein effizienteres Terminmanagement gewährleistet werden kann.
Obwohl Krankenhäuser unter wirtschaftlichem Druck stehen, darf das Wohl der
Patient*innen in der Zusammenarbeit mit den Zuweisenden kein „zweitrangi-
ger Faktor" sein. Eine gute Versorgung der Patient*innen ist demnach die Basis
für jegliche Wirtschaftlichkeit eines Krankenhauses. Da Zuweisende persönliche Kontakte als Informationsquelle bevorzugen, sollte eine Klinik sich zudem
darum bemühen, durch verstärktes persönliches Auftreten oder Organisieren von
Veranstaltungen eine individuelle Beziehung zu den Arztpraxen aufzubauen.

Ferner sollten Kliniken ihre Homepages pflegen, um ihre Zuweisenden mit
nötigen Informationen schnell versorgen zu können. Dabei ist es von großer
Bedeutung, dass aktuelle Informationen über beispielsweise Therapien und Versorgungsangebote stets abrufbar sind. Darüber hinaus könnte ein Newsletter-
Verteiler etabliert werden, um die Zuweisenden über wichtige klinikbezogene
Ereignisse sowie Versorgungsangebote zu informieren. Empfehlenswert ist außerdem, die Interessensschwerpunkte zu identifizieren, um den Newsletter persona-
lisiert zu gestalten.

Auch hinsichtlich der Akzeptanz von Zuweisungsportalen lassen sich erste
Empfehlungen für die Praxis ableiten. Zur Steigerung der Akzeptanz von
Zuweisungsportalen gilt es Rahmenbedingungen zu schaffen, die deren Implementierung fördern. Zum einen dürfen keine finanziellen Nachteile entstehen.
Zum anderen muss sich die Bedienbarkeit der Portale anwenderfreundlich und
unkompliziert gestalten. Da die Ärzt*innen bereits ihre Bedenken teilten, ein
Zuweisungsportal könnte zu mehr Aufwand und Verantwortung im Arbeitsalltag
führen, wäre es für sie erleichternd, wenn z. B. ein System-Signal sie darüber
informieren würde, dass ein wichtiger Befund vorliegt. So kann überflüssiges

Suchen und Zugreifen auf weniger relevante Befunde vermieden werden. Außerdem sollten Anreize für die Anwendung geschaffen werden, indem beispielsweise die Vorteile eines Zuweisungsportals deutlich an die niedergelassenen Ärzt*innen (und Kliniken) vermittelt werden.

Literatur

Adam, H., Niebling, W.-B., & Schott, G. (2015). Die Informationen zur Arzneimitteltherapie im Arztbrief: Was erwarten Hausärzte? *Deutsche medizinische Wochenschrift, 140*(8). https://doi.org/10.1055/s-0041-101401

Ajzen, I. (1991). The theory of planned behavior. *Organizational Behavior and Human Decision Processes, 50*(2), 179–211. https://doi.org/10.1016/0749-5978(91)90020-T

Ajzen, I., & Fishbein, M. (2005). The influence of attitudes on behavior. In D. Albarracín, B. T. Johnson, & M. P. Zanna (Hrsg.), *The handbook of attitudes* (S. 173–221). Mahwah, NJ, US: Lawrence Erlbaum Associates Publishers.

Ami -Narh, J., & Williams, P. (2012). A revised UTAUT model to investigate e -health acceptance of health professionals in Africa. *Journal of Emerging Trends in Computing and Information Sciences, 3*(10). 1383–1391. https://ro.ecu.edu.au/ecuworks2012/800

Barnett, M. L., Keating, N. L., Christakis, N. A., O'Malley, A. J., & Landon, B. E. (2012). Reasons for choice of referral physician among primary care and specialist physicians. *Journal of General Internal Medicine, 27*(5), 506–512. https://doi.org/10.1007/s11606-011-1861-z

Bienert, A., Bienert, M. L., & Saßen, S. (2009). Zuweisermarketing von Kliniken: Ein Win-Win-Modell? *Zeitschrift für Allgemeinmedizin, 2009*(9), 364–368.

Braun, G., Burghardt, K., & Binder, A. (2014). Status Quo und Entwicklungsrichtungen des Einweisermanagements deutscher Kliniken – Ergebnisse einer empirischen Studie. *Gesundheitsökonomie & Qualitätsmanagement, 19*(4), 177–183. https://doi.org/10.1055/s-0033-1350225

Braun, G. E., & Nissen, J. (2005). Die Bedeutung der Einweiserzufriedenheit für Krankenhäuser und ihre erfolgreiche Messung. *Gesundheitsökonomie & Qualitätsmanagement, 10*(6), 376–384. https://doi.org/10.1055/s 2005 858465

Cohen, D. A., Levy, M., Cohen Castel, O., & Karkabi, K. (2013). The influence of a professional physician network on clinical decision making. *Patient Education and Counseling, 93*(3), 496–503. https://doi.org/10.1016/j.pec.2013.08.012

de Cruppé, W., & Geraedts, M. (2015). Krankenhauswahl in Deutschland – eine retrospektive, repräsentative Querschnittsstudie. *Gesundheitswesen, 77*(08/09), A342. https://doi.org/10.1055/s-0035-1563298

Dobrick, F. M., Hagen, L. M., Hoff, P., & Weidmüller, L. (2017). Wie Patienten und Ärzte ihren Einfluss auf die Auswahl von Reha-Kliniken sehen – Unterschiede zwischen Selbstbild und Fremdbild. In M. Grimm & C. Lampert (Hrsg.), *Gesundheitskommunikation als transdisziplinäres Forschungsfeld* (S. 225-236). Baden-Baden: Nomos.

Dockweiler, C. (2016): Akzeptanz der Telemedizin. In F. Fischer & A. Krämer (Hrsg.), *eHealth in Deutschland* (S. 257–271). Berlin: Springer.

Forrest, C. B., Nutting, P. A., von Schrader, S., Rohde, C., & Starfield, B. (2006). Primary care physician specialty referral decision making: Patient, physician, and health care system determinants. *Medical decision making: an international journal of the Society for Medical Decision Making, 26*(1), 76–85. https://doi.org/10.1177/0272989X05284110

Green, H., Johnston, O., Cabrini, S., Fornai, G., & Kendrick, T. (2008). General practitioner attitudes towards referral of eating-disordered patients: A vignette study based on the theory of planned behaviour. *Mental Health in Family Medicine, 5*(4), 213–218.

Harst, L., Lantzsch, H., & Scheibe, M. (2019a). Theories predicting end-user acceptance of telemedicine use: Systematic review. *Journal of Medicine Internet Research, 21*(5), e13117. https://doi.org/10.2196/13117

Harst, L., Timpel, P., Otto, L., Richter, P., Wollschlaeger, B., Winkler, K., & Schlieter, H. (2019b). Identifying barriers in telemedicine-supported integrated care research: Scoping reviews and qualitative content analysis. *Journal of Public Health, 22*(1), 583-594. https://doi.org/10.1007/s10389-019-01065-5

Hellmann, W. (2017). Kundenorientierung und Qualität im Krankenhaus – ein Paradigmenwechsel ist unverzichtbar! *Gesundheitsökonomie & Qualitätsmanagement, 22*(3), 144–149. https://doi.org/10.1055/s-0042-120475

Hesse, A., & Schreyögg, J. (2007). Determinanten eines erfolgreichen Einweisermarketings für Krankenhäuser – eine explorative Analyse. *Gesundheitsökonomie & Qualitätsmanagement, 12*(5), 310–314. https://doi.org/10.1055/s-2007-962846

Heuer, C. (2016). Teamarbeit für den Patienten. *kma – Klinik Management aktuell, 10*(3), 50–52. https://doi.org/10.1055/s-0036-1573213

Hoque, R., & Sorwar, G. (2017). Understanding factors influencing the adoption of mHealth by the elderly: An extension of the UTAUT model. *International Journal of Medical Informatics, 101*, 75–84. https://doi.org/10.1016/j.ijmedinf.2017.02.002

Hunger, H.-G., & Garzinsky, B. (2006). Patientenbefragung im Kreiskrankenhaus Greiz. In M. Albrecht & A. Töpfer (Hrsg.), *Erfolgreiches Changemanagement im Krankenhaus: 15-Punkte-Sofortprogramm für Kliniken* (S. 203-217). Heidelberg: Springer Medizin.

Ingólffson, G. Ö. (2017). *Icelandic primary care physician's intent to refer patients with mental health* concerns to phychologists. Ball State University.

Kam, L. Y. K., Knott, V. E., Wilson, C., & Chambers, S. K. (2012). Using the theory of planned behavior to understand health professionals' attitudes and intentions to refer cancer patients for psychosocial support. *Psycho-Oncology, 21*(3), 316–323. https://doi.org/10.1002/pon.1897

Kohnke, A., Cole, M. L., & Bush, R. (2014). Incorporating UTAUT predictors for understanding home care patients' and clinician's acceptance of healthcare telemedicine equipment. Journal of *Technology Management & Innovation, 9*(2), 29–41. https://doi.org/10.4067/S0718-27242014000200003

Lindlbauer, I. (2017). *Krankenhauseffizienz – Längsschnittanalysen aus verschiedenen Perspektiven.* WISTA Wirtschaft und Statistik. Wiesbaden: Statistisches Bundesamt. Online verfügbar unter https://d-nb.info/1192019644/34

Liu, L., Miguel Cruz, A., Rios Rincon, A., Buttar, V.;, Ranson, Q., & Goertzen, D. (2015). What factors determine therapists' acceptance of new technologies for rehabilitation – a study using the Unified Theory of Acceptance and Use of Technology (UTAUT). *Disability and Rehabilitation, 37*(5), 447–455. https://doi.org/10.3109/09638288.2014.923529

Mayer, A. G. (2005). Marktorientierung im Krankenhaus der Zukunft. Erfolgsfaktoren für *unternehmerisch geführte Kliniken*. Kulmbach: Baumann.

Mayring, P., & Fenzl, T. (2014). Qualitative Inhaltsanalyse. In N. Baur & J. Blasius (Hrsg.), *Handbuch Methoden der empirischen Sozialforschung* (S. 543-556). Wiesbaden: Springer VS.

Mohaghegh, B., Seyedin, H., Rashidian, A., Ravaghi, H., Khalesi, N., & Kazemeini, H. (2014). Psychological factors explaining the referral behavior of Iranian family physicians. *Iranian Red Crescent Medical Journal*, 16(4), e13395. https://doi.org/10.5812/ircmj.13395

O'Connell, C., Shafran, R., Camic, P. M., Bryon, M., & Christie, D. (2020). What factors influence healthcare professionals to refer children and families to paediatric psychology? *Clinical Child Psychology and Psychiatry*, 25(3), 550–564. https://doi.org/10.1177/135 9104519836701

Rossmann, C. (2011). Theory of Reasoned Action. Theory of Planned Behavior. Baden-Baden: Nomos.

Seel, R., & Rossmann, C. (2020). Akzeptanz und Adoption telemedizinischer Anwendungen in der ambulanten Versorgung: Eine qualitative Befragung von Fachärztinnen und -ärzten. In A. Kalch & A. Wagner (Hrsg.), *Gesundheitskommunikation und Digitalisierung. Zwischen Lifestyle, Prävention und Krankheitsversorgung* (S. 17–31). Baden-Baden: Nomos.

Sorsdahl, K., Stein, D. J., & Flisher, A. J. (2013). Predicting referral practices of tradi-tional healers of their patients with a mental illness: An application of the Theory of Planned Behaviour. *African Journal of Psychiatry*, 16(1). https://doi.org/10.4314/ajpsy.v16i1.6

Quaosar, G. M., Azmal A., Hoque, M. R., & Bao, Y. (2018). Investigating factors affecting elderly's intention to use m-health services: An empirical study. *Telemedicine journal and e-health: the official journal of the American Telemedicine Association*, 24(4), 309–314. https://doi.org/10.1089/tmj.2017.0111

Venkatesh, V., Morris, M. G., Davis, G. B., & Davis, F. D. (2003). User acceptance of information technology: Toward a unified view. *MIS quarterly*, 27(3), 425-478. https://doi.org/ 10.2307/30036540

Venkatesh, V., Thong, J. Y., & Xu, X. (2012). Consumer acceptance and use of information technology: Extending the unified theory of acceptance and use of technology. *MIS quarterly*, 36(1), 157-178. https://doi.org/10.2307/41410412

Tetyana Kotovnykova ist Master-Absolventin des Studiengangs Gesundheitskommunikation an der Universität Erfurt und Referentin im Gesundheitsmanagement bei Team Gesundheit GmbH.

Prof. Dr. Constanze Rossmann ist Inhaberin der Professur für Kommunikationswissenschaft mit dem Schwerpunkt Soziale Kommunikation am Seminar für Medien- und Kommunikationswissenschaft der Universität Erfurt.

Dr. Doreen Reifegerste ist Professorin für Gesundheitskommunikation an der Fakultät für Gesundheitswissenschaften der Universität Bielefeld.

Teil III
PR und Organisationskommunikation von Krankenversicherungen

Krankenversicherungen als Verantwortungsträger in der Berichterstattung über chronische Erkrankungen

Sophia Schaller und Annemarie Wiedicke

Zusammenfassung

Im Diskurs über chronische Erkrankungen wie Depressionen und Diabetes ist für die öffentliche Meinungsbildung die mediale Zuschreibung von Verantwortung, das sogenannte *Responsibility Framing,* von besonderer Relevanz. Diese Zuschreibung wird allerdings nicht nur von Journalist*innen, sondern auch von der strategischen Kommunikation gesellschaftlicher Akteur*innen beeinflusst. Aufgrund ihrer Schlüsselrolle im Gesundheitssystem besitzen Krankenkassen in besonderem Maße das Interesse, den Prozess der öffentlichen Meinungsbildung entsprechend ihrer vielfältigen Kommunikationsziele mitzugestalten. Deshalb untersucht der vorliegende Beitrag mittels einer quantitativen und qualitativen Inhaltsanalyse, inwiefern Krankenkassen in der Medienberichterstattung zu Depressionen und Diabetes als gesellschaftliche Verantwortungsträger dargestellt werden. Im Hinblick auf die unterschiedlichen Kommunikationsziele von Krankenkassen wird ihnen in der Berichterstattung zu Depressionen die Rolle der *Initiatoren* des Gesundheitssystems zugeschrieben, wohingegen Krankenkassen im Zusammenhang mit Diabetes als *Sündenbock* dargestellt werden und somit ein negatives Image besitzen. Die Präventionsrolle von Krankenkassen schlägt sich nur sehr selten in der Berichterstattung nieder.

S. Schaller (✉) · A. Wiedicke
Seminar für Medien- und Kommunikationswissenschaft, Universität Erfurt, Erfurt, Deutschland
E-Mail: sophia.schaller@uni-erfurt.de

A. Wiedicke
E-Mail: annemarie.wiedicke@uni-erfurt.de

© Springer Fachmedien Wiesbaden GmbH, ein Teil von Springer Nature 2021
D. Reifegerste (Hrsg.), *PR und Organisationskommunikation im Gesundheitswesen*, https://doi.org/10.1007/978-3-658-32884-9_7

Implikationen für die strategische Kommunikation von Krankenkassen werden abgeleitet.

Schlüsselwörter

Krankenkassenkommunikation • Strategische Kommunikation • Responsibility Framing • Verantwortungszuweisung • Frame Building • Öffentliche Meinungsbildung • Gesundheitsberichterstattung • Chronische Krankheiten • Depressionen • Diabetes

7.1 Einleitung

Chronische Erkrankungen wie Depressionen und Diabetes sind weltweit die Hauptursache für Mortalität (WHO 2018) und führen zunehmend zu einer Überlastung der Gesundheitssysteme (Scheidt-Nave und Icks 2019; Thom et al. 2017). Derzeit leben etwa 5,3 Mio. Menschen in Deutschland mit einer diagnostizierten Depression (Jacobi et al. 2014, 2016). Bei der ebenfalls weit verbreiteten Stoffwechselerkrankung Diabetes mellitus wird hauptsächlich zwischen Typ-1-Diabetes und Typ-2-Diabetes unterschieden. Ersterer tritt vorwiegend im Kindes- und Jugendalter auf, während Typ-2-Diabetes in der Regel erst im mittleren bis höheren Erwachsenenalter diagnostiziert wird (Jacobs und Rathmann 2017). Insgesamt leben in Deutschland derzeit mehr als 7 Mio. Diabetiker*innen, wovon ca. 6,9 Mio. Menschen von Typ-2-Diabetes betroffen sind (Jacobs und Rathmann 2019). Sowohl individuelle, bspw. genetische, als auch soziale Faktoren wie die ökonomische, politische und physische Umwelt der Betroffenen beeinflussen dabei das Auftreten sowie den Behandlungserfolg von Depressionen und Diabetes (Hapke et al. 2019; Moran et al. 2016; Scheidt-Nave und Icks 2019). Vor diesem Hintergrund stellt sich die Frage, wem seitens der öffentlichen Meinung die Verantwortung für diese Gesundheitsprobleme zugeschrieben wird; denn diese Verantwortungszuschreibungen beeinflussen sowohl gesundheitspolitische Entscheidungen als auch gesellschaftliche Veränderungsprozesse (Kim und Willis 2007; Happer und Philo 2013).

In Deutschland nimmt bei der Beantwortung dieser Frage insbesondere die Gesetzliche Krankenversicherung (GKV) eine Schlüsselrolle ein, da sie nach § 1 SGB V die gesamtgesellschaftliche Verantwortung dafür trägt, die bestmögliche medizinische Versorgung ihrer Versicherten zu ermöglichen. Dies äußert sich z. B. in Online-Selbsthilfeprogrammen für Menschen mit depressiven Symptomen (Ezernieks und Kühn 2018) oder im Zusammenhang mit Diabetes bspw.

im Disease Management Programm zu dieser Erkrankung (Jacobs und Rath-mann 2019). Aufgrund dieses gesetzlichen Auftrags agieren Krankenkassen ihrem Selbstverständnis nach neben ihrer Funktion als Kostenträger *(Payer)* außerdem als verantwortungs- und unternehmenspolitisch aktiver *Player* im Gesundheits-system (Boroch und Matusiewicz 2016), was sich auch in ihrer Kommunikation niederschlägt (Roski 2014). Über unterschiedliche Kommunikationswege richten sie sich so an Öffentlichkeit und Versicherte, um ihren zahlreichen Rollen und Funktionen Rechnung zu tragen (siehe dazu Ohser in diesem Band).

Inwiefern die Öffentlichkeit und Versicherte den Krankenkassen Verantwor-tung zuschreiben, wird allerdings auch stark von deren Darstellung in den Medien beeinflusst, da diese von zentraler Bedeutung für die Meinungsbildung und den öffentlichen Diskurs über Gesundheit ist (Kim et al. 2002). Der Prozess, in des-sen Rahmen Medien und/ oder andere Akteur*innen in ihrer Kommunikation zu einem spezifischen Thema 1) bestimmte Aspekte dieses Themas auslassen, während sie 2) andere Aspekte hervorheben und somit 3) eine bestimmte Inter-pretation nahelagen, wird allgemein als *Framing* bezeichnet (Entman 1993). *Responsibility Framing* im Besonderen benennt die Verantwortungszuweisung von (Krankheits-) Ursachen (Causal Responsibility) und Lösungen bzw. Lösungshin-dernissen (Treatment Responsibility) durch die Medienberichterstattung (Iyengar 1996; Semetko und Valkenburg 2000). Medien weisen so bspw. den Patient*innen selbst oder aber gesellschaftlichen Akteur*innen wie der GKV, die Verantwortung für das Verursachen bzw. das Lösen eines Gesundheitsproblems zu.

In diesen *Medienframes,* bzw. Strukturen der Berichterstattung, schlagen sich mitunter auch die Frames strategischer Akteur*innen nieder (Matthes 2014). Im Gesundheitskontext zählen dazu auch die von den Krankenkassen ausgehenden strategischen Verantwortungsframes, die sie durch ihre öffentliche Kommuni-kation setzen, um den Diskurs über Gesundheit und Krankheit entsprechend mitzugestalten. Über welche Sichtweisen allerdings berichtet wird, entscheiden letztlich Journalist*innen vor dem Hintergrund ihrer eigenen individuellen Deu-tungsmuster, den sogenannten journalistischen Frames (Scheufele und Engelmann 2016). Mit Blick auf die Rolle von Krankenkassen als Verantwortungsträger im deutschen Gesundheitssystem untersucht der vorliegende Beitrag daher, inwiefern den Krankenkassen in der Medienberichterstattung ursächliche bzw. Lösungs-verantwortung hinsichtlich der Gesundheitsthemen Depressionen und Diabetes zugeschrieben wird. Ziel ist es, dadurch Implikationen für die strategische Kommunikation von Krankenkassen abzuleiten.

Zunächst möchten wir einen Überblick über den kommunikationswissenschaft-lichen Framing-Ansatz liefern, wobei wir uns auf das sogenannte Responsibility

Framing fokussieren. Dabei wird außerdem die Relevanz der strategischen Krankenkassenkommunikation im Kontext medialer Verantwortungszuweisung erläutert (siehe Abschn. 7.2). Es folgt die Darstellung von Responsibility Frames in der Berichterstattung zu chronischen Erkrankungen (siehe Abschn. 7.3). Anschließend werden zur Beantwortung der Forschungsfragen (siehe Abschn. 7.4) das methodische Vorgehen (siehe Abschn. 7.5) sowie die Ergebnisse der durchgeführten Inhaltsanalysen vorgestellt (siehe Abschn. 7.6). Abschließend werden die Ergebnisse in Hinblick auf die strategische Kommunikation von Krankenkassen diskutiert (siehe Abschn. 7.7).

7.2 Krankenkassenkommunikation: Framing im Gesundheitskontext

7.2.1 Framing-Ansatz: Frame-Building und Frame-Setting, Responsibility Framing

Trotz der starken Fragmentierung des Framing-Konzepts (Scheufele 1999), wird *Framing* grundlegend als dynamischer Kommunikationsprozess des „selektiven Hervorhebens von Informationen und Positionen" (Matthes 2014, S. 19) verschiedener Akteur*innen betrachtet. Dieser Prozess schlägt sich hauptsächlich in journalistischen Beiträgen der Medienberichterstattung nieder (Borah 2011; Scheufele 2003). Die dadurch entstehenden Interpretationsrahmen – sogenannte *Frames* – werden als Ergebnis dieses aktiven Prozesses begriffen. Frames erleichtern mittels *Selektion* und *Salienz* die sinnvolle Einordnung bzw. Beurteilung von Ereignissen, Sachverhalten oder Akteur*innen (Matthes 2014; Scheufele und Engelmann 2016). Der Teil-Prozess, in dem strategische Kommunikator*innen wie Krankenkassen die journalistische Nachrichtenproduktion bzw. die *Medienframes* durch ihre eigenen Frames (z. B. abrufbar in Pressemitteilungen) entsprechend mitbestimmen, wird auch als *Frame-Building* bezeichnet (De Vreese 2005; Matthes 2014; Scheufele 1999). Durch Feedbackschleifen können allerdings die Sichtweisen der Rezipierenden allerdings ebenfalls die Konstruktion von Medienframes mitgestalten (Matthes 2014).

In einer der bekanntesten Framing-Definitionen (Matthes 2008) nennt Entman (1993) verschiedene Frame-Elemente, darunter spezifische Problemdefinitionen, moralische Bewertungen, aber auch Ursachen und Lösungsmöglichkeiten für Probleme. Im Kontext von Gesundheitsthemen ist dabei insbesondere Letzteres von zentraler Bedeutung, da mediale Verantwortungszuschreibung sowohl den Prozess der öffentlichen Meinungsbildung, als auch das persönliche (Gesundheits-)

Verhalten beeinflussen kann (Iyengar 1990; Kim und Willis 2007; Sun et al. 2016). Vor diesem Hintergrund sind die sogenannten *Responsibility Frames* in der Medienberichterstattung zu Gesundheitsthemen von großem Interesse für die kommunikationswissenschaftliche Forschung (Kim und Willis 2007; Stefanik-Sidener 2013; Zhang et al. 2016). Responsibility Frames heben den Aspekt der Verantwortung hervor, indem sie Individuen oder der Gesellschaft die Verantwortung für die Ursachen (causal responsibility) und Lösungen bzw. Lösungshindernisse (treatment responsibility) eines Gesundheitsproblems zuweisen (Iyengar 1996; Semetko und Valkenburg 2000). Die *Causal Responsibility* bezieht sich daher auf den Ursprung des Problems, während die *Treatment Responsibility* zuschreibt, wer oder was das Problem mildern kann bzw. dessen Lösung im Weg steht. Für Depressionen äußert sich die ursächliche Verantwortungszuweisung auf individueller Ebene bspw. durch die Betonung einer ungesunden Lebensweise als Ursprung der Erkrankung, während ein gesellschaftlicher Verantwortungsframe strukturelle Ursachen von Depressionen, wie soziale Ungleichheit oder eine hohe Arbeitslosenrate, hervorhebt. Individuelle Lösungszuschreibungen betonen z. B. Veränderungen des Gesundheitsverhaltens zur Behandlung von Depressionen, wohingegen Lösungszuschreibungen auf gesellschaftlicher Ebene die Bekämpfung sozialer Ungleichheit als Aufgabe der Politik anführen (Zhang et al. 2016).

Responsibility Frames werden in der Forschung häufig auch mit Iyengars (1990) konzeptioneller Unterscheidung zwischen thematischen und episodischen Frames in Verbindung gebracht (u. a. Gounder und Ameer 2018; Zhang et al. 2016), die Hinweise für formale Aspekte von Verantwortungsframes liefert (Scheufele und Engelmann 2016). Die Darstellung von Problemen erfolgt so bei *episodischen Frames* durch Fallbeispiele oder einzelne Ereignisse (Iyengar 1996; Scheufele und Engelmann 2016). *Thematische Frames* kontextualisieren Themen dahingegen abstrakter, indem sie z. B. durch Statistiken allgemeine gesellschaftliche Entwicklungen in den Vordergrund stellen (Iyengar 1996).

7.2.2 Krankenkassen als gesellschaftliche Akteure im Framing-Prozess

Als aktiver verantwortungs- und unternehmenspolitischer *Player* des Gesundheitssystems sowie des Framing-Prozesses stehen Krankenkassen in multireferentiellen Austauschbeziehungen zu ihren Versicherten, politischen Akteur*innen sowie den Leistungserbringern (z. B. Ärzt*innen) (Nagel 2009). Ihre massenmediale Strategie der öffentlichen Kommunikation ist daher von ihren zahlreichen Funktionen sowie den Schnittstellen zu anderen Akteur*innen und den zugrunde liegenden Wertehorizonten (Gesundheitsversorgung vs. Wettbewerb) geprägt (siehe dazu auch Ohser sowie Vieth in diesem Band).

Zur Kundenbindung und Mitgliederneugewinnung richten sie sich über die Massenmedien durch entsprechende Öffentlichkeitsarbeit (z. B. Pressemitteilungen oder Interviews) indirekt an die gesamte Bevölkerung, um ihren Bekanntheitsgrad zu steigern, Kassenleistungen und -angebote vorzustellen sowie insgesamt ein positives Image zu erlangen (Weber 2019). Dabei ist für die Kundenbindung und -neugewinnung vor allem die Selbstpositionierung im Wettbewerbskontext durch ein starkes Markenimage von zentraler Bedeutung: Einerseits dient diese der Profilierung von Krankenkassen; andererseits werden in diesem Zusammenhang zahlreiche Informationen verdichtet und den (zukünftigen) Versicherten somit eine Orientierung im komplexen Gesundheitsmarkt geboten (Boroch und Matusiewicz 2016; Weber 2019). So positionieren sich die unterschiedlichen gesetzlichen Krankenkassen z. B. als absichernder Gesundheitspartner (DAK), Gesundheitsmanager (Barmer) oder als persönlicher Gesundheitsunterstützer (AOK), um von sich zu überzeugen (Boroch und Matusiewicz 2016). Darüber hinaus nutzen Krankenkassen die öffentliche Kommunikation, um die Bevölkerung indirekt über Gesundheitsprobleme zu informieren und über Präventions- und Bewältigungsmöglichkeiten aufzuklären (Roski 2014). Hier hat sich gezeigt, dass Öffentlichkeitsarbeit die Markenkommunikation mit einem Präventionsziel kombiniert, besonders erfolgsversprechend sein kann (Reifegerste et al. 2014). Als aktiver verantwortungspolitischer Akteur des Gesundheitssystems versuchen Krankenkassen außerdem – vorwiegend durch Pressearbeit sowie den regelmäßigen Kontakt zu Journalist*innen – ihre Interessen gegenüber den Politiker*innen zu vertreten. Sie verfolgen somit das Ziel durch Positionierung und Differenzierung zu Gesundheitsthemen über die Massenmedien implizit die Gesundheitspolitik zu beeinflussen bzw. zu reformieren (Beck 2014; Roski 2014). Diese *Steuerungsfunktion* äußert sich insbesondere in strukturellen Forderungen zur Neu- und Umgestaltung der Gesundheitsversorgung (Beck 2014; Nagel 2009).

Neben der indirekten Kommunikation über die Massenmedien setzen Krankenkassen auch direkte Kommunikationsformen ein, um ihren unterschiedlichen Rollen und Kommunikationszielen Rechnung zu tragen (Roski 2014). Zur Kundenbindung dienen insbesondere telefonische und persönliche Beratung sowie das Management von Beschwerden, um das Vertrauen und die Zufriedenheit der Versicherten zu fördern (siehe dazu Link in diesem Band). Ein professionelles Beschwerdemanagement ist vor allem insofern von zentraler Bedeutung, als dass unzufriedene Kund*innen häufig mit einer Abwanderung zur Konkurrenz reagieren und z. B. durch negative Erfahrungsberichte im Internet dem Kassenimage und somit der Mitgliederneugewinnung schaden können (Krafft und Götz 2011; Scherenberg 2014). Zur kommunikativen Unterstützung der Prävention und Gesundheitsförderung stellen Krankenkassen neben den verschiedenen Formen der Beratung außerdem (Online-) Gesundheitsinformationen und Gesundheitsapps zur Verfügung (Roski 2014; Scherenberg 2014).

7.3   Responsibility Frames zu chronischen Erkrankungen

Aufgrund ihrer hohen gesellschaftlichen Relevanz wurden Responsibility Frames im Kontext chronischer Erkrankungen bereits verschiedentlich untersucht (u. a. Clarke und van Amerom 2008; Gollust und Lantz 2009; Gounder und Ameer 2018; Kim et al. 2017; Stefanik-Sidener 2013; Zhang et al. 2016). Obwohl chronische Erkrankungen häufig durch soziale Determinanten – wie bspw. die politische und ökonomische Umwelt – mitbestimmt werden (Moran et al. 2016), wurde in der Medienberichterstattung nachweislich die ursächliche bzw. Lösungsverantwortung vorwiegend dem Individuum zugeschrieben (Clarke und van Amerom 2008; Gollust und Lantz 2009; Gounder und Ameer 2018; Zhang et al. 2016).

Auch in der Berichterstattung zu Depressionen und Diabetes, die bisher fast ausschließlich im US-amerikanischen Kontext untersucht wurde, fanden sich hauptsächlich individuelle Verantwortungsframes (Gollust und Lantz 2009; Gounder und Ameer 2018; Zhang et al. 2016). So wurden im Kontext von Depressionen auf individueller Ebene demografische, persönlichkeitsbezogene sowie verhaltensbezogene Ursachen und Lösungen aufgeführt (Zhang et al. 2016). Diabetes wiederum wurde vorwiegend mit verhaltensbezogenen Ursachen wie einer ungesunden Ernährung, mangelnder Bewegung sowie damit einhergehendem Übergewicht in Verbindung gebracht (Gollust und Lantz 2009; Gounder und Ameer 2018; Stefanik-Sidener 2013). Als Lösung wurde vor allem eine Veränderung des Gesundheitsverhaltens hervorgehoben (Gollust und Lantz 2009; Gounder und Ameer 2018). In einzelnen Fällen wurde in der Medienberichterstattung auch gesellschaftliche Verantwortung adressiert, was sich bspw. durch die Betonung eines verbesserten Zugangs zu gesunder Nahrung als Lösung des Gesundheitsproblems Diabetes äußerte (Stefanik-Sidener 2013).

Krankenkassen als gesellschaftliche Verantwortungsträger wurden bislang in keiner der Studien untersucht. Dies könnte vor allem damit zusammenhängen, dass den Krankenkassen im US- amerikanischen Gesundheitssystem nur eine untergeordnete Rolle in der Gesundheitsversorgung und somit auch in der öffentlichen Meinungsbildung zukommt (Reifegerste et al. 2019). Aufgrund der hohen gesamtgesellschaftlichen Verantwortung von Krankenkassen innerhalb des deutschen Gesundheitssystems ist es hingegen für den deutschen Diskurs über Gesundheit von zentraler Bedeutung, zu beleuchten, ob und inwiefern Krankenkassen als gesellschaftliche Verantwortungsträger für Ursachen und Lösungen bzw. Lösungshindernisse in der Medienberichterstattung zu Depressionen und Diabetes dargestellt werden.

7.4 Forschungsfragen

Vor dem Hintergrund der Rolle von Krankenkassen als a) aktive gesellschaftliche Akteure innerhalb des deutschen Gesundheitssystems sowie b) handelnde Akteure innerhalb des Frame Building-Prozesses erscheint es notwendig, zu untersuchen, wie Krankenkassen in der medialen Berichterstattung in Deutschland dargestellt werden. Im Hinblick auf die Rolle der medialen Verantwortungszuschreibung für den Prozess der öffentlichen Meinungsbildung bzw. die Verantwortungsattribution durch die Rezipierenden fokussieren wir uns auf die mediale Darstellung der Krankenkassen als Verantwortungsträger.

Hierfür untersuchen wir zunächst, inwiefern die Gesellschaft als Einflussebene, der die Krankenkassen angehören, in der Medienberichterstattung zu Depressionen und Diabetes als verantwortlich adressiert wird. Unsere erste Forschungsfrage lautet daher:

▶ *FF1: In welchem Maße wird in der deutschen Medienberichterstattung zu Depressionen und Diabetes die Gesellschaft als Verantwortungsebene adressiert?*

a: Welche sind die bedeutendsten gesellschaftlichen Ursachen?

b: Welche sind die bedeutendsten gesellschaftlichen Lösungsvorschläge (-hindernisse)?

Vor dem Hintergrund der gesellschaftlichen Bedeutung der Krankenkassen innerhalb des deutschen Gesundheitssystems beleuchten wir des Weiteren, welche Relevanz ihnen in der medialen Berichterstattung zu Depressionen und Diabetes zukommt. Wir formulieren daher die folgende zweite Forschungsfrage:

▶ *FF2: In welchem Maße werden Krankenkassen in der Medienberichterstattung zu Depressionen und Diabetes als Akteure aufgeführt?*

Abschließend fragen wir, inwiefern Krankenkassen selbst als gesellschaftliche Verantwortungsträger in der Medienberichterstattung zu chronischen Erkrankungen wie Depressionen und Diabetes dargestellt werden und stellen die folgende dritte Forschungsfrage auf:

▶ *FF3: Inwiefern wird Krankenkassen die Verantwortung für das Verursachen und Lösen bzw. Nichtlösen in der Medienberichterstattung zu Depressionen und Diabetes zugeschrieben?*

7.5 Methode

7.5.1 Quantitative Inhaltsanalyse

Zur Beantwortung der ersten Forschungsfrage wurde eine quantitative Inhaltsanalyse der Depressions- und Diabetesberichterstattung (2012–2018) in den bedeutendsten deutschen Printmedien (Eilders 2002; MEEDIA 2019; Schröder 2020), d. h. der *Süddeutschen Zeitung, der taz – die Tageszeitung, der Frankfurter Allgemeinen, Der Welt*, dem *Spiegel* bzw. *Der Zeit*, sowie der jeweiligen Online-Plattform der einzelnen Medien durchgeführt. Die Stichprobenziehung erfolgte mittels verschiedener Pressedatenbanken (LexisNexis, SZ Archiv, FAZ Archiv). In die Stichprobe aufgenommen wurden alle Artikel, deren Volltexte die Stichworte *depress* bzw. *diabet* beinhalteten und die einen eindeutigen Bezug zu Depression bzw. Diabetes aufwiesen (Zhang und Jin 2015). Daraus ergab sich eine Gesamtstichprobe von $N = 645$ Artikeln, mit $n = 426$ Artikeln zu Depressionen sowie $n = 219$ Beiträgen zu Diabetes.

Auf Basis der bisherigen Forschung (Zhang und Jin 2015; Zhang et al. 2016; Stefanik-Sidener 2013; Kim und Willis 2007) bzw. einer der Codierung vorausgehenden ausführlichen Betrachtung der Berichterstattung, wurden für die Erfassung der *Responsibility Frames auf gesellschaftlicher Ebene* (FF1) folgende Variablen entwickelt: die *Verantwortungszuschreibung für Ursachen auf gesellschaftlicher Ebene* (Causal Responsibility), darunter allgemeine gesellschaftliche Entwicklungen, Soziodemographie, Arbeitsbedingungen bzw. Leistungsgesellschaft und die Industrie sowie die *Verantwortungszuschreibungen für Lösungen bzw. Lösungshindernisse auf gesellschaftlicher Ebene* (Treatment Responsibility), darunter die Entstigmatisierung bzw. Stigmatisierung der Erkrankung, der Anstieg des Wissens über die Erkrankung bzw. fehlendes Wissen, Zugang bzw. fehlender Zugang zu medizinischer Versorgung, die Regulierung der Industrie sowie institutionelle

Maßnahmen. Codiert wurde auf Beitragsebene für jeden Frame, ob dieser auftrat (1) oder nicht (0), wobei mehrere Frames in einem Beitrag auftreten können. Um zu untersuchen, welche Relevanz explizit den Krankenkassen in der Berichterstattung zu Depressionen und Diabetes zukommt, wurde außerdem das Auftreten der *Krankenkassen als Akteure* dichotom codiert (FF2). Die Reliabilität nach Krippendorff's Alpha ergab für die verschiedenen Variablen im Durchschnitt $r_\alpha =$ 0,79.

7.5.2 Qualitative Inhaltsanalyse

Um zu explorieren, inwiefern Krankenkassen in der Berichterstattung als Verantwortungsträger der beiden Erkrankungen dargestellt werden (FF3), wurde zusätzlich eine qualitative Inhaltsanalyse nach Mayring (2015) durchgeführt. Die Auswertungseinheit ergab sich aus allen Artikeln zu Depressionen und Diabetes, in denen Krankenkassen entsprechend der Zugriffskriterien als gesellschaftliche Verantwortungsträger mit direktem Bezug zu einer der beiden Erkrankungen auftraten. Zur Gewährleistung intersubjektiver Nachvollziehbarkeit erfolgte das methodische Vorgehen regelgeleitet nach dem Ablaufmodell zur qualitativen Inhaltsanalyse nach Mayring (2015) sowie systematisch durch vorher festgelegte Codiereinheiten, die einen thematischen Bezug zu Krankenkassen aufweisen mussten. Das Textmaterial wurde dann in Hinblick auf das Forschungsinteresse mithilfe des Programms MAX-QDA schrittweise zusammengefasst und strukturiert, um dadurch die mediale Verantwortungszuweisung an Krankenkassen auf einem einheitlichen Abstraktionsniveau zu erfassen. Dazu wurden zunächst nach den Regeln des Zusammenfassens induktiv Kategorien (Ober- und Unterkategorien) gebildet, aus denen sich neben den inhaltlichen Aspekten der Verantwortungszuweisung auch formale Merkmale der medialen Darstellung von Krankenkassen ergaben (Iyengar 1990). Im nächsten Schritt wurden zur weiteren Strukturierung Typen medialer Verantwortungszuweisung gebildet, die sich aus dem häufigen gemeinsamen Auftreten relevanter Merkmale der Verantwortungszuweisung sowie den formalen Aspekten der medialen Darstellung von Krankenkassen im Kontext der Themen Depressionen und Diabetes ergaben (Kelle und Kluge 2010; Mayring 2015).

7.6 Ergebnisse

7.6.1 Quantitative Ergebnisse: Gesellschaftliche Verantwortungszuweisung (FF1, FF2)

Die Ergebnisse heben die Bedeutung der Gesellschaft als verantwortliche Ebene im Kontext der deutschen Print- und Onlineberichterstattung für Depressionen und Diabetes hervor; insbesondere aber hinsichtlich der Lösungsverantwortung: In 21,2 % aller Beiträge ($n = 137$) wird der Gesellschaft und damit Akteur*innen auf dieser Einflussebene wie der GKV ursächliche Verantwortung für Depressionen bzw. Diabetes zugewiesen, während 64,4 % aller Beiträge ($n = 415$) Lösungen bzw. Lösungshindernisse auf gesellschaftlicher Ebene adressieren (FF1). Zu den am häufigsten genannten Ursachen für Depressionen bzw. Diabetes auf gesellschaftlicher Ebene (FF1.a) zählen dabei *Arbeitsbedingungen bzw. Leistungsgesellschaft* (10,7 %, $n = 69$) sowie *allgemeine gesellschaftliche Entwicklungen* (9 %, $n = 58$). Bei den am häufigsten adressierten Lösungen bzw. Lösungshindernisse in der Medienberichterstattung (FF1.b) handelt es sich zum einen um den *Anstieg des Wissens über die Erkrankung* (19,2 %, $n = 124$) und deren *Entstigmatisierung* (14,1 %, $n = 91$) bzw. zum anderen um *fehlendes Wissen* (22,6 %, $n = 146$) sowie *Stigmatisierung* (19,1 %, $n = 123$) der Krankheit.

In insgesamt $n = 109$ Artikeln, d. h. 16,9 % Prozent der Gesamtstichprobe, traten die Krankenkassen als Akteure auf (FF2). Dies weist auf eine hohe Relevanz der Krankenkassen als Akteure in der medialen Berichterstattung zu Depressionen und Diabetes hin.

Welche Rolle Krankenkassen als Verantwortung tragende Akteure in der medialen Berichterstattung zu Depressionen und Diabetes einnehmen, zeigen im Folgenden die Ergebnisse der qualitativen Inhaltsanalyse.

7.6.2 Qualitative Ergebnisse: Verantwortungszuweisung an Krankenkassen (FF2)

Von den $n = 109$ Beiträgen, die Krankenkassen in der Gesamtstichprobe thematisierten, wurden Krankenkassen in $n = 102$ Artikeln, mit $n = 68$ Beiträgen zu Depressionen und $n = 34$ Beiträgen zu Diabetes als gesellschaftliche Verantwortungsträger mit direktem Bezug zu der jeweiligen Erkrankung aufgeführt.

Die Berichterstattung zu Krankenkassen war vor dem Hintergrund Iyengars (1990) Unterscheidung zwischen thematischen und episodischen Frames auf formaler Ebene stark von Zahlen und Statistiken geprägt (z. B. Erkrankungszahlen,

Fehltage, Ausgaben), wohingegen Fallbeispiele deutlich seltener eingesetzt wurden. Außerdem wurden sowohl persönliche als auch ökonomische Konsequenzen (z. B. hohe Kosten für das Gesundheitssystem) im Kontext der medialen Berichterstattung zu Krankenkassen thematisiert, wobei ökonomische Aspekte deutlich im Vordergrund standen. Im Hinblick auf Krankenkassen als gesellschaftliche Akteure zeigte die qualitative Analyse außerdem, dass sich Krankenkassen in der formalen Darstellung hinsichtlich ihres *Aktivitätsgrads* (aktiv vs. passiv) sowie ihrer *Expertenfunktion* unterschieden. So traten Krankenkassen gleichermaßen als aktive, eigenständig handelnde Akteure sowie als passive Akteure auf. Dabei wurden Krankenkassen oder Vertreter*innen nur selten als Expert*innen in Zusammenhang mit Depressionen bzw. Diabetes aufgeführt.

Hinsichtlich der medialen Verantwortungszuschreibung an Krankenkassen ergab die qualitative Inhaltsanalyse, dass Krankenkassen weder für Depressionen noch für Diabetes als Verursacher der Erkrankungen dargestellt wurden (Causal Responsibility). Vielmehr wurde ihnen sowohl die Rolle des *Lösungsförderers* als auch die des *Lösungsverhinderers* zugewiesen (Treatment Responsibility). Hinsichtlich ihrer Rolle als *Lösungsförderer* wurden drei verschiedene Formen der Unterstützung in der Medienberichterstattung thematisiert. Dabei traten sie vorwiegend als *Impulsgeber* auf, indem Studienergebnisse von Krankenkassen vorgestellt oder Vertreter*innen als Expert*innen zitiert wurden, die auf Problemstände im Kontext von Depressionen und Diabetes hinwiesen und/ oder Implikationen für Ursachen und Lösungen lieferten. So zeigten sich die Impulse von Krankenkassen zum einen anhand veröffentlichter Studienergebnisse in Form von Statistiken, die auf steigende Erkrankungszahlen sowie auf damit einhergehende ökonomische Konsequenzen (v. a. Ausfalltage aufgrund der Erkrankung) hinwiesen und somit die gesellschaftliche Relevanz der Erkrankungen aufzeigten:

> „Statistisch gesehen war jeder erwerbstätige Deutsche im Jahr 2013 einen Tag aufgrund von Depressionen krankgeschrieben. Gegenüber dem Jahr 2000 sind die Fehlzeiten darüber hinaus um fast 70 % gestiegen. Das geht aus dem „Depressionsatlas" der Techniker-Krankenkasse hervor, der am Mittwoch in Berlin vorgestellt wurde." (Mütze 2015, S. 8)

Zum anderen unterstrichen die von den Krankenkassen ausgehenden Impulse Verantwortungszuschreibungen, die insbesondere strukturelle Ursachen und Lösungen bzw. Forderungen (v. a. Arbeitsbedingungen) in den Mittelpunkt stellten:

> „Als Ursachen verwies Baas [Vorstandsvorsitzender der Techniker Krankenkasse] unter anderem auf die veränderten Arbeitsbedingungen. Die Grenzen zwischen Arbeit

und Freizeit verschwömmen immer mehr. Er regte an, das betriebliche Gesundheitsmanagement, die individuelle Fürsorge und die medizinische Versorgung zu verbessern." (FAZ 2015)

Neben dieser Rolle als *Impulsgeber* wurden *gesundheitsfördernde Maßnahmen* von Krankenkassen zur besseren Versorgung Betroffener als weitere Form der Unterstützung thematisiert (z. B. Onlineangebote von Krankenkassen). Die Betonung der *Präventionsrolle* von Krankenkassen war dabei nur sehr selten in der Berichterstattung vorzufinden. In den wenigsten Fällen wurden Krankenkassen als *Kostenträger* dargestellt, was sich dadurch auszeichnete, dass die Medien darüber berichteten, dass Krankenkassen die Kosten für eine medizinische Leistung im Zusammenhang mit Depressionen oder Diabetes übernehmen. Vielmehr traten Krankenkassen als *Kostenverweigerer* und somit als *Lösungsverhinderer* auf, die die Kostenübernahme für eine Leistung ablehnen und somit der angemessenen Behandlung und Betreuung von Patient*innen im Weg stehen.

„Früher hat Birgit Scheele [Diabetespatientin] sich rund um die Uhr um ihren diabeteskranken Sohn gekümmert, musste jede Nacht mehrmals aufstehen. Dann kam der Collie-Mischling Ben. Aber die Krankenkassen übernehmen die Kosten für solche Assistenzhunde nicht." (Grüling 2014, S. 50)

In einzelnen Fällen wird den Krankenkassen darüber hinaus zugeschrieben, für eine *unzureichende medizinische Versorgung* von Betroffenen verantwortlich zu sein. Auch die *fehlerhafte Gesundheitsaufklärung* im Kontext von Depressionen und Diabetes wurde in der Medienberichterstattung zwar thematisiert, war aber vergleichsweise nur von geringer Relevanz.

Zwischen der Berichterstattung zu Depressionen und Diabetes zeigten sich deutliche Unterschiede in der Verantwortungszuweisung sowie den formalen Aspekten. So wurden Krankenkassen in der Berichterstattung zu Diabetes als *Sündenbock* dargestellt, wohingegen sie im Kontext von Depressionen eher als *Initiatoren* auftraten (Tab. 7.1). Als *Sündenbock* wurde Krankenkassen die Verantwortung dafür zugeschrieben, aufgrund von Kostenverweigerung einer angemessenen Diabetestherapie im Weg zu stehen. Dazu wurden häufig Fallbeispiele von Patient*innen in der medialen Darstellung eingesetzt. Krankenkassen traten zudem zumeist als passive Akteure auf und ihnen wurde keine Expertenfunktion zugeschrieben, was insgesamt zu einem negativen Bild von Krankenkassen im Kontext von Diabetes beitrug.

Als *Initiatoren* lieferten Krankenkassen öffentliche Impulse, indem sie hohe Erkrankungszahlen, ökonomische Konsequenzen und strukturelle Ursachen von Depressionen problematisierten und davon ausgehend strukturelle Veränderungen

Tab. 7.1 Typenbildung medialer Verantwortungszuweisung an Krankenkassen

	Diabetes: Krankenkassen als „Sündenbock"	Depressionen: Krankenkassen als „Initiatoren"
Treatment Responsibility	Kostenverweigerer	Impulsgeber
Formale Frames	Fallbeispiele	Statistiken
Expertenfunktion	Keine Expertenrolle	Expertenrolle
Aktivitätsgrad	Passiv	Aktiv
Bewertung	Negativ	Positiv

Anmerkung: Typenbildung erfolgte anhand der relevanten Merkmale aus dem Kategoriensystem.

forderten. Diese Impulse basierten häufig auf deskriptiven Studienergebnissen (Zahlen und Statistiken) und Aussagen von Expert*innen und waren mit einer aktiven Darstellung der Krankenkassen verknüpft, was insgesamt zu einem eher positiven Bild von Krankenkassen im Zusammenhang mit Depressionen führte.

7.7   Diskussion

Krankenkassen tragen durch ihre gesetzliche Verpflichtung zur Leistungserbringung eine große gesamtgesellschaftliche Verantwortung für den Umgang mit chronischen Erkrankungen. Aufgrund der damit einhergehenden unterschiedlichen Funktionen und Rollen von Krankenkassen, ist ihre öffentliche Kommunikation zu den Themen Depressionen und Diabetes von verschiedenen Kommunikationszielen geprägt Dementsprechend suchen sie nach Möglichkeiten die Frames in der Berichterstattung und auf diesem Wege die öffentliche Meinung mit zu beeinflussen.

Hinsichtlich der Medienberichterstattung zu Depressionen und Diabetes finden sich entgegen der bisherigen Forschung (Gollust und Lantz 2009; Gounder und Ameer 2018; Zhang et al. 2016) eine Vielzahl gesellschaftlicher Verantwortungszuschreibungen für beide Erkrankungen. Eine Erklärung hierfür wäre möglicherweise, dass das deutsche Gesundheitssystem gesellschaftlichen Akteur*innen mehr Verantwortung zuweist, als dies in anderen Ländern wie den USA der Fall ist (Reifegerste et al. 2019). Entsprechend kam Krankenkassen eine hohe Relevanz in der deutschen Berichterstattung zu. Ein genauerer Blick auf die Rolle der Krankenkassen als zentrale gesellschaftliche Verantwortungsträger zeigt, dass es ihnen im Kontext der Berichterstattung zum Thema Diabetes bislang allerdings nicht gelang, ihre Funktion als Player des Gesundheitssystems zu demonstrieren. Vielmehr werden Krankenkassen hier als *Sündenbock* dargestellt, der aufgrund von Kostenverweigerung seiner alleinigen Rolle des *Payer* nicht gerecht wird und somit beschuldigt wird, eine angemessene Behandlung von Diabetes zu verhindern. Dieses negative Image von Krankenkassen hinsichtlich der Erkrankung Diabetes weist vor dem Hintergrund der prozesshaften Konstruktion von Medienframes darauf hin, dass Diabetiker*innen die Verantwortungsframes z. B. durch negative Erfahrungsberichte mit beeinflusst haben könnten (Matthes 2014). Mit Blick auf die strategische Kommunikation von Krankenkassen verdeutlicht dieser Befund, dass Krankenkassen neben ihrer öffentlichen Kommunikation, die Bedeutung der Kundenkommunikation und insbesondere den professionellen Umgang mit Beschwerden für ihr öffentliches Image nicht unterschätzen sollten (Krafft und Götz 2011; Scherenberg 2014).

Im Gegensatz dazu erscheinen Krankenkassen in der Berichterstattung zu Depressionen als aktive und verantwortungspolitische *Player* des Gesundheitssystems, die als *Initiatoren* öffentliche Impulse setzen, um so durch veröffentlichte Studienergebnisse und strukturelle Verantwortungszuweisungen die Gesundheitspolitik zu reformieren. So stellt das Image von Krankenkassen als *Initiatoren* struktureller Veränderungen im Umgang mit dem Gesundheitsproblem Depressionen ein positives Beispiel von Krankenkassenkommunikation dar. Indem Krankenkassen durch ihre Impulse öffentlich für die Gesundheit ihrer Versicherten eintreten, nehmen sie zum einen ihre Steuerungsfunktion in der Gesundheitspolitik wahr und können sich zum anderen dadurch gegenüber ihren (zukünftigen) Versicherten positiv positionieren sowie Vertrauen und Zufriedenheit fördern.

Die Tatsache, dass nur zwei Typen medialer Verantwortungszuweisung identifiziert wurden, weist allerdings darauf hin, dass sich die Krankenkassen zukünftig noch deutlicher positionieren sollten, um neben der Profilierung im Wettbewerb, vor allem auch eine Orientierung im komplexen Gesundheitsmarkt zu ermöglichen (Boroch und Matusiewicz 2016). Da Massenmedien in besonderem Maße die Einstellungen und das Verhalten beeinflussen können (Kim et al. 2002), sollten Krankenkassen zudem ihre Präventionsrolle (Scherenberg 2014) in der öffentlichen Kommunikation nicht vernachlässigen.

Die gewonnen Erkenntnisse müssen jedoch vor dem Hintergrund verschiedener Limitationen diskutiert werden. Zum einen wurden die Responsibility Frames der deutschen Medienberichterstattung mittels ausgewählter Print- und Onlinemedien untersucht, was die Repräsentativität der Ergebnisse einschränkt. Eine größere Stichprobe, die z. B. auch Artikel regionaler Tageszeitungen beinhaltet, könnte daher ein noch umfassenderes Bild der medialen Verantwortungszuweisung an Krankenkassen liefern. Zum anderen wurde die öffentliche Kommunikation von

Krankenkassen ausschließlich anhand der Verantwortungszuweisungen in der Medienberichterstattung im Vergleich zu den theoretischen Zielsetzungen der Krankenkassenkommunikation bewertet. Um zukünftig noch besser zu ergründen, inwiefern sich die Kommunikation von Krankenkassen in den Medienframes niederschlägt, wäre eine quantitative Input–Output-Analyse sinnvoll, die die Öffentlichkeitsarbeit der Krankenkassen direkt mit der Medienberichterstattung vergleicht. Im Hinblick auf die zahlreichen Schnittstellen, die Krankenkassen zu anderen Akteur*innen aufweisen, sowie die dynamischen Framing-Prozesse, sollte für ein ganzheitliches Verständnis der massenmedialen Darstellung von Krankenkassen außerdem auch deren strategische Kommunikation zu anderen öffentlichen Multiplikator*innen (z. B. Ärzt*innen und Politiker*innen) und ihren Versicherten untersucht werden. Die vorliegende Untersuchung liefert dafür erste empirische Erkenntnisse zu der massenmedialen Darstellung von Krankenkassen als gesellschaftliche Verantwortungsträger sowie Implikationen zur strategischen Krankenkassenkommunikation, an die in Zukunft angeknüpft werden kann.

Literatur

Beck, S. (2014). *Lobbyismus im Gesundheitswesen*. Baden-Baden: Nomos.
Borah, P. (2011). Conceptual issues in framing theory: A systematic examination of a decade's literature. *Journal of Communication, 61*(2), 246–263. https://doi.org10.1111/j.1460-2466.2011.01539.x
Boroch, W., & Matusiewicz, D. (2016). Vierfelder-Matrix der Markenpositionierung von gesetzlichen Krankenkassen. *Zeitschrift für die gesamte Versicherungswissenschaft, 105*(2), 131–147. https://doi.org/10.1007/s12297-016-0337-y
Clarke, J., & van Amerom, G. (2008). Mass print media depictions of cancer and heart disease: Community versus individualistic perspectives? *Health & Social Care in the Community, 16*(1), 96–103. https://doi.org/10.1111/j.1365-2524.2007.00731.x
De Vreese, C. H. (2005): News framing: Theory and typology. *Information Design Journal, 13*(1), 51–62.
Eilders, C. (2002). Conflict and consonance in media opinion. *European Journal of Communication, 17*(1), 25–63. https://doi.org/10.1177/0267323102017001606
Entman, R. M. (1993). Framing: Toward clarification of a fractured paradigm. *Journal of Communication, 43*(4), 51–58. https://doi.org/10.1111/j.1460-2466.1993.tb01304.x
Ezernieks, J., & Kühn, S. (2018). Online-Psychotherapieprogramme als neue Therapieoption in der Depression am Beispiel von deprexis®24. In M. A. Pfannstiel, R. Jaeckel, & P. Da-Cruz (Hrsg.), *Innovative Gesundheitsversorgung und Market Access* (S. 307–320). Wiesbaden: Springer Fachmedien.https://doi.org/10.1007/978-3-658-15987-0_16
Frankfurter Allgemeine Zeitung (FAZ) (21. August 2015). *Hamburger bleiben auf häufigsten mit Depressionen zu Hause*. Abgerufen von adlr.link

Gollust, S. E., & Lantz, P. M. (2009). Communicating population health: Print news media coverage of type 2 diabetes. *SOCIAL SCIENCE & MEDICINE, 69*(7), 1091–1098. https:// doi.org/10.1016/j.socscimed.2009.07.009

Gounder, F., & Ameer, R. (2018). Defining diabetes and assigning responsibility: How print media frame diabetes in New Zealand. *JOURNAL OF APPLIED COMMUNICATION RESEARCH, 46*(1), 93–112. https://doi.org/10.1080/00909882.2017.1409907

Grüling, B. (30. August 2014). Rückversicherung auf vier Beinen. *taz*, S. 50. Abgerufen von LexisNexis

Hapke, U., Cohrdes, C., & Nübel, J. (2019). Depressive Symptomatik im europäischen Vergleich – Ergebnisse des European Health Interview Survey (EHIS). *Journal of Health Monitoring, 4*(4), 62–70. https://doi.org/10.25646/6221

Happer, C., & Philo, G. (2013): The role of the media in the construction of public belief and social change. *J. Soc. Polit. Psych., 1*(1), 321–336. https://doi.org/10.5964/jspp.v1i1.96. -> Namen des Journals wie bei anderen Journals ausschreiben

Iyengar, S. (1990). Framing responsibility for political issues: The case of poverty. *Political Behavior, 12*(1), 19–40.

Iyengar, S. (1996). Framing responsibility for political issues. *The ANNALS of the American Academy of Political and Social Science, 546*(1), 59–70. https://doi.org/10.1177/000271 6296546001006

Jacobi, F., Höfler, M., Strehle, J., Mack, S., Gerschler, A., Scholl, L., ...Wittchen, H.-U. (2014). Psychische Störungen in der Allgemeinbevölkerung: Studie zur Gesundheit Erwachsener in Deutschland und ihr Zusatzmodul Psychische Gesundheit (DEGS1-MH). *Der Nervenarzt, 85*(1), 77–87. https://doi.org/10.1007/s00115-013-3961-y

Jacobi, F., Höfler, M., Strehle, J., Mack, S., Gerschler, A., Scholl, L., ...Wittchen, H.-U. (2016). Erratum zu: Psychische Störungen in der Allgemeinbevölkerung. Studie zur Gesundheit Erwachsener in Deutschland und ihr Zusatzmodul „Psychische Gesundheit" (DEGS1-MH). *Der Nervenarzt, 87*(1), 88–90. https://doi.org/10.1007/s00115-015-4458-7

Jacobs, E., & Rathmann, W. (2017). Epidemiologie des Diabetes. *Diabetologie, 12,* 437–446.

Jacobs, E., & Rathmann, W. (2019). Epidemiologie des Diabetes in Deutschland. In Deutsche Diabetes Gesellschaft & Deutsche Diabetes-Hilfe (Hrsg.), *Deutscher Gesundheitsbericht Diabetes 2020. Die Bestandsaufnahme* (S. 9–16). Mainz: Verlag Kirchheim + Co GmbH.

Kelle, U., & Kluge, S. (2010). *Vom Einzelfall zum Typus: Fallvergleich und Fallkonstatierung in der qualitativen Sozialforschung* (2., überarbeitete Auflage). Wiesbaden: VS Verlag für Sozialwissenschaften.

Kim, S.-H., Scheufele, D. A., & Shanahan, J. (2002). Think about it this way: Attribute Agenda-Setting function of the press and the public's evaluation of a local issue. *Journalism & Mass Communication Quarterly, 79*(1), 7–25. https://doi.org/10.1177/107769900 207900102

Kim, S.-H., & Willis, A. L. (2007). Talking about obesity: News framing of who is responsible for causing and fixing the problem. *Journal of Health Communication, 12*(4), 359–376. https://doi.org/10.1080/10810730701326051

Kim, Y.-C., Shim, M., Kim, J. H., & Park, K. (2017). Factors affecting the "locus of responsibility" in cancer news: Focusing on the role of health journalists' medical expertise in south korea. *JOURNALISM & MASS COMMUNICATION QUARTERLY, 94*(2), 465–485. https://doi.org/10.1177/1077699017700361

Krafft, M., & Götz, O. (2011). Der Zusammenhang zwischen Kundennähe, Kundenzufrie-
denheit und Kundenbindung sowie deren Erfolgswirkungen. In H. Hippner, B. Hubrich
& K. Wilde (Hrsg.), *Grundlagen des CRM* (S. 213–246). Wiesbaden: Springer.

Matthes, J. (2008). Medien-Frames inhaltsanalytisch (be)greifen. Eine Analyse von 135 nationalen und internationalen Fachzeitschriftenaufsätzen, 1990–2005. In J. Matthes (Hrsg.),
*Die Brücke zwischen Theorie und Empirie. Operationalisierung, Messung und Validierung
in der Kommunikationswissenschaft* (S. 157 – 177). Köln: Herbert von Halem Verlag.

Matthes, J. (2014). *Framing* (1. Aufl.). Baden-Baden: Nomos.

Mayring, P. (2015). *Qualitative Inhaltsanalyse: Grundlagen und Techniken* (12., überarbeitete
Aufl.) Weinheim: Beltz.

MEEDIA (17. Oktober 2019). *IVW-Auflagen für das 3. Quartal 2019: das sind die 50 meist
verkauften Publikumszeitschriften.* https://meedia.de/2019/10/17/ivw-auflagen-fuer-das-
3-quartal-2019-das-sind-die-50-meist-verkauften-publikumszeitschriften/.

Moran, M. B., Frank, L. B., Zhao, N., Gonzalez, C., Thainiyom, P., Murphy, S. T., & Sandra
J. B.- R. (2016). An argument for ecological research and intervention in health communication. *J Health Commun, 21*(2), 135–138. https://doi.org/10.1080/10810730.2015.112
8021 -> Namen des Journals ausschreiben

Mütze, J. (29. Januar 2015). Deutschlandweites Tief. *Süddeutsche Zeitung*, S. 8. Abgerufen
von adlr.link -> untere Zeile einrücken wie bei anderen auch

Nagel, A. (2009). *Politische Entrepreneure als Reformmotor im Gesundheitswesen?* Wiesbaden: GWV Fachverlage GmbH.

Reifegerste, D., Oelschlägel, F., & Schumacher, M.-B. (2014). „Copy Factories" im Gesund-
heitsjournalismus? Medienresonanzanalyse einer Krankenkasse. In V. Lilienthal, D.
Reineck, & T. Schnedler (Hrsg.), *Qualität im Gesundheitsjournalismus* (S. 159–172).
Wiesbaden: Springer Fachmedien. https://doi.org/10.1007/978-3-658-02427-7_9

Reifegerste, D., Schiller, S., & Leu, J. (2019). Krankenkassenkommunikation. In C. Rossmann
& M. R. Hastall (Hrsg.), *Handbuch der Gesundheitskommunikation: Kommunikationswissenschaftliche Perspektiven* (S. 121–132). Wiesbaden: Springer Fachmedien. https://doi.
org/10.1007/978-3-658-10727-7_10

Roski, R. (2014). Akteure der Gesundheitskommunikation und ihre Zielgruppen. In K. Hurrelmann & E. Baumann (Hrsg.), *Handbuch Gesundheitskommunikation* (S. 348–360).
Bern: Verlag Hans Huber.

Scheidt-Nave, C., & Icks, A. (2019). Editorial: Diabetes-Surveillance in Deutschland – Zwi-
schenstand und Perspektiven. *Journal of Health Monitoring, 4*(2), 3–10. https://doi.org/
10.25646/5979

Scherenberg, V. (2014). Krankenkassenkommunikation. In K. Hurrelmann & B. Eva (Hrsg.),
Handbuch Gesundheitskommunikation (S. 386–398). Bern: Verlag Hans Huber.

Scheufele, B., & Engelmann, I. (2016). Journalismus und Framing. In M. Löffelholz &
L. Rothenberger (Hrsg.), *Handbuch Journalismustheorien* (S. 443–456). Wiesbaden:
Springer Fachmedien. https://doi.org/10.1007/978-3-531-18966-6_27

Scheufele, D. A. (2003). *Frames – Framing – Framing-Effekte: Theoretische und methodische
Grundlegung des Framing-Ansatzes sowie empirische Befunde zur Nachrichtenproduktion*
(1. Aufl.). Wiesbaden: Westdeutscher Verlag.

Scheufele, Dietram A. (1999). Framing as a theory of media effects. *Journal of Communication*, 103–122.

Schröder, J. (17. Januar 2020). *Die Auflagen-Bilanz der Tages- und Wochenzeitungen: „Bild"* *und „Welt" verlieren erneut mehr als 10%, „Die Zeit" legt dank massivem Digital-Plus zu.*

Semetko, H. A., & Valkenburg, P. M. V. (2000). Framing european politics: A content analysis of press and television news. *Journal of Communication, 50*(2), 93–109. https://doi.org/ 10.1111/j.1460-2466.2000.tb02843.x

Stefanik-Sidener, K. (2013). Nature, nurture, or that fast food hamburger: Media framing of diabetes in the *New York Times* from 2000 to 2010. *Health Communication, 28*(4), 351–358. https://doi.org/10.1080/10410236.2012.688187

Sun, Y., Krakow, M., John, K. K., Liu, M., & Weaver, J. (2016). Framing obesity: How news frames shape attributions and behavioral responses. *Journal of Health Communication, 21*(2), 139–147. https://doi.org10.1080/10810730.2015.1039676

Thom, J., Kuhnen, R., Bom, S., & Hapke, U. (2017). 12-Monats-Prävalenz der selbstberichteten ärztlich diagnostizierten Depression in Deutschland. *Journal of Health Monitoring, 2*(3), 72–80. https://doi.org/10.17886/RKI-GBE-2017-057

Weber, G. W. (2019). Kundenbindung im Verdrängungswettbewerb der Krankenkassen: Wie ein Schiff auf ruhiger See. In D. Matusiewicz, F. Stratmann, & J. Wimmer (Hrsg.), *Marketing im Gesundheitswesen: Einführung—Bestandsaufnahme—Zukunftsperspektiven* (S. 135–148). Wiesbaden: Springer Fachmedien. https://doi.org/10.1007/978-3-658-20279-8_9

WHO. (2018) *Noncommunicable diseases.* https://www.who.int/en/news-room/fact-sheets/ detail/noncommunicable-diseases

Zhang, Y., & Jin, Y. (2015). Who's responsible for depression? *The Journal of International Communication, 21*(2), 204–225. https://doi.org/10.1080/13216597.2015.1052532

Zhang, Y., Jin, Y., Stewart, S., & Porter, J. (2016). Framing responsibility for depression: How U.S. news media attribute causal and problem-solving responsibilities when covering a major public health problem. *Journal of Applied Communication Research, 44*(2), 118–135. https://doi.org/10.1080/00909882.2016.1155728

Sophia Schaller ist wissenschaftliche Assistentin am Seminar für Medien- und Kommunikationswissenschaft der Universität Erfurt.

Annemarie Wiedicke ist wissenschaftliche Mitarbeiterin am Seminar für Medien- und Kommunikationswissenschaft der Universität Erfurt.

Mediale Verantwortungszuschreibungen und ihre Implikationen für die Öffentlichkeitsarbeit von Krankenversicherungen

8

Farina Madita Ohser

Zusammenfassung

Krankenkassen agieren im deutschen Gesundheitssystem als Schnittstelle zwischen verschiedenen Akteuren und stehen vor der Aufgabe, eine bestmögliche Versorgung der Versicherten sowie die eigene wirtschaftliche Existenz im Wettbewerb der Krankenkassen zu vereinen. Ihre Öffentlichkeitsarbeit hat daher nicht nur für die Förderung eines positiven Images, sondern auch in gesellschaftlicher Hinsicht eine gewisse Tragweite. Insbesondere, da sie mit ihrer Kommunikation Einfluss auf die Erwartungen an Akteure des Gesundheitssystems nehmen. Die Zuschreibung von Verantwortung innerhalb des Gesundheitssystems spielt hierbei für beide Aspekte eine besondere Rolle. Ein Großteil dieser Zuschreibungen findet in den Medien statt, weshalb es notwendig erscheint zu untersuchen, welche Verantwortungszuschreibungen durch und an Krankenkassen in medialen gesundheitspolitischen Debatten dargestellt werden. Anhand von Daten einer quantitativen Inhaltsanalyse der Printberichterstattung zwischen 2003 und 2015 zeigt sich, welche Akteure von den Krankenkassen in den Medien besonders häufig zur Übernahme von Verantwortung für verschiedene Bereiche aufgefordert werden und welche Akteure wiederum bestimmte Erwartungen an die Krankenkassen herantragen. Aus diesen Ergebnissen lassen sich Implikationen für die Bewertung und Optimierung der Öffentlichkeitsarbeit von Krankenkassen herleiten.

F. M. Ohser (✉)
Institut für Kommunikationswissenschaft, Technische Universität Dresden, Dresden, Deutschland
E-Mail: farina_madita.ohser@tu-dresden.de

© Springer Fachmedien Wiesbaden GmbH, ein Teil von Springer Nature 2021   121
D. Reifegerste (Hrsg.), *PR und Organisationskommunikation im Gesundheitswesen*, https://doi.org/10.1007/978-3-658-32884-9_8

Schlüsselwörter

Gesundheitswesen • Krankenkasse • Organisationskommunikation •
Öffentlichkeitsarbeit • Public Relations • Mediale
Verantwortungszuschreibung • Attributionen • Eigenverantwortung •
Versicherte • Leistungserbringer

8.1 Einleitung

Krankenkassen agieren in ihrer Funktion als Kostenträger als Schnittstelle
zwischen den verschiedenen Akteuren des deutschen Gesundheitssystems. Im
Rahmen ihrer Kommunikation mit den unterschiedlichen Akteuren können sie
Einfluss auf die Relevanz von Gesundheitsthemen und gesellschaftlichen Wertvorstellungen nehmen (Scherenberg 2014) und tragen damit eine entsprechende
gesellschaftliche Verantwortung (Roski 2014). Neben ihrer Relevanz für gesellschaftliche Wertvorstellungen, sind Krankenkassen im deutschen Gesundheitssystem für eine bestmögliche gesundheitliche Versorgung ihrer Versicherten[1] und
damit die Erfüllung ihrer gesetzlichen Leistungsbestimmungen nach § 1 SGB V
zuständig (Baas und Werthen 2017; Bödeker und Moebus 2015). Die Verein-
barung der Erfüllung dieser Leistungsbestimmungen mit dem Anspruch eines
wirtschaftlichen Mitteleinsatzes sowie der Positionierung im Wettbewerb der
Krankenkassen stellt diese vor eine große Herausforderung (Scherenberg 2014;
siehe Vieth, sowie Reifegerste und Link in diesem Band).

Um ihre Existenz im Gesundheitsmarkt zu sichern, streben sie durch die
Optimierung ihrer Organisationskommunikation und Öffentlichkeitsarbeit bzw.
Public Relations (PR)[2] ein möglichst positives Image an (Scherenberg 2014).
Das in Teilen durch die Medienberichterstattung geprägte Image lässt sich unter
anderem durch entsprechende PR-Aktivitäten (zum Beispiel durch Pressemeldun-
gen oder Pressekonferenzen) und in Zusammenarbeit mit Journalist*innen und
Redaktionen mitgestalten (Bentele 2008). Um diese Aktivitäten zu bewerten, ist
eine Untersuchung der Medienberichterstattung von besonderem Interesse. Die
mit dem Image eng verknüpften Erwartungen an Krankenkassen können unter
anderem durch in der Berichterstattung platzierte Verantwortungszuschreibungen

---

[1]Darunter werden alle Mitglieder einer Krankenkasse, unabhängig von der Art der
Versicherung (Pflichtmitgliedschaft, freiwillige Mitgliedschaft oder Familienversicherung)
verstanden.

[2]Zum vorliegenden Verständnis der PR- und Organisationskommunikation im Gesundheitswesen siehe den Beitrag von Reifegerste und Link in diesem Band.

beeinflusst werden (Gerhards et al. 2005). Der Beitrag untersucht daher anhand einer Inhaltsanalyse der Medienberichterstattung zwischen 2003 und 2015, welche Verantwortungszuschreibungen durch und an Krankenkassen dargestellt werden. Als Grundlage der Messung von Verantwortungszuschreibung dient dabei die Attributionstheorie (Gerhards et al. 2007).

Einleitend werden die Relevanz und die Aufgabe der Krankenkassen als Akteur des Gesundheitswesens sowie die Herausforderungen für die Kranken-kassenkommunikation und die Bedeutung der Medienberichterstattung für diese vorgestellt (siehe Abschn. 8.2). Es folgt eine Darstellung der Relevanz von Ver-antwortungszuschreibungen im Gesundheitssystem sowie eine Erläuterung der Theorie medialer Verantwortungszuschreibungen und deren Messung im Rah-men der Attributionstheorie (siehe Abschn. 8.3). Nach einer kurzen Darstellung des methodischen Vorgehens (siehe Abschn. 8.4), werden in Abschn. 8.5 zur Beantwortung der Forschungsfrage die Ergebnisse der Inhaltsanalyse anhand von drei Unterkapiteln strukturiert. Der Beitrag endet mit einem Fazit (siehe Abschn. 8.6), in welchem Rückschlüsse auf die für Krankenkassen relevanten Kommunikationspartner und Erwartungen hinsichtlich der zu verantwortenden Themen diskutiert und hinsichtlich ihrer Anwendbarkeit für die Öffentlichkeitsar-beit der Krankenkassen reflektiert werden. Zudem wird ein Ausblick auf weitere, für die Kommunikation von Krankenkassen interessante, Untersuchungsansätze gegeben.

8.2 Krankenkassen als Akteur des deutschen Gesundheitswesens

Bedingt durch gesetzliche und strukturelle Rahmenbedingungen erfüllen Kran-kenkassen als Kostenträger innerhalb des Gesundheitswesens verschiedene Funk-tionen. So werden sie einerseits von den staatlichen Akteuren in die Regulierung des Gesundheitssystems eingebunden. Andererseits vertreten sie die Interessen ihrer Mitglieder gegenüber diesen staatlichen Akteuren sowie den Leistungser-bringern (Baas und Werthen 2017; Reifegerste et al. 2019). Wie alle Akteure des Gesundheitswesens stehen auch die Krankenkassen vor der Aufgabe, gesundheit-liche, soziale und ökonomische Ziele zu vereinen. So sind sie auf der einen Seite angehalten, eine bestmögliche Information und Versorgung ihrer Versicherten zu ermöglichen (Roski 2014). Auf der anderen Seite gilt es, die eigenen Interessen im Wettbewerb der verschiedenen Krankenkassen durchzusetzen und die Existenz am Markt zu sichern (Scherenberg 2014; siehe Reifegerste und Link in diesem Band).

Dieser Zielkonflikt verstärkt sich mit den Ausgabensteigerungen[3] im Gesundheitsmarkt (Henke und Rachold 2018) und dem, zwar nicht gewinnorientierten jedoch wachsenden Wettbewerb zwischen den einzelnen Krankenkassen (Baas und Werthen 2017; Boroch und Matusiewicz 2016; Reifegerste et al. 2019). Um die eigene Existenz am Markt zu sichern streben Krankenkassen an, durch die Verbesserung ihres Bekanntheitsgrads sowie ihres Markenimages in der Bevölkerung ihre Mitgliederzahlen zu erhöhen (Baas und Werthen 2017; Scherenberg 2014).

Neben ihrem Streben, sich im Wettbewerb der Krankenkassen zu positionieren, haben die Kommunikationsaktivitäten der Krankenkassen auch eine gesellschaftliche sowie eine gesundheitspolitische Relevanz. Zwar ist nicht eindeutig zu sagen, inwieweit die Kommunikationsaktivitäten eine beeinflussende und/oder reflektierende Funktion der gesellschaftlichen Werte einnimmt (Fuchs und Unger 2014; Scherenberg 2014). Es ist jedoch davon auszugehen, dass die von den Krankenkassen kommunizierten Werte und Gesundheitsthemen Einfluss auf die Relevanz dieser Werte und Themen für die Versicherten haben (Scherenberg 2014). Auch können Krankenkassen im Rahmen ihrer Öffentlichkeitsarbeit und ihrer Kommunikation mit staatlichen Akteuren Einfluss auf gesundheitspolitische Entwicklungen und damit auf die Rahmenbedingungen und Aufgabenbereiche der Kostenträger selbst nehmen (Roski 2014). Krankenkassen gestalten das Gesundheitssystem aktiv mit (Baas und Werthen 2017), nehmen eine entsprechende Wegweiserfunktion im Gesundheitswesen ein (Roski 2014) und tragen somit eine große gesellschaftliche Verantwortung (Scherenberg 2014).

Die Versicherten stellen die wichtigste Zielgruppe der Krankenkassenkommunikation dar (Roski 2014). Neben der direkten Kommunikation (z. B. über Informationsbroschüren und Webseiten), können die Krankenkassen auch indirekt über die Medien mit ihren (potenziellen) Versicherten kommunizieren (Fromm et al. 2011). Im Rahmen ihrer Öffentlichkeitsarbeit (z. B. durch Presseartikel oder Pressekonferenzen) können Krankenkassen durch ihre Zusammenarbeit mit den Journalist*innen und Redaktionen Einfluss auf die Inhalte der Medienberichterstattung nehmen (Bentele 2008).[4]

---

[3]Die Ausgabensteigerungen sind bedingt durch verschiedene Entwicklungen im Gesundheitssystem. So verändert sich u. a. die Bedeutung der Gesundheit und damit die Bereitschaft für höhere Ausgaben zum Erhalt eben dieser. Auch die demografische Entwicklung der deutschen Gesellschaft, veränderte Gesundheitsrisiken durch Globalisierung sowie ein verändertes Krankheitsspektrum hin zu chronischen Krankheiten führen zu entsprechenden Ausgabensteigerungen (Henke und Rachold 2018; Kickbusch 2006).

[4]Eine detaillierte Darstellung der Ansätze zur Untersuchung der Bedeutung der PR- und Organisationskommunikation für die Auswahl der Medien (wie die Determinationshypothese

Die im Rahmen der Berichterstattung bereitgestellten Informationen zum Gesundheitssystem sind für die Versicherten nach wie vor von hoher Relevanz (Scherenberg 2014). So ist aufgrund der hohen Komplexität des Gesundheitssystems besonders in der Gesundheitsberichterstattung der durch die Journalist*innen aufgezeigte Kontext von Informationen für die Versicherten zur Orientierung und Einordnung dieser entscheidend (Schwitzer et al. 2005). Dies gilt insbesondere für die öffentliche Wahrnehmung der Aufgabenbereiche von Krankenkassen: Da diese größtenteils gesetzlich festgelegt sind, nehmen die jeweiligen gesundheitspolitischen Ansätze innerhalb der einzelnen Legislaturperioden einen entsprechenden Einfluss auf die Gestaltung der Aufgaben (Bödeker und Moebus 2015). Sie unterliegen demnach einer kontinuierlichen Entwicklung und die Versicherten bedürfen einer stetigen Aufklärung über etwaige Veränderungen der Aufgabenverteilung. Die in der Medienberichterstattung oft negative Wahrnehmung der Krankenkassen „changiert zwischen dem Vorwurf eines generell zu geringen finanziellen Engagements und einer an Marketinginteressen ausgerichteten Leistungsausdehnung" (Bödeker und Moebus 2015, S. 398).

Auch in Bezug auf die Wahl der einzelnen Krankenkassen durch den Versicherten ist die Medienberichterstattung bedeutsam: Zwar besteht seit 1996 eine freie Krankenkassenwahl, durch den gesetzlich festgelegten, einheitlichen Leistungskatalog und die zu 90 % festgelegten Kernleistungen sind jedoch die qualitativen Leistungs- und Angebotsunterschiede für die Versicherten nur schwer wahrnehmbar (Baas und Werthen 2017). Die Versicherten sind somit auch im Wettbewerb der Krankenkassen einer großen Komplexität ausgesetzt, welche durch die daraus entstehende Verunsicherung zu einer sinkenden Entscheidungsqualität führen kann (Baas und Werthen 2017; Scherenberg 2014).

Die mögliche Beeinflussung der Medieninhalte im Zuge der Öffentlichkeitsarbeit der Krankenkassen gilt auch für das jeweilige Markenimage der Krankenkassen (Bentele 2008). Da über eine Marke komplexe Informationen verdichtet werden können (Boroch und Matusiewicz 2016), bilden die Versicherten ihre Einstellungen und Erwartungen an die Krankenkassen unter anderem anhand des in den Medien dargestellten Markenimages (Grünberg 2014; Scherenberg 2014). Die Erwartungen der Versicherten sind im Kontext der Krankenkassenkommunikation besonders relevant, da Krankenkassen stärker als Wirtschaftsunternehmen bei nicht erwartungsgemäßer Handlungsweise an Glaubwürdigkeit und damit an Vertrauen verlieren (Scherenberg 2014, siehe dazu Link in diesem Band). Eine von den Versicherten wahrgenommene Diskrepanz zwischen der Erwartung und

---

oder den Intereffikationsansatz) ist in diesem Rahmen nicht möglich (siehe hierzu Schaller und Wiedicke in diesem Band).

Handlung kann wiederum das Image der Krankenkasse negativ beeinflussen und
somit für die Kassen zu Verlusten im Wettbewerb führen (Scherenberg 2014). Das
Markenimage kann somit Einfluss auf die Erwartungen an einzelne Krankenkassen nehmen, eine zentrale Entscheidungshilfe bei der Auswahl der Krankenkasse
darstellen (Baas und Werthen 2017; Scherenberg 2014) und die Positionierung im
Wettbewerb beeinflussen (Rolke und Jäger 2009).

Die Gesundheitsberichterstattung ist somit sowohl für die Information zu
Gesundheitsthemen als auch für die Bildung von Erwartungen und die Bewertungen der Krankenkassen als Kostenträger im Gesundheitssystem allgemein, wie
auch für die Bewertung der jeweiligen einzelnen Kassen im Wettbewerb relevant. Zur Bewertung und Optimierung der Öffentlichkeitsarbeit ist unter anderem
die Art und Weise, in welcher die Medien über eine Organisation berichten von
Bedeutung (Weder 2010). So können zum Beispiel über die in der Berichterstattung zugewiesene Verantwortung zu verschiedenen Themen Erwartungen an
eine Organisation geweckt werden. Diese beeinflussen wiederum das Image und
die wahrgenommene Legitimität bzw. die Akzeptanz der Organisation in der
Gesellschaft (Gerhards et al. 2005, 2009; Schwarz 2008).

8.3 Verantwortungszuschreibungen im deutschen Gesundheitssystem

Bei der Aushandlung von Verantwortung handelt es sich, unabhängig vom Gel-
tungsbereich (Gesundheit, Finanzierung, politische Entscheidungen usw.), um ein
vielschichtiges Phänomen (Lundell et al. 2013). So ist auch die Definition des
Verantwortungsbegriffs in verschiedenen Kontexten (moralisch, juristisch, politisch usw.) möglich (Funiok 2007) und bedeutet inhaltlich sowohl die Sorge für
jemanden oder etwas, wie auch „die Zuständigkeit und Zurechenbarkeit oder auch
die Pflicht zur Rechenschaft" (Funiok 2010, S. 246).

In der Zuschreibung von Verantwortung kann zwischen drei sich gegenseitig
beeinflussenden Ebenen unterschieden werden: dem Individuum, der Organisation
und der Gesellschaft (Linke und Jarolimek 2016). Auf der Eben des Individuums
beeinflussen die persönlichen und in der sozialen Gemeinschaft verankerten Werte
und Normen die Einstellungen und damit die Wahrnehmung von Verantwortung. Während auf organisationaler Ebene die jeweiligen Unternehmensleitlinien
und eigenen Rollenverständnisse gelten, spielen auf der gesellschaftlichen Ebene
Werte- und Normgefüge sowie ethische Maßstäbe der Öffentlichkeit und öffentlichen Meinung eine Rolle (Linke und Jarolimek 2016). Die Aushandlung von
staatlicher Fürsorgeverpflichtung, solidarischer Finanzierung und individueller

Verantwortung der Versicherten prägt in diesem Zusammenhang die gesundheitspolitische Debatte in der Gesellschaft schon seit Jahren (Aust et al. 2006; Weilert 2015). Vor dem Hintergrund der gesellschaftlichen Relevanz der Krankenkassenkommunikation bedeutet dies, dass die durch die Organisation kommunizierten Verantwortungszuschreibungen durch die gesellschaftlichen Wertvorstellungen bedingt sind und diese gleichzeitig auch beeinflussen können (Gerhards et al. 2005; Schwarz 2008).

Sowohl die gesellschaftlichen als auch die organisationalen Werte können in Form von Verantwortungszuschreibungen innerhalb der Medienarena, der aus demokratietheoretischer Sicht wichtigsten institutionalisierten Form der Öffentlichkeit, kommuniziert werden (Gerhards et al. 2007). In der Kommunikationswissenschaft werden diese medialen Diskussionen um Verantwortlichkeiten u. a. mithilfe der aus der Sozialpsychologie stammenden Attributionsforschung untersucht.[5] Sie beschäftigt sich mit den Zuschreibungen der Ursachen von Erfolg bzw. Misserfolg und der Frage, wer von wem für was und in welcher Form verantwortlich gemacht wird (Gerhards et al. 2005, 2007). Verantwortungsattributionen können die Bewertung des Verhaltens der Akteure erleichtern und zudem die Komplexität politischer Entwicklungen reduzieren (Gerhards et al. 2009). Zur systematischen Untersuchung medialer Attributionsmuster entwickelten Gerhards et al. (2007) ein Instrument, welches die Identifikation einer bestimmten Konstellation von Akteuren auf Aussagenebene einzelner Zeitungsartikel und damit eine Erfassung der Verantwortungszuschreibung ermöglicht.[6] Die Attributionen werden anhand einer Attributionstrias gemessen: Ein Akteur (Sender) weist mit seiner Aussage einem weiteren Akteur (Adressat) die Verantwortung für einen bestimmten Gegenstandsbereich zu (siehe Abb. 8.1). Letzteres können sowohl bereits bestehende Probleme und deren Verursachung als auch die Verantwortlichkeit von zukünftigen Lösungswegen sein (Gerhards et al. 2007).

Die Untersuchung dieser Attributionstrias kann demnach Aufschluss über die mediale Darstellung von Krankenkassen bezüglich ihrer Verantwortung und

---

[5]Auch der kommunikationswissenschaftliche Ansatz des Framings eignet sich zur Untersuchung von Verantwortungszuschreibungen in den Medien. Da in diesem Beitrag jedoch die detaillierte Messung von Verantwortungszuschreibungen anhand der Attributionstrias (Gerhards et al. 2007) gewählt wurde, wird das Framing-Konzept an dieser Stelle nicht weiter ausgeführt. Für eine detailliertere Erläuterung des Framing-Ansatzes siehe Schaller und Wiedicke in diesem Band.

[6]Gerhards et al. (2007) untersuchten die Zuschreibung von Verantwortung innerhalb der EU.

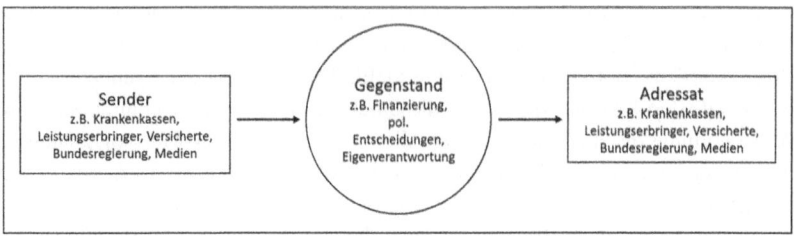

Abb. 8.1 Verantwortungszuschreibungen im deutschen Gesundheitssystem Darstellung der Attributionstrias. (nach Gerhards et al. 2007, S. 111)

Verantwortungszuweisungen[7] geben: Sowohl die Zuschreibung durch die Krankenkassen (als Sender) an andere Akteure, wie z. B. politische Akteure, Leistungserbringer oder Versicherte, als auch die Zuschreibung durch andere Akteure an die Krankenkassen (als Adressat) kann in der Öffentlichkeit wahrgenommene, wichtige Kommunikationspartner*innen der Krankenkassen identifizieren. Die Verantwortungsbereiche (z. B. Finanzierung im Gesundheitswesen, politische Entscheidungen oder die Übernahme von Eigenverantwortung), für welche die Krankenkassen als verantwortlich erklärt werden oder für diese Verantwortung zuweisen, lassen Rückschlüsse auf die dargestellten Kompetenzen und Erwartungen der anderen Akteure an die Krankenkassen zu.

Der vorliegende Beitrag knüpft hier an und analysiert, inwieweit die Darstellung von Krankenkassen in den Medien durch die Zuschreibung von Verantwortung zu verschiedenen Themen innerhalb der gesundheitspolitischen Debatte geprägt ist. Die Forschungsfrage lautet daher: *Welche Verantwortungszuschreibungen werden im Rahmen der medialen gesundheitspolitischen Debatte durch und an Krankenkassen dargestellt?*

8.4   Methode

Diese Forschungsfrage soll anhand einer quantitativen Inhaltsanalyse beantwortet werden, welche Daten zur überregionalen Printberichterstattung[8] umfasst.

---

[7]Im Folgenden wird zur einheitlichen Lesbarkeit statt von Attributionen weiter von der Zuschreibung von Verantwortung gesprochen.

[8]Da Printmedien für einen Großteil der Versicherten nach wie vor eine hohe Relevanz haben (Vögele et al. 2019) und es zudem durch die andauernde Verfügbarkeit möglich ist, die Debatte vollständig zu untersuchen, wurde sich für eine Untersuchung der Printmedien entschieden.

Die Grundgesamtheit bildeten alle Artikel der sechs ausgewählten Tageszeitungen[9] die in dem Zeitraum vom 01.01.2003 bis 31.12.2015 erschienen sind. Der Untersuchungszeitraum orientiert sich an der gesundheitspolitischen Debatte, beginnend mit dem „Gesetz zur Modernisierung der gesetzlichen Krankenversicherung" von 2003 bis zur Einführung des „Gesetzes zur Stärkung der Gesundheitsförderung und der Prävention" 2015 und ermöglicht eine umfassende Abbildung der medial dargestellten Rolle von Krankenkassen (Sender und/oder Adressat von Verantwortung für bestimmte Themen) in der Entwicklung des Gesundheitssystems. Als Analyseeinheit fungierten die einzelnen Attributionsaussagen (n = 2138) in allen inhaltlich relevanten Artikeln (n = 799). Es handelte sich um eine proportional geschichtete (nach Zeitung und Jahr) Zufallsauswahl anhand eines Suchstrings[10], sowie eines zufallsgenerierten Datums und einer zufällig gezogenen Artikelnummer an diesem Datum. Die Operationalisierung der Verantwortungszuschreibungen orientierte sich am beschriebenen Vorgehen von Gerhards et al. (2009).

8.5 Ergebnisse

Zur Beantwortung der Forschungsfrage werden die Ergebnisse im Folgenden anhand von drei Unterkapiteln strukturiert.

8.5.1 Krankenkassen als Sender oder Adressat von Verantwortung in den Medien

In der untersuchten medialen Debatte treten Krankenkassen in nur 7,2 % der 2138 erfassten Verantwortungszuschreibungen als Sender auf (siehe Tab. 8.1). Damit stehen sie nach den Leistungserbringern (Ärzte, Krankenhäuser usw.), den Medien (z. B. Journalist*innen, Redaktionen, Medienorganisationen), der Bundesregierung und den einzelnen Sprechern von Parteien an fünfter Stelle, wenn es

---

[9]Nach journalistischer Qualität sowie politischer Ausrichtung: FAZ, SZ, TAZ, Welt und Boulevard-Zeitschriften: Kölner Express, Berliner MoPo.

[10]Der im Vorfeld der Untersuchung für die Zugriffskriterien validierte Suchstring lautete „Gesundheit*und Politi*oder Gesundheitspoliti* oder Krankenver* oder Krankenkasse* oder Wettbewerbsstärkungsgesetz oder Versorgungsstärkungsgesetz oder Präventionsgesetz oder Arztpraxen oder Bundesärztekammer oder Spitzenverband Krankenkassen".

Tab. 8.1 Verantwortungszuschreibung durch und an die Akteure des Gesundheitssystems

	Leistungserbringer	Medien	Bundesregierung	Sprecher Parteien	Krankenkassen	Versicherte
Sender	18,6 %	18,4 %	15,6 %	9,6 %	7,2 %	6,5 %
Adressat	14,5 %	0,4 %	30,6 %	6,6 %	11,2 %	10,7 %

Angaben in Prozent aller erfassten Verantwortungszuschreibungen (n = 2138)

um die Häufigkeit des Zuschreibens von Verantwortung geht. Ähnlich oft fungieren die individuellen Akteure (Versicherte usw.[11]) als Sender von Verantwortung innerhalb der Medien.

Wirft man nun einen Blick auf diejenigen, welche in der medialen Berichterstattung als Adressaten von Verantwortlichkeiten wiederzufinden sind, zeigt sich, dass die Bundesregierung am häufigsten als verantwortlich für verschiedene Gegenstandsbereiche der Debatte benannt wird. Die Krankenkassen werden am dritthäufigsten als Adressat von Verantwortungszuschreibungen benannt. Wie auch schon in der Rolle des Senders, werden die Krankenkassen und die Versicherten mit einer ähnlichen Häufigkeit als Adressaten benannt. Trotz ihrer besonderen Relevanz im Gesundheitssystem treten Krankenkassen in der medialen Berichterstattung somit sowohl als Adressat als auch besonders als Sender wesentlich seltener auf als andere Akteure.[12]

In Tab. 8.2 lässt sich erkennen, dass Krankenkassen, wenn sie in der Medienberichterstattung in ihrer Senderrolle Verantwortung zuweisen, die Bundesregierung am häufigsten und die Leistungserbringer am zweithäufigsten adressieren.[13] Die Bundesregierung wiederum weist am häufigsten den Krankenkassen Verantwortung zu. Auch die Medien, also Journalist*innen und Redaktionen, nehmen, indem sie den Krankenkassen häufig Verantwortung zuweisen, eine Einordnung der Verantwortung von Krankenkassen im Gesundheitssystem vor. Zudem weisen

---

[11]Im Folgenden wird von Versicherten gesprochen, einbezogen wurden in die Codierung jedoch auch andere Individuen, wie z. B. Mitglieder der Krankenkassen, Patient*innen oder Wähler*innen.

[12]Wird innerhalb der Artikel zwischen gesetzlichen (GKVn) und privaten (PKVn) Krankenkassen unterschieden, ergibt sich folgendes Bild: Die GKVn treten in 3,7 % der Fälle als Sender und in 4,6 % der Fälle als Adressat von Verantwortungszuschreibungen auf. Die PKVn fungieren in 0,6 % der Fälle als Sender und in 0,8 % der Fälle als Adressat. In der Debatte nehmen die GKVn demnach einen größeren Anteil, sowohl als Sender als auch als Adressat von Verantwortungszuschreibungen ein als PKVn.

[13]Folgende Akteure fungieren ebenfalls als Adressaten von Krankenkassen: Äußere Umstände (z. B. wirtschaftliche oder klimatische Krisen) mit 9,7 %, Wirtschaft mit 3,2 % sowie weitere Akteure mit unter 3 % der Nennungen.

Tab. 8.2 Verantwortungszuschreibung durch und an Krankenkassen

	Leistungserbringer	Medien	Bundesregierung	Krankenkassen	Versicherte
Krankenkasse als Sender (n = 155)	17,4 %	0,6 %	31,6 %	18,1 %	12,9 %
Krankenkasse als Adressat (n = 239)	18,4 %	16,3 %	20,9 %	11,7 %	5,9 %

Angaben in Prozent aller erfassten Verantwortungszuschreibungen (n = 2138)

sich die Krankenkassen in der Rolle als Adressat und Sender in der medialen Debatte selbst Verantwortung zu[14] und nehmen damit im Rahmen ihrer Öffentlichkeitsarbeit eine Art Eigendefinition ihrer Verantwortung vor.[15]

8.5.2 Verantwortungsbereiche

Innerhalb der medialen Berichterstattung weisen Krankenkassen als Sender anderen Akteuren für verschiedene Bereiche Verantwortung zu. Finanzierungsthemen, wie die Bewältigung des steigenden Kostendrucks oder die Regelung von Finanzierungsdefiziten, stehen hier im Vordergrund (52,3 %, n = 155) und richten sich vornehmlich an die Bundesregierung (29,6 %). In deutlich weniger Fällen (16,1 %) geht es um das verantwortliche politische Handeln, wobei auch hier vor allem die Bundesregierung (68 %) angesprochen wird. Im Bereich der Forderung zur Übernahme von Eigenverantwortung (12,3 %), z. B. durch eine allgemeine Gesundheitsförderung und Prävention, aber auch durch das Vermeiden von gesundheitsgefährdendem Verhalten, werden vor allem die einzelnen Versicherten als Verantwortungsträger angesprochen (36,8 %). Das Verhalten der Leistungserbringer sowohl im Sinne als auch bei Missachtung der medizinischen Berufsethik steht an vierter Stelle der Nennungen (11,6 %) und richtet sich vor allem an die Leistungserbringer selbst (44,4 %).

---

[14]Es handelt sich um 28 Fälle, in denen die Krankenkassen gleichzeitig Adressat und Sender sind. Aufgrund der unterschiedlichen Fallzahlen je nach Rolle ergeben sich aber unterschiedliche Prozentwerte in der Darstellung.

[15]Folgende Akteure fungieren ebenfalls als Sender an Krankenkassen: Wirtschaft (Pharmaindustrie, Medizintechnik usw.) mit 6,7 %, Wissenschaft (akademische und kommerzielle Forschung) sowie die Sprecher von Parteien mit 4,2 %, pol. Akteure auf Landesebene mit 3,3 % sowie weitere Akteure mit unter 3 % der Nennungen als Sender.

Geht es um die Zuweisung von Verantwortung an die Krankenkassen als Adressat, ist die Verantwortungsübernahme für die Finanzierung des Gesundheitswesens ebenfalls besonders präsent (64,9 %, n = 238) und wird zumeist durch die Leistungserbringer an die Krankenkassen herangetragen (23,9 %). Zudem geht es in einigen der Verantwortungszuschreibungen an Krankenkassen (10,9 %) um politisch motivierte Handlungen und Entscheidungen sowie Hinweise auf konkrete Gesetzesbeschlüsse, welche an erster Stelle (38,5 %) durch die Bundesregierung zugeschrieben werden. Auch werden Krankenkassen vereinzelt (9,6 %) hinsichtlich der Überprüfung des Verhaltens von Leistungserbringern im Sinne der medizinischen Berufsethik (z. B. hinsichtlich gesundheitlicher Aufklärung oder aber zur Aufdeckung und Absicherung bei Behandlungsfehlern) angesprochen. Auch hier sind es vor allem Akteure der Bundesregierung (30,4 %), welche als Sender auftreten. In nur recht wenigen Verantwortungszuweisungen (9,2 %) geht es zudem um die Förderung der Eigenverantwortung der Versicherten (z. B. durch Aufklärung und Animation zu gesundem Verhalten). Interessant ist jedoch, dass es hier vor allem die medialen Akteure sind, welche diese Forderung an die Krankenkassen herantragen (54,5 %).

8.5.3 Entwicklung der Verantwortungszuschreibungen durch und an Krankenkassen

Die generelle Zuschreibung von Verantwortung durch und an Krankenkassen gestaltet sich innerhalb der gesundheitspolitischen Debatte immer wieder neu. So zeigt sich in den Jahren von 2004 bis 2010 eine Art Wechselspiel in der medialen Darstellung der Krankenkassen als Sender oder Adressat von Verantwortung: Nimmt ihre Nennung als verantwortlicher Akteur innerhalb des Gesundheitssystems zu, treten die Krankenkassen gleichzeitig seltener als Sender von Verantwortungszuschreibungen auf (siehe Abb. 8.2).[16] Insgesamt lässt sich über den gesamten untersuchten Zeitraum hinweg ein signifikanter, wenn auch nur sehr schwacher positiver Zusammenhang zwischen der medialen Darstellung der Krankenkassen als Sender und als Adressat von Verantwortungszuschreibungen feststellen ($r_s = 0,061$, $p = 0,005$).

Angaben in Prozent aller erfassten Verantwortungszuschreibungen (n = 2138)

---

[16]Hinsichtlich der zeitlichen Entwicklung der Zuschreibung an und durch andere Akteure lässt sich keine eindeutige Richtung hinsichtlich einer Zu- oder Abnahme von Verantwortungszuschreibungen feststellen.

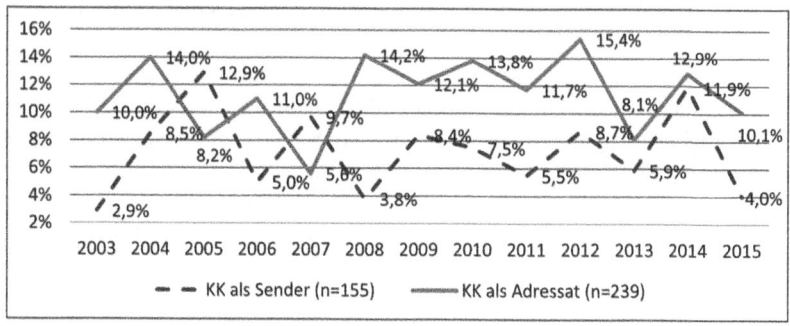

Abb. 8.2 Krankenkassen als Sender und Adressat von Verantwortung in den Medien im Zeitverlauf Copyright © Ohser (2020)

Klar zu erkennen ist, dass die Krankenkassen seit 2008 in der Berichterstattung wesentlich häufiger als Adressat von Verantwortung für verschiedene Probleme und Lösungsansätze denn als Sender dargestellt werden. In diesem Zusammenhang lässt sich überdies feststellen, dass die Zunahme an Verantwortungszuschreibungen an die Krankenkassen nicht durch eine allgemein steigende Relevanz von medialen Verantwortungszuschreibungen in der Debatte zu erklären ist.[17]

8.6 Fazit

Die Ergebnisse der Untersuchung zeigen, dass Krankenkassen in der medialen Darstellung zwar recht selten Verantwortung zuweisen, häufiger jedoch von verschiedenen Akteuren für diverse Themen verantwortlich gemacht werden. Der Anstieg der medialen Darstellung der Verantwortung von Krankenkassen ist dabei unabhängig von der allgemeinen Entwicklung der Relevanz von Verantwortungszuschreibungen in der Gesundheitsberichterstattung. Die Ergebnisse sollten jedoch stets im Kontext der gesellschaftlichen und politischen Ereignisse interpretiert werden. So ließe sich beispielsweise der Höhepunkt der Diskrepanz in der medialen Darstellung von Krankenkassen als Sender oder Adressat von Verantwortung 2008 möglicherweise durch die Gesundheitsreform von 2007 und das

---

[17]Auch der Korrelationskoeffizient nach Spearman zeigt keinen signifikanten Zusammenhang zwischen der allgemeinen Relevanz von medialen Verantwortungszuschreibungen in der gesundheitspolitischen Debatte und der Zuschreibung an Krankenkassen.

„Gesetz zur Stärkung des Wettbewerbs in der gesetzlichen Krankenversicherung"
erklären.

Die mediale Darstellung der Krankenkassen im Kontext von Verantwortungs-
zuweisungen verdeutlicht ihre Funktion als Schnittstelle und Aushandler von
Werten (siehe dazu Vieth in diesem Band) zwischen den verschiedenen Akteuren
des Gesundheitssystems und den unterschiedlichen Erwartungen, die in dieser
Funktion an sie herangetragen werden. Ein Beispiel ist hier die Erwartung der
Medien an die Krankenkassen, die Eigenverantwortung der Versicherten zu för-
dern. Die Krankenkassen weisen zwar den Versicherten innerhalb der medialen
Darstellung vornehmlich die Übernahme von Eigenverantwortung zu. Diese The-
matik nimmt jedoch in der gesamten Debatte nur wenig Raum ein. Diese in der
Berichterstattung kommunizierte Erwartung ließe sich wohlmöglich durch eine in
der Öffentlichkeitsarbeit der Krankenkassen verstärkte Betonung des Wertes von
Gesundheit und eine Aufklärung über die Bedeutung von eigenverantwortlichem
Verhalten für die Versicherten erfüllen. Ein anderes Beispiel für eine besonders
relevante Zielgruppe der PR- und Organisationskommunikation von Krankenkassen stellen politische Akteure und im Besonderen die Bundesregierung dar. Aus
Sicht der Kassen gilt sie, besonders bezüglich der Finanzierung des Gesundheitswesens, als hauptverantwortlich.[18] Zugleich schreibt die Bundesregierung den
Krankenkassen ebenfalls eine wesentliche Verantwortung im Gesundheitssystem
zu. Hinsichtlich der an die Krankenkassen adressierten Verantwortungsbereiche
zur Finanzierung des Gesundheitswesens und zur Förderung der Eigenverantwortung der Versicherten lassen sich eben jene Erwartungen an die Krankenkassen
wiederfinden, welche im Rahmen der gesetzlichen Leistungsbestimmungen festgehalten sind und eine bestmögliche Versorgung der Versicherten sicherstellen
sollen.

Für die Öffentlichkeitsarbeit der Krankenkassen sind die in der Berichterstattung genannten Kommunikationspartner, deren Erwartungen an und die
Kompetenzzuschreibungen durch die Krankenkassen in Form von Verantwortungszuweisungen insbesondere dahin gehend interessant, als dass geprüft werden
kann, inwieweit diese Erwartungen erfüllt werden können oder bereits erfüllt werden. So wäre beispielsweise eine entsprechende inhaltsanalytische Untersuchung
der Informationsbroschüren und Webseiten hinsichtlich der dort kommunizierten Verantwortungszuschreibungen wichtig. Gleiches gilt für eine systematische
Untersuchung der Pressemitteilungen in Form einer Medienresonanzanalyse.

---

[18] Siehe zum Thema Public Affairs bzw. zur strategischen und kommunikativen Einflussnahme
auf politische Entscheidungsprozesse auch Schaller und Wiedicke in diesem Band.

Der vorliegende Beitrag untersucht die mediale Darstellung von Verantwortungszuschreibungen durch und an Krankenkassen und kann somit Aussagen über die in den Medien kommunizierte Sender- oder Adressatenrolle und entsprechende Erwartungen an Krankenkassen im Gesundheitssystem treffen. Auch können daraus Hinweise auf das, bezüglich der medial kommunizierten Verantwortlichkeiten dargestellte, Image von Krankenkassen im Allgemeinen abgeleitet werden. Für die Darstellung, das Image und die Erwartungen an die einzelnen Krankenkassen gilt dies jedoch nicht. Auch an dieser Stelle bedarf es weiterer Forschung, um zum einen konkrete Handlungsempfehlungen zur Stärkung des eigenen Markenimages im Wettbewerb der Krankenkassen zu entwickeln, und zum anderen um anhand ihrer Kommunikation gesellschaftliche Entwicklungen aufzuzeigen und zu verstehen.

Literatur

Aust, J., Bothfeld, S., & Leiber, S. (2006). Eigenverantwortung – Eine sozialpolitische Illusion? In *WSI Mitteilungen 4*, 186–193.

Baas, J., & Werthen, B. (2017). Ziele und aktuelle Aufgaben der gesetzlichen: Was treibt Krankenkassen an? In C. Thielscher (Hrsg.), *Medizinökonomie: Band 2. Unternehmerische Praxis und Methodik* (2. Aufl.) (S. 177–208). Wiesbaden: Springer Fachmedien.

Bentele, G. (2008). Intereffikationsmodell. In G. Bentele, R. Fröhlich, & P. Szyszka (Hrsg.), *Handbuch der Public Relations. Wissenschaftliche Grundlagen und berufliches Handeln. Mit Lexikon* (S. 209–222). Wiesbaden: VS Verlag für Sozialwissenschaften.

Bödeker, W., & Moebus, S. (2015). Normen- und Anreizkonflikte für die gesetzlichen Krankenkassen in Gesundheitsförderung und Prävention. *Gesundheitswesen (Bundesverband der Ärzte des Öffentlichen Gesundheitsdienstes), 77*(6), 397–404. https://doi.org/10.1055/s-0034-1384562

Boroch, W., & Matusiewicz, D. (2016). Vierfelder-Matrix der Markenpositionierung von gesetzlichen Krankenkassen. *Zeitschrift für die gesamte Versicherungswissenschaft, 105*(2), 131–147. https://doi.org/10.1007/s12297-016-0337-y

Fromm, B., Lampert, C., & Baumann, E. (2011). *Gesundheitskommunikation und Medien. Ein Lehrbuch* (1. Aufl.). Stuttgart: Kohlhammer (Medienpsychologie).

Fuchs, W., & Unger, F. (2014). *Management der Marketing-Kommunikation* (5., überarbeitete Aufl.). Berlin, Heidelberg: Springer Gabler.

Funiok, R. (2007). *Medienethik. Verantwortung in der Mediengesellschaft.* Stuttgart: Kohlhammer.

Funiok, R. (2010). Medienethik. In J. Hüther & B. Schorb (Hrsg.), *Grundbegriffe Medienpädagogik* (5., gegenüber der 4. unveränderte Aufl.) (S. 243–251). München: kopaed.

Gerhards, J., Offerhaus, A., & Roose, J. (2005). Die europäische Union und die massenmediale Attribution von Verantwortung. Projektskizze einer länder-, zeit und medienvergleichenden Untersuchung. In L. Hofer (Hrsg.), *Düsseldorfer Forum Politische Kommunikation.*

Akteure, Prozesse, Strukturen (S. 193–201). Berlin: Poli-c-books, Fachverlag für Politische Kommunikation (Schriftenreihe DFPK, Bd. 1).

Gerhards, J., Offerhaus, A., & Roose, J. (2007). Die öffentliche Zuschreibung von Verantwortung. Zur Entwicklung eines inhaltsanalytischen Instrumentariums. *Kölner Zeitschrift für Soziologie und Sozialpsychologie, 59,* 105–125.

Gerhards, J., Offerhaus, A., & Roose, J. (2009). Wer ist verantwortlich? Die Europäische Union, ihre Nationalstaaten und die massenmediale Attribution von Verantwortung für Erfolge und Misserfolge. In F. Marcinkowski & B. Pfetsch (Hrsg.), *Politik in der Mediendemokratie* (S. 529–558). Wiesbaden: VS Verlag für Sozialwissenschaften.

Grünberg, P. (2014). *Vertrauen in das Gesundheitssystem.* Wiesbaden: Springer Fachmedien.

Henke, K.-D., & Rachold, U. (2018). Solidarität und Wettbewerb im Gesundheitswesen. In G. Igl & G. Naegele (Hrsg.), *Perspektiven einer sozialstaatlichen Umverteilung im Gesundheitswesen* (Reprint 2018) (S. 11–26). Berlin, München, Boston: Walter de Gruyter GmbH.

Kickbusch, I. (2006). *Die Gesundheitsgesellschaft. Megatrends der Gesundheit und deren Konsequenzen für Politik und Gesellschaft.* Werbach-Gamburg: Verlag für Gesundheitsförderung.

Linke, A., & Jarolimek, S. (2016). Interdependente Moralen. Verantwortungsrelationen zwischen Kommunikator und Rezipient, zwischen Individuum, Organisation und Gesellschaft. In P. Werner, L. Rinsdorf, T. Pleil, & K.-D. Altmeppen (Hrsg.), *Verantwortung – Gerechtigkeit – Öffentlichkeit. Normative Perspektiven auf Kommunikation* (S. 321–335). Konstanz, München: UVK Verlagsgesellschaft (Schriftenreihe der Deutschen Gesellschaft für Publizistik- und Kommunikationswissenschaft, Bd. 43).

Lundell, H., Niederdeppe, J., & Clarke, C. (2013). Public Views About Health Causation, Attributions of Responsibility, and Inequality. *Journal of Health Communication, 18*(9), 1116–1130. https://doi.org/10.1080/10810730.2013.768724

Reifegerste, D., Schiller, S., & Leu, J. (2019). Krankenkassenkommunikation. In C. Rossmann & M. R. Hastall (Hrsg.), *Handbuch Gesundheitskommunikation. Kommunikationswissenschaftliche Perspektiven* (S. 121–132). Wiesbaden: Springer Fachmedien.

Rolke, L., & Jäger, W. (2009). Kommunikations-Controlling. In M. Bruhn, F-R. Esch, & T. Langner (Hrsg.), *Handbuch Kommunikation* (S.1021–1041). Wiesbaden: Gabler.

Roski, R. (2014). Akteure der Gesundheitskommunikation und ihre Zielgruppen. In K. Hurrelmann & E. Baumann (Hrsg.), *Handbuch Gesundheitskommunikation* (S. 348–359). Bern: Verlag Hans Huber.

Scherenberg, V. (2014). Krankenkassenkommunikation. In K. Hurrelmann & E. Baumann (Hrsg.), *Handbuch Gesundheitskommunikation* (1. Aufl.) (S. 386–398). Bern: Verlag Hans Huber.

Schwarz, A. (2008). Wer hat die Krise zu verantworten? Ein rezeptionsorientierter Ansatz der Krisen-Public Relations. *Medien & Kommunikationswissenschaft, 56,* 60–81.

Schwitzer, G., Mudur, G., Henry, D., Wilson, A., Goozner, M., Simbra, M., … Baverstock, K. A. (2005). What are the roles and responsibilities of the media in disseminating health information? *PLoS medicine, 2*(7). https://doi.org/10.1371/journal.pmed.0020215

Vögele, A., Becker, U., Gögele, A., Schneider, A., & Engl, A. (2019). Informationsverhalten der Südtiroler Bevölkerung zu Gesundheitsfragen – eine epidemiologische Querschnittsstudie. *Gesundheitswesen (Bundesverband der Ärzte des Öffentlichen Gesundheitsdienstes (Germany)), 81*(11), 911–918. https://doi.org/10.1055/a-0592-7096

Weder, F. (2010). *Organisationskommunikation und PR* (1. Aufl.). Wien: Facultas.
Weilert, A. K. (2015). Gewährleistungsstaat und Gesundheitsverantwortung. In A. K. Weilert (Hrsg.), *Gesundheitsverantwortung zwischen Markt und Staat. Interdisziplinäre Zugänge.* (1. Aufl.) (S. 109–122). Baden-Baden: Nomos.

Farina Madita Ohser ist wissenschaftliche Mitarbeiterin am Institut für Kommunikationswissenschaft der Technischen Universität Dresden.

Einstellungsbezogene Segmentierung der Versicherten für eine bedarfsgerechte Kund*innenkommunikation

Sören Schiller und Sarah-Maria Steppe

Zusammenfassung

Eine individuelle bedarfsgerechte Kommunikation der gesetzlichen Krankenkassen mit den Versicherten ist eine Zielstellung, die sowohl von den Krankenkassen als auch von den Versicherten gewünscht wird. Allerdings ist dies aufgrund der Vielzahl der Kundenbeziehungen, der Komplexität des Produktes „Krankenversicherung" sowie der Vielschichtigkeit der Kundenanforderungen und Lebenssituationen meist nur eingeschränkt möglich. Eine Möglichkeit besteht jedoch darin, die Versicherten zu Zielgruppen zusammenzufassen. Die bisher in der gesetzlichen Krankenversicherung und in anderen Branchen im Marketing verwendete Segmentierung anhand von Lebensphasen (wie Berufseinsteiger*innen) erweist sich hierfür allerdings nur als bedingt geeignet, da sie für eine gesundheitsbezogene Kundenkommunikation durch die Krankenkasse relevante Informationen, wie den Gesundheitszustand, die inhaltliche und mediale Erreichbarkeit sowie die Einstellung zur Krankenkasse nur teilweise berücksichtigt. Um die bestehenden Defizite auszugleichen wurde eine Typologie entwickelt, die genau diese Punkte als Grundlage für fünf einstellungs- und verhaltensbezogene Segmente verwendet: die *Aktiven*, die *Distanzierten*, die *Anspruchsvollen*, die *Gleichgültigen* und die *Unselbstständigen*. Diese Unterteilung ermöglicht eine stärker bedarfsbezogene Kommunikation der gesetzlichen Krankenkassen mit ihren Versicherten.

S. Schiller (✉) · S.-M. Steppe
IMK Institut Erfurt, Erfurt, Deutschland
E-Mail: soeren.schiller@i-m-k.de

S.-M. Steppe
E-Mail: sarah-maria.steppe@i-m-k.de

© Springer Fachmedien Wiesbaden GmbH, ein Teil von Springer Nature 2021
D. Reifegerste (Hrsg.), *PR und Organisationskommunikation im Gesundheitswesen*, https://doi.org/10.1007/978-3-658-32884-9_9

Schlüsselwörter

Gesetzliche Krankenkassen • Zielgruppensegmentierung • Bedarfsgerechte
Kundenkommunikation • Clusteranalyse • Versichertentypologien

9.1 Einleitung

73 Mio. Menschen sind in Deutschland gesetzlich krankenversichert und somit
potenzielle Adressat*innen für Informationen rund um die Leistungen ihrer Krankenkasse. Laut IMWF (2017) erwarten über 80 % der Deutschen, dass die
Krankenkasse ihre Versicherten aktiv über mögliche Leistungen und Services
informiert. Nur jede*r Fünfte weiß allerdings, welche Leistungen die eigene
Krankenkasse (für die persönliche Situation) anbietet (IMWF 2017). Das verdeutlicht, wie groß der Bedarf an individuellen Informationen seitens der Versicherten
ist. Durch den Zuschnitt von Gesundheitsinformationen auf das Individuum soll
die oder der Versicherte befähigt werden, die eigene Gesundheit selbstständig
zu stärken und zu fördern. Diese empowerte Person kann nun nicht nur selbst-
ständiger und gesünder ihr oder sein Leben gestalten, sondern nimmt auch das
Gesundheitssystem seltener in Anspruch und schont dadurch die Ressourcen von
Krankenkassen, Ärzt*innen, Apotheken und Krankenhäusern (Dierks 2019). Dass
Krankenkassen diesem Bedarf nach individuellen Gesundheitsinformationen nicht
vollumfänglich nachkommen, lässt sich auf zwei Problemfelder zurückführen:
Zum einen können Krankenkassen aus ihrem Datenbestand nicht herauslesen,
welche Leistungen, Services und Informationen jede*r einzelne Versicherte benötigt. Zum anderen ist es einer Kasse aufgrund monetärer Restriktionen nicht
möglich, jede*n Versicherte*n individuell anzusprechen. Auch gesetzliche Krankenkassen unterliegen dem zunehmenden Kostendruck und dem wachsenden
Wettbewerb im Gesundheitsmarkt (Reifegerste et al. 2019), weshalb sie möglichst umsichtig und effizient mit den ihnen gegebenen Ressourcen umgehen
müssen. Das „Gießkannenprinzip" (Walter und Röding 2019, S. 392), mit dem
die gesamte Bevölkerung für allgemeine Gesundheitsthemen sensibilisiert werden
soll, ist für die Ansprache des heterogenen Versichertenmarkts und die spezifischen Präventionsziele einer Krankenkasse nicht praktikabel. Deshalb muss ein
zielgruppenspezifischer und zugleich kundenorientierter Ansatz (sog. *Tailoring;*
Noar et al. 2007) entwickelt werden, der die Diversität des Versichertenmarktes
berücksichtigt, aber gleichzeitig – ohne den übermäßigen Einsatz von Ressourcen
– eine bedarfsgerechte Kundenansprache durch die Krankenkasse ermöglicht.

9.2   Ausgangslage/Situation im gesetzlichen Krankenkassenmarkt

Möchte eine Krankenkasse ihren Versicherten eine bedarfsgerechte Kundenansprache bieten, dann sind zwei zentrale Spannungsfelder zu berücksichtigen: Die Bereitstellung individueller Leistungen für die Versicherten muss im Rahmen des ersten elementaren Spannungsverhältnisses erfolgen, dem *Wettbewerb zwischen den gesetzlichen Krankenkassen und deren solidarischen Verpflichtungen*. Mit der Abschaffung der Zugangsvoraussetzungen für die gesetzliche Krankenversicherung (GKV) im Jahr 1996 und der damit einhergehenden Öffnung der gesetzlichen Krankenkassen für Jede*n, verschärfte sich der Wettbewerb zwischen den Krankenkassen – seit 1995 hat sich die Anzahl der GKVn laut GKV-Spitzenverband (2020a) von 960 auf 105 drastisch reduziert. Demnach gilt es für eine GKV, sich im Markt gegenüber anderen gesetzlichen, aber auch privaten Krankenversicherungen zu behaupten, um den Kassenfortbestand zu sichern. Einige Kassen greifen dafür auf Preisstrategien zur Mitgliederneugewinnung zurück (Reifegerste et al. 2019). Dennoch werden sich auf Dauer die Qualität der angebotenen Leistungen und die Passgenauigkeit der Angebote als zentraler Wettbewerbsvorteil erweisen (Schweitzer und Bock 2009). Zugleich müssen die GKVn aber das Solidarprinzip berücksichtigen: Unabhängig von soziodemografischen und psychografischen Merkmalen der Versicherten richten sich die Krankenkassenbeiträge nach dem Einkommen und nicht nach dem Gesundheitszustand und dem Bedarf der Versicherten (Burkhardt 2013). Trotz dieser Unterschiede in den Mitgliedsbeiträgen soll allen Versicherten der Zugang zu den gleichen Leistungen gewährt werden (GKV-Spitzenverband 2020b). Die Herausforderung besteht somit darin, einer bestimmten Versichertengruppe die Informationen über Leistungen näherzubringen, die für diese von Vorteil sind, ohne andere Versicherte zu übergehen bzw. unberücksichtigt zu lassen.

Im zweiten Schritt gilt es die *Balance zwischen der Heterogenität des Versichertenmarktes und einer individuellen Kommunikation* mit den Versicherten zu berücksichtigen. Die aktuell größte Krankenkasse (Stand: Dezember 2019) ist die Techniker Krankenkasse (TK) mit über zehn Millionen Versicherten (krankenkassen.de 2020). Für die TK (ebenso wie auch für die anderen gesetzlichen Krankenversicherungen) ist es nicht möglich, jeder*m Versicherten ein individuelles und bedarfsgerechtes Konzept anzubieten. Demnach hatte die Öffnung des Krankenkassenmarktes nicht nur einen verschärften Wettbewerb zufolge, sondern veränderte auch die Versichertenlandschaft der einzelnen Krankenkasse. Beispielsweise war die TK bis 1996 die Krankenkasse für Techniker*innen, Ingenieur*innen und Architekt*innen (Baas 2015), aber mit der Abschaffung der Zugangsvoraussetzungen konnte sich Jede*r bei der TK versichern. Folglich wurden die Versicherten aller GKVn in Bezug auf ihre demografischen und gesundheitsbezogenen Merkmale deutlich heterogener. Trotzdem wünschen die Versicherten eine individuelle Ansprache und auf sie abgestimmte Informationen und Leistungen (IMWF 2017). Zwar bieten Krankenkassen unterschiedliche Leistungen für verschiedene Versichertengruppen an (z. B. Impfungen, Präventionskurse, alternative Heilmethoden), dennoch erscheint es unrealistisch, dass die Versicherten alle Leistungen einer Krankenkasse selbstständig recherchieren und die für sie passenden Angebote heraussuchen. Demnach ist eine Komplexitätsreduktion der angebotenen Leistungen durch die Krankenkasse Voraussetzung, um es den Versicherten zu ermöglichen, „Koproduzent" (Schweitzer und Bock 2009, S. 91) ihrer eigenen Gesundheit zu werden. Dies soll sie dazu ermächtigen, ihre Gesundheit zu erhalten und somit das Gesundheitssystem zu entlasten (Dierks 2019). Allerdings trifft an diesem Punkt der individuelle Informationsbedarf der Versicherten auf die Kostenorientierung der Krankenkasse und deren Ziel, sich im Krankenkassenmarkt zu behaupten (siehe Abschn. 9.1).

Ziel einer bedarfsgerechten Kundenansprache durch die gesetzlichen Krankenkassen ist es somit, die Eigenverantwortlichkeit der Versicherten zu stärken, um dadurch die Inzidenzrate und die Eintrittswahrscheinlichkeit von Erkrankungen sowie die Kosten für das Solidarsystem zu senken (Felder 2009; Walter und Röding 2019). Um dies zu erreichen, muss eine Krankenkasse effektive Kommunikationsmaßnahmen für eine Versichertengruppe ableiten, die in essenziellen Merkmalen homogen agiert. Dafür genügen herkömmliche Segmentierungsvariablen wie Alter, Geschlecht oder Familienstand nicht, da vor allem der Gesundheitszustand den Leistungsbedarf und die daraus resultierenden Informationsbedürfnisse beeinflusst. Beispielsweise stellen Roski und Schikorra (2009) heraus, dass chronisch Kranke meist nach Informationen zu ihrer Krankheit suchen, wohingegen Gesunde wenig Interesse dafür zeigen. Ebenso interessieren sich verschiedene Bevölkerungsgruppen in unterschiedlichem Umfang für Gesundheitsthemen wie Ernährung, Prävention und Wellness. Aber auch weitere Merkmale, wie zum Beispiel die Einstellung zur eigenen Gesundheit und zum Gesundheitssystem sowie psychografische Variablen sind von Bedeutung, um bedarfsgerecht informieren zu können (Dierks 2019).

In Anbetracht dieser Spannungsverhältnisse, in denen sich die Krankenkassen befinden, leiten sich folgende Anforderungen für die Entwicklung einer Versichertentypologie ab, mit dem Ziel, eine bedarfsgerechte Kundenansprache zu ermöglichen:

1. Die Typologie muss *anwendbar* sein, d. h. trennscharfe und konkrete Ansprachekonzepte für die verschiedenen Zielgruppen können leicht durch die GKVn entwickelt werden, sodass auch den Versicherten die Informationen bereitgestellt werden, die diese benötigen.

2. Die Typologie muss *ausgewogen* sein, d. h. die gebildeten Zielgruppen sollen so groß sein, dass sie ohne erheblichen Einsatz monetärer Ressourcen angewandt werden können, aber trotzdem noch so detailliert, dass die verschiedenen Versichertengruppen passende Informationen erhalten.

3. Die Typologie muss *umfassend* sein, d. h. es sollen alle Versicherten (unabhängig von deren Gesundheitszustand, Alter, Beruf etc.) einbezogen werden, um dem Solidarprinzip der Krankenkassen gerecht zu werden.

4. Die Typologie soll *vertrieblich einsetzbar* sein, um den Fortbestand einer Krankenkasse zu sichern und so die Diversität des Krankenkassenmarktes zu erhalten.

5. Die Typologie muss *umsetzbar* sein. Um dies zu gewährleisten, ist es nicht nur von Bedeutung Zielgruppen zu definieren, sondern es muss auch im Bestand der Krankenkassen abzulesen sein, welche*r Versicherte zu welcher Zielgruppe gehört, damit bedarfsgerechte Informationen überhaupt an die richtigen Personen vermittelt werden können.

Der letzte Punkt dieser Anforderungen stellt eine große Herausforderung dar. Da eine bedarfsgerechte Segmentierung Krankenversicherter nicht auf Basis der Bestandsdaten einer Krankenkasse möglich ist (siehe z. B. Börgel 2003), muss im Nachhinein eine Verknüpfung der ermittelten Zielgruppe mit der oder dem Versicherten im System der Krankenkasse stattfinden (siehe Abschn. 9.5).

Die Unterteilung der Versicherten in Zielgruppen wird von den GKVn bislang eher pragmatisch umgesetzt. Unter dem Gesichtspunkt der zur Verfügung stehenden Daten und der Schlussfolgerung daraus, welche Angebote individuell benötigt werden, entstanden vor allem Ansprachekonzepte, die die jeweilige Lebensphase des oder der Versicherten in den Vordergrund rücken, so zum Beispiel Kundenmagazine für Familien oder Senior*innen (AOK PLUS 2020a). Beispielsweise können die GKVn in ihrem Bestand junge Familien identifizieren und ihnen spezifische Angebote für Kleinkinder vorstellen (z. B. „AOK PLUS pro junior" der AOK PLUS 2020b). Diese Lebensphase ist für die Kasse relativ einfach zu ermitteln und mit Angeboten zu unterlegen. Passende Leistungen und Informationen bei Erwerbstätigen ohne Kinder, Student*innen oder bei Rentner*innen zu finden erweist sich als deutlich schwieriger, da sich diese Gruppen unter anderem hinsichtlich ihres Gesundheitszustands, ihrer sportlichen Aktivität und ihren Anforderungen an eine Krankenkasse sehr stark unterscheiden können.

An diesem Punkt wird die Differenzierung der Zielgruppen durch soziodemografische Variablen zu kleinteilig (z. B. Frauen über 50 Jahre, die in Vollzeit arbeiten, keine Kinder haben und einen Rückenkurs in Anspruch genommen haben), da deren ganzheitliche Bearbeitung sehr viele Ressourcen fordert. Selbst der GKV-Spitzenverband (2018, S. 32) erläuterte im „Leitfaden Prävention", dass Gesundheitsförderung über „Altersgruppen und Lebensphasen" hinausgehen sollte.

Abseits der Lebensphasenmodelle, die Versicherte in zu heterogene Bedürfnisgruppen einordnen, um diese bedarfsgerecht zu informieren, bieten vor allem zwei Ansätze Potenzial, Krankenversicherte in Zielgruppen, die sich hinsichtlich ihres Informationsbedarfs homogen verhalten, zu unterteilen. Neumann und Schiller (2016) bilden fünf Versichertentypen für Personen zwischen Ausbildung/Studium und Familiengründung ab, anhand der Kriterien Wechselbereitschaft, Verhältnis zur Krankenkasse, Einstellung zu einer gesunden Lebensweise, Aktivitäten und gesundheitliche Risikogruppe. Schweitzer et al. (2008) verwenden hingegen krankenkassenbezogene Merkmale (wie Wechselbereitschaft und Verhältnis zur Krankenkasse), gesundheitsrelevante Faktoren (wie Einstellung zu einer gesunden Lebensweise, Aktivität und Risikogruppe) sowie informationsspezifischen Variablen (wie Informationsbedürfnis und präferierte Informationskanäle) als Basis für ihre sechs „Gesundheitstypen". Die Diversität der einbezogenen Variablen beider Segmentierungen, abseits soziodemografischer Variablen, bietet die Möglichkeit, die Versicherten bedarfsgerecht zu beraten und ihnen passende Informationen, Angebote und Leistungen zur Verfügung zu stellen. Allerdings sind diese Typologien aufgrund der engen Zielgruppe (bei Neumann und Schiller 2016) und dadurch, dass vertriebliche Aspekte (wie Anprachekanäle und Mediennutzung) bei der Bildung der Segmente nicht berücksichtigt wurden, nur sehr eingeschränkt für die Erarbeitung einer Kommunikationsstrategie einer GKV geeignet.

9.3   Methode

Zur Bildung einer neuen Typologie, die über die bereits vorhandenen hinausgeht und zudem für die GKVn in der Kund*innenkommunikation umsetzbar ist, wurden zunächst drei wichtige Dimensionen definiert, die Einfluss darauf haben, wer mit welchen Inhalten angesprochen werden kann und über welche Kanäle dies erfolgen soll: gesundheitsbezogene Lebensweise, inhaltlich-mediale Erreichbarkeit und Verhältnis zur Krankenkasse. Verschiedene Merkmale dieser drei Faktoren (siehe Tab. 9.2) wurden in einer Online-Befragung im Sommer 2018 repräsentativ für die deutsche Wohnbevölkerung erhoben und anschließend zu drei

Dimensionsindizes zusammengefasst. Dieses Vorgehen hat den Vorteil, dass eine bessere Umsetzbarkeit und Praxisnähe erreicht wird, indem im weiteren Verlauf Variablen sukzessive gekürzt werden, die keine große Erklärkraft für eine Dimension besitzen, um ein handhabbares Itemset zur Bildung von Versichertengruppen zu erhalten (siehe Abschn. 9.5). Die Stichprobe umfasst n = 1479 Probanden, nach Alter, Geschlecht und Bundesland quotiert (vgl. Statistisches Bundesamt 2017) und weicht nur geringfügig von der Grundgesamtheit ab. Im Bundesdurchschnitt gibt es 49 % Männer und 51 % Frauen, genau wie in der Stichprobe. Beim Alter sind ebenso nur geringe Unterschiede zu beobachten: So sind die 25- bis 39-Jährigen um 2 % unterrepräsentiert (21 % in der Stichprobe, 23 % in der Bevölkerung) und die über 64-Jährigen um 1 % überrepräsentiert (26 % in der Stichprobe, 25 % in der Bevölkerung). Demnach ist die Stichprobe leicht älter als die deutsche Wohnbevölkerung (44,5 Jahre laut Statistischem Bundesamt 2020): Im Durchschnitt sind die Probanden 50,4 Jahre (SD = 16,2) alt.

9.3.1 Messvariablen

Unter *gesundheitsbezogene Lebensweise* fällt zum einen das gesundheitsrelevante Risikoverhalten. Darin inbegriffen sind die fünf Verhaltensweisen, die den Gesundheitszustand des menschlichen Organismus am stärksten beeinflussen: körperliche Bewegung, Essgewohnheiten, Tabak- und Alkoholkonsum sowie Schlafverhalten (Fuchs et al. 2012). Zum anderen sind im Index der gesundheitsbezogenen Lebensweise das traditionelle Gesundheitsverhalten und die körperliche Widerstandsfähigkeit nach Dlugosch und Krieger (2008) enthalten, die das Vorsorge- und Präventionsverhalten sowie den Gesundheitszustand operationalisieren. Letzteres wurde noch einmal über ein Single-Item zur selbstberichtenden Gesundheitseinschätzung erhoben, das gemäß WHO (Lampert et al. 2018; Latham und Peek 2013) in verschiedenen Studien eingesetzt wird, z. B. in der europäischen Gesundheitsumfrage (ESIS) und der Gesundheitsberichterstattung des Bundes (GEDA). Demnach subsumiert der Index der gesundheitsbezogenen Lebensweise drei Dimensionen: den Gesundheitszustand, das gesundheitliche Risikoverhalten sowie das Vorsorge- und Präventionsverhalten (siehe Tab. 9.2).

Der Index zur *inhaltlichen und medialen Erreichbarkeit* setzt sich aus drei Merkmalen zusammen: den Erwartungen an die Krankenkasse, dem Interesse an Gesundheitsthemen und der Mediennutzung (siehe Tab. 9.2). Dadurch wird ein Index gebildet, der nicht nur Aufschluss darüber gibt, wie empfänglich die Versicherten für Gesundheitsinformationen sind, sondern auch darüber, wie gut sie über herkömmliche Medien und durch die Krankenkasse zugänglich sind.

Um die Erwartungen an die Krankenkasse zu verdichten, wurden über eine Hauptkomponentenanalyse 19 Items, die die Wichtigkeit von verschiedenen Kassenleistungen beschreiben, zu drei Faktoren bzw. Anforderungsdimensionen verdichtet: zu allgemeinen Anforderungen wie feste Ansprechpartner, verständliche Informationen und aktive Beratung, zu wirtschaftlichen Anforderungen wie Schnelligkeit, großer Leistungskatalog und stabiler Beitragssatz sowie zu Anforderungen von aktiven und flexiblen Kunden wie Tele-Medizin, Sportkurse, Präventionsangebote und Zusatzversicherungen.

Das Interesse an Gesundheitsthemen wurde über eine, von Baumann (2006) entwickelte, Skala operationalisiert, die Informationsabsichten wie Autarkie, Surveillance und Empowerment abbildet (siehe Tab. 9.1). Im weiteren Verlauf zeigte sich, dass nur die Informationsbedürfnisse Surveillance ($\alpha = .87$) und Empowerment ($\alpha = .82$) eine zufriedenstellende interne Konsistenz erreichten, weshalb die Items für Autarkie nicht zusammengefasst wurden, sondern einzeln in die Segmentierung eingingen.

Die Mediennutzung wurde erhoben, indem zunächst erfragt wurde, welche Medien die Versicherten in einer gewöhnlichen Woche nutzen. Zur Auswahl standen Fernseher, Smartphone, Printmedien, Computer/Laptop, Radio, Tablet, Buch,

Tab. 9.1 Mittelwerte und Standardabweichung der Items zur Messung der Informationsziele zu Gesundheitsinformationen nach Baumann (2006)

Nr.	Item	M	SD	Ziel
1	Um einen allgemeinen Überblick über Gesundheitsthemen zu erhalten	3,5	1,1	S
2	Um über gesundheitliche Risiken und Krankheiten informiert zu sein	3,6	1,1	S
3	Um mich im Gesundheitssystem besser auszukennen	3,3	1,1	S
4	Um mich selbst in meine medizinische Versorgung einbringen zu können	3,5	1,1	E
5	Um meine eigenen Kompetenzen zu stärken, damit ich Ratschläge und Entscheidungen von Gesundheitsexperten besser einordnen und bewerten kann	3,6	1,1	E
6	Um mich selbst zu therapieren und gesundheitsrelevante Entscheidungen kompetent und unabhängig treffen zu können	3,3	1,2	A
7	Um andere in Gesundheitsfragen beraten zu können	2,6	1,3	A

Basis: 1479 Proband*innen.
Anmerkung: Messung auf einer 5-stufigen Skala von 1 = stimme überhaupt nicht zu bis 5 = stimme voll und ganz zu.
S – Surveillance, E – Empowerment, A – Autarkie.

Tab. 9.2 Übersicht über die Indizes und die einfließenden Merkmale

Gesundheitsbezogene Lebensweise	Inhaltliche und mediale Erreichbarkeit	Verhältnis zur Krankenkasse
Gesundheitliches Risikoverhalten	Erwartungen an die Krankenkasse	Wechselbereitschaft
Gesundheitsbezogene Lebensweise	Interesse an Gesundheitsthemen	Zufriedenheit mit der eigenen Krankenkasse
Gesundheitszustand	Mediennutzung	Beurteilung der eigenen Kasse in Relation mit anderen GKVn

eBook, MP3-Player, CD-Player und Spiele-Konsole. Wenn ein*e Teilnehmer*in ein Medium benannte, wurde sie oder er in der nächsten Frage gebeten aufzuführen, wie viel Zeit sie oder er an einem typischen Tag in einer normalen Woche mit der Nutzung des Mediums verbringt. Durch diese detaillierten Ausführungen war es möglich, ein genaues und differenziertes Bild der Modi und Intensität der Mediennutzung zu erhalten.

Das *Verhältnis zur Krankenkasse* wurde ebenfalls über drei Facetten abgebildet: die Wechselbereitschaft, die Zufriedenheit mit der eigenen Krankenkasse und die Beurteilung der eigenen Kasse in Relation zu anderen gesetzlichen Krankenkassen (siehe Tab. 9.2). Die Wechselbereitschaft wurde in Anlehnung an Rittner (2011) anhand von zwei Fragen operationalisiert, die Zufriedenheit mit der eigenen Krankenkasse über ein Kennzahlensystem, das die Zufriedenheit mit Leistungen, Services, Beitragssatz und Beratung sowie die wahrgenommene Attraktivität der eigenen Krankenkasse und die Empfehlungsbereitschaft beinhaltete. Die letzte Facette stellte noch einmal die Vorteile der eigenen Krankenkasse denen anderer GKVn gegenüber und verdeutlichte so die Loyalität zur eigenen Kasse.

9.3.2 Auswertungsstrategie

Eine Two-Step-Clusteranalyse ergab eine Lösung mit fünf Versichertensegmenten, welche die Prüfkriterien einer Clusteranalyse (Schendera 2010) erfüllen – Intracluster-Homogenität, Intercluster-Heterogenität, Modellanpassung und inhaltliche Interpretierbarkeit. Das optimale Modell mit einem möglichst kleinen BIC (2018.691) und einem möglichst großem Verhältnismaß (1682) wurde auf Basis des Bayes Kriteriums bestimmt. Von den 1479 Fällen wurden alle in das Modell aufgenommen. Die Stabilität der Cluster wurde über andere analytische

Verfahren, wie Deep Learning und KNeighbors, nachgewiesen. So konnten über beide Verfahren jeweils 86 % bzw. 94 % der Daten dem richtigen Cluster zugeordnet werden. Zudem konnte die Clusterstruktur in einer nachfolgenden Studie (siehe Abschn. 9.5) reproduziert werden.

9.4   Ergebnisse

Die fünf resultierenden Versichertensegmente (im Folgenden IMK-Typen genannt) grenzen sich voneinander anhand der drei gebildeten Indizes ab, aber zeigen innerhalb des Segments ähnliche Verhaltensmuster (siehe Abb. 9.1).

Die *Distanzierten* zeichnen sich durch eine sehr gesunde Lebensweise und einen sehr guten Gesundheitszustand aus. Es ist das Segment, in dem die Versicherten die geringste Anzahl an Arztbesuchen und Medikamenteneinnahmen aufweisen. Sie sind sehr vorsorgeaffin und messen traditioneller Medizin einen hohen Stellenwert bei. Für die Krankenkasse sind sie allerdings schwer erreichbar, da die *Distanzierten* ein deutlich unterdurchschnittliches Interesse an Gesundheitsthemen zeigen und auch die geringste Mediennutzungsintensität aufweisen. Trotz ihrer loyalen Einstellung und hohen Zufriedenheit mit der Krankenkasse

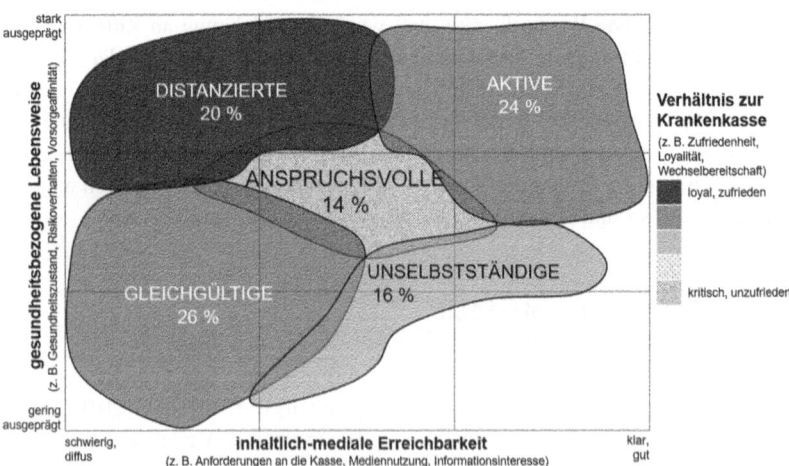

Abb. 9.1 Darstellung der IMK-Typen in einer dreidimensionalen Matrix anhand der Eingangsvariablen gesundheitsbezogene Lebensweise, inhaltlich-mediale Erreichbarkeit und Verhältnis zur Krankenkasse. Eigene Darstellung

fordern sie eine gezielte und zurückhaltende Kommunikation von der Kasse, die knapp und konkret erfolgt.

Im Gegensatz zu den *Distanzierten* sind die *Aktiven* sehr stark an Gesundheitsthemen interessiert, mit dem Ziel, sich selbst zu ermächtigen, ein gesundes Leben zu führen. Die Krankenkasse fungiert für sie als Navigator und Unterstützer einer gesunden Lebensweise. Die Versicherten dieses Typus treiben am häufigsten Sport und nehmen am häufigsten Kassenleistungen wie das Bonusprogramm, Zusatzversicherungen sowie Vorsorge- und Präventionsangebote in Anspruch. Über die Themen Vorsorge, Immunisierung und Prävention, denen die *Aktiven* eine große Bedeutung beimessen, sind sie für eine Kasse sehr gut inhaltlich erreichbar – proaktive Informationen zu diesen Themen fordern die Versicherten dieses Segmentes sogar ein. Bietet eine Krankenkasse bessere Leistungen mit Fokus auf die Gesunderhaltung, scheuen sich die *Aktiven* nicht, die Krankenkasse zu wechseln.

Anspruchsvolle Versicherte zeichnen sich in erster Linie durch ihre kritische Einstellung gegenüber der Krankenkasse aus. Sie wechseln am häufigsten die Kasse und nehmen am seltensten Kassenleistungen in Anspruch. Sie beurteilen den Service, den Beitragssatz und die Leistungen ihrer Krankenversicherung am schlechtesten. Die Krankenkasse ist für die *Anspruchsvollen,* da diese sehr preisbewusst und offen für geldwerte Vorteile sind, vor allem ein Bezahler von Maßnahmen, die sie benötigen, um wieder gesund zu werden. Allgemeine Anforderungen, wie eine*n feste*n Ansprechpartner*in und verständliche sowie transparente Informationen, setzen die *Anspruchsvollen* voraus. Ihre Gesundheit und ihr Medienkonsum sind durchschnittlich.

Die *Gleichgültigen* sind inhaltlich und medial sehr schlecht erreichbar: Sie zeigen das geringste Interesse an Gesundheitsthemen, treten am seltensten in Kontakt mit ihrer Krankenkasse und nehmen kaum Kassenleistungen in Anspruch. Angebote und Leistungen, die ihre Kasse bietet, interessieren sie nicht. Generell zeichnen sie sich durch wenig Motivation aus, ihr Leben gesund zu gestalten. Die *Gleichgültigen* nehmen nur in Einzelfällen ärztliche oder zahnärztliche Vorsorgeuntersuchungen wahr und ergreifen am seltensten Maßnahmen, um sich vor Krankheiten zu schützen, z. B. das Tragen von wettergerechter Kleidung oder die Einnahme von immunstärkenden Präparaten. Zudem wünschen sie keine aktiven Informationen von ihrer Krankenkasse und wenn doch, dann sollte dies gezielt und sparsam erfolgen.

Für die *Unselbstständigen* ist die Krankenkasse der Anker im Gesundheitsmarkt. Gesundheitlich geht es dieser Versichertengruppe am schlechtesten, Arztbesuche und Medikamenteneinnahmen sind überdurchschnittlich stark ausgeprägt. Die *Unselbstständigen* fordern, dass ihre Krankenkasse sich um sie kümmert. Dies schlägt sich in einer hohen Akzeptanz von Informationen zu Zusatzangeboten und Mehrwerten sowie in der Teilnahmebereitschaft an Disease-Management- und Hausarztprogrammen nieder. Außerdem sind sie affin für Angebote zur Behandlung von bestimmten Krankheiten wie Diabetes sowie für allgemeine Gesundheitsinformationen. Der Medienkonsum der *Unselbstständigen* ist deutlich überdurchschnittlich, vor allem digitale Endgeräte wie Smartphone und Computer werden häufig genutzt. Gegenüber ihrer Krankenkasse ist diese Versichertengruppe loyal und hat wenige Bestrebungen, die Kasse zu wechseln.

9.5   Ergebnisse von Folgestudien

Ein Ziel weiterer Forschungen ist es, die Anwendung der IMK-Typen in der Praxis zu erleichtern – jedes Mal eine Clusteranalyse durchzuführen, ist nicht praktikabel, da dieses Analyseverfahren stichprobenabhängig ist, d. h. Strukturen in den Daten voraussetzt, die aber je nach Stichprobe unterschiedlich sind (z. B. Erhebungsmethode, Grundgesamtheit, Stichprobengröße, etc.). Aus diesem Grund ist es für die Umsetzbarkeit der IMK-Typen elementar, dass eine Methode der Versichertensegmentierung entwickelt wird, die eine Zuordnung unabhängig von der Stichprobe zulässt und so den Einsatz in vielfältigen Studien ermöglicht, die sich mit bedarfsgerechten Anspracheekonzepten, aber auch beispielsweise mit der Vermeidung von Kündigenden oder der Versichertenstruktur im Allgemeinen beschäftigen.

Deshalb wurde im Herbst 2018 eine weitere Studie durchgeführt, in der alle segmentbestimmenden Fragen des ursprünglichen Segmentierungsfragebogens Inhalt fanden, aber auch eine stark verkürzte, 16 Items umfassende Kurzform. Zunächst wurden ein weiteres Mal drei Indizes gebildet und über eine Two-Step-Clusteranalyse die befragten Krankenversicherten segmentiert. Erneut konnte die Fünf-Cluster-Lösung bestätigt werden. Mittels des Kurzfragebogens – der je fünf Items für die Operationalisierung der gesundheitsbewussten Lebensweise und dem Verhältnis zur Krankenkasse sowie sechs Items zur Erfassung der inhaltlich-medialen Erreichbarkeit umfasst – wurden die Befragten anhand einer Analyse der Antwortmuster einem IMK-Typen zugeordnet und mit den gefundenen Segmenten der Fünf-Cluster-Lösung abgeglichen. Auf Basis dessen konnte eine hohe Übereinstimmung zwischen der gefundenen Clusterstruktur und den, über den Kurzfragebogen gebildeten, Versichertengruppen festgestellt werden.

Um die IMK-Typen noch zielgruppengerechter über Marketing und Vertrieb ansprechen zu können, wurden im Herbst 2019 dafür relevante Merkmale in einer weiteren Studie abgefragt. Ziel dieser war es, die von IMK entwickelte Typologie soweit mit Informationen anzureichern, dass Ansprachekonzepte und Kommunikationsstrategien entwickelt werden können. Dazu wurden im Vorfeld Gespräche mit sechs Expert*innen aus Praxis und Forschung geführt – z. B. mit dem „Projektleiter Markt" der Kaufmännischen Krankenkasse, dem „Bereichsleiter Kampagnenmanagement" der AOK PLUS und Prof. Constanze Rossmann, die an der Universität Erfurt den Masterstudiengang Gesundheitskommunikation mitbegründete. In diesen Interviews wurden acht Schwerpunkte genannt, die ergänzend für eine Typologie der zielgruppengerechten Kundenkommunikation genutzt werden sollten. Darunter befinden sich Merkmale wie Freizeitaktivitäten, allgemeines Themeninteresse, spezifisches Mediennutzungsverhalten (d. h., welche Formate, Anbieter oder Inhalte rezipiert bzw. genutzt werden, um Informationen zum Thema Gesundheit zu erhalten), die Rolle von Ratgebern und Meinungsführern, spezifische Service- und Produktpräferenzen sowie die Arbeitssituation.

Die herausgearbeiteten Merkmale wurden folgend in eine Befragung überführt, an der n = 1500 Proband*innen teilnahmen. Als Ergebnis dieser Befragung wurden Personas, also typische Vertreter*innen einer Zielgruppe, herausgearbeitet, die es Vertriebs- und Marketingverantwortlichen erleichtern sollen, konkrete Konzepte zu erstellen. Da die IMK-Typen sich zwar heterogen in Bezug auf ihre gesundheitsbezogene Lebensweise, ihr Verhältnis zur Krankenkasse und ihre inhaltlich-mediale Erreichbarkeit verhalten, aber relativ homogen in Bezug auf deren Soziodemografie sind, wurden in einem weiteren Schritt die IMK-Typen mit Lebensphasen gekreuzt – im Spezifischen mit den Lebensphasen Student*innen/Auszubildende, Berufseinsteiger*innen (bis 35 Jahre), Familien mit Kleinkindern (bis sechs Jahre), Familien mit Schulkindern (ab sechs bis 17 Jahre), Berufstätige über 35 Jahre, nicht (Vollzeit) Berufstätige und Rentner*innen. Diese Kombination, im Folgenden am Beispiel der aktiven Berufseinsteiger*innen verdeutlicht, ermöglicht eine sehr flexible Bearbeitung des Krankenversichertenmarktes.

Am Beispiel der *aktiven Berufseinsteiger*innen,* die sich vor allem mit nachhaltiger sowie fitness- und gesundheitsorientierter Ernährung beschäftigen, von ihrer Krankenkasse Bonusprogramme und betriebliches Gesundheitsmanagement fordern und ihre Freizeit den Themen Entspannung und Sport sowie gemeinnützigen Engagements in Vereinen widmen, wird deutlich, welche Möglichkeiten die Anreicherung der IMK-Typen mit Lebensphasen und spezifischen marketing- und vertriebsrelevanten Merkmalen hat. Erreichbar sind die *aktiven Berufseinsteiger*innen* in erster Linie über Messenger-Dienste, soziale Medien, das Internet im Allgemeinen sowie über Instagram, WhatsApp, YouTube und Streaming-Anbieter wie Netflix, Spotify und Amazon Prime Video. Zeitungen, die von den *aktiven*

Berufseinsteiger*innen rezipiert werden, sind BILD, die Welt und die Süddeutsche Zeitung. Da die *Aktiven* generell sehr gut erreichbar und empfänglich für Gesundheitsthemen sind, bietet sich eine offene und breite Kommunikation an, die verstärkt über digitale Medien verbreitet wird. Inhalte sollten Präventions- und Vorsorgeangebote oder auch exklusive Vorteile bei externen Partnern wie Fitnessstudios sein. Um das eigenverantwortliche Gesundheitsverhalten der *aktiven Berufseinsteiger*innen* zu fördern, kann sich die Krankenkasse ihrer Funktion als Navigator bewusst werden und den aktiven Berufseinsteiger*innen, die aus intrinsischer Motivation bereit sind, ihr Leben gesund zu gestalten, die richtigen Leistungen und Angebote anbieten.

9.6   Fazit und Ausblick

Um die IMK-Typen, die bisher nur über das 16-teilige Itemset operationalisierbar sind, auch im Bestand einer Krankenkasse abbilden zu können, wird an einem Konzept gearbeitet, das es erlaubt, die einstellungs- und verhaltensbezogenen Versichertensegmente über eine künstliche Intelligenz allen Bestandskund*innen einer Krankenkasse zuzuordnen. Dieses Design soll eine bedarfsgerechte und ressourcenschonende Kund*innenkommunikation mit den eigenen Versicherten ermöglichen. Dafür ist es notwendig, den Datenbestand einer Krankenkasse mit den IMK-Typen anzureichern und einen Algorithmus zu entwickeln, der anhand der vorhandenen Bestandsdaten die Versicherten mit einer relativ hohen Wahrscheinlichkeit einem Segment zuordnet. Diese Anreicherung muss allerdings fortlaufend evaluiert werden, da die Versicherten nicht starr in ihren Segmenten verharren, sondern diese flexibel wechseln können, etwa wenn schlechte Erfahrungen mit der Krankenkasse gemacht werden, eine Veränderung des Gesundheitszustands eintritt oder basierend auf Erkrankungen oder Leistungsinanspruchnahmen eine Sensibilisierung für bestimmte Gesundheitsthemen erfolgt. Demnach ist das hier vorgestellte Segmentierungsmodell als flexibles Konstrukt zu verstehen, in dem sich die Versicherten bewegen, weshalb eine wiederkehrende Evaluation des Versichertentypen unabdingbar ist. Außerdem sollte immer bewusst sein, dass die Segmente immer noch sehr heterogen bezüglich vieler affektiver, konativer und kognitiver Variablen sind und, dass nicht jede*r Versicherte individuell angesprochen werden möchte. Dennoch ist die Segmentierung Krankenversicherter eine Chance, um das „Gießkannenprinzip" zu umgehen und Streuverluste zu reduzieren.

Eine Segmentierung des Krankenversichertenmarktes lässt sich auf vielfältige Weise durchführen. Ansätze, die auf einer Unterteilung des Versichertenmarktes nur durch soziodemografische Variablen basieren, haben den Vorteil, dass sie mit schon vorhandenen Bestandsdaten umsetzbar sind. Allerdings können darauf aufbauende Marketingmaßnahmen aufgrund fehlender Informationen zu Erreichbarkeit, Interesse an Gesundheitsthemen und Produktpräferenzen nicht bedarfsgerecht ausgerichtet werden – sie gehen deshalb immer mit einem relativen großen Streuverlust einher. Anders verhält es sich mit Versichertentypologien, die auf Basis von einstellungsbezogenen Variablen gebildet werden. Diese sind im Bestand zwar nur mit einem vergleichsweise hohen Aufwand implementierbar, bieten aber die Möglichkeit, die eigenen Versicherten deutlich bedarfsgerechter anzusprechen und somit auch der oder dem einzelnen Versicherten individuelle Gesundheitsinformationen zur Verfügung zu stellen. Somit bietet die hier vorgestellte Form der Kund*innenkommunikation mittels Typologien den gesetzlichen Krankenkassen eine Chance, trotz eines heterogenen Versichertenstammes, eine vergleichsweise ressourcenschonende und individuelle Kund*innenansprachen zu entwickeln, ohne dabei das Solidaritätsprinzip zu verletzen.

Auch für andere Akteure im Gesundheitswesen, die bestimmten Zielgruppen Gesundheitsinformationen näherbringen wollen, ist eine Kommunikationsstrategie auf Basis einer einstellungsbezogenen Typologie durchaus sinnvoll. Allerdings ist die hier vorgestellte Typologie konkret für die gesetzlichen Krankenkassen konzipiert, da die Dimensionen *Verhältnis zur Krankenkasse* und *inhaltliche-mediale Erreichbarkeit* (siehe Tab. 9.2) auf diese ausgerichtet sind. Inwieweit eine 1:1-Adaption der IMK-Typologie auf andere Akteure des Gesundheitswesens (wie Pharmaunternehmen und Kliniken) erfolgen kann, bedarf einer näheren Analyse deren Kund*innenstruktur und Kommunikationsziele.

Im Zuge der zunehmenden Digitalisierung des Gesundheitsmarkts und der Menge an Daten, die über Versicherte gesammelt werden (z. B. über Apps oder soziale Medien), ist es möglich, den kundenindividuellen Zuschnitt der Typologie weiter zu erhöhen: So wäre es denkbar, wenn erkannt wird, dass ein*e Versicherte*r eine bestimmte Leistung in Anspruch nimmt, Versicherten desselben Typus dieselbe Leistung anzubieten. Des Weiteren könnte durch eine Verlinkung der Typologie mit Geodaten Wege, Orte und Wohngegenden von Versichertengruppen nachvollzogen und an bestimmten Wegpunkten gezielt Informationen geschaltet werden. Die Möglichkeiten, mithilfe dieser Versichertentypologie Informationen zu verbreiten, scheinen schier endlos, bedingen aber auch einen erheblichen Einschnitt in die Privatsphäre der Versicherten, die nicht außer Acht gelassen werden darf. Je mehr Kund*inneninformationen genutzt werden, desto individueller wird auch die Ansprache. Damit geht jedoch die

Gefahr einer, Versicherte zu detailliert anzusprechen und damit sowohl gegen das Solidaritätsprinzip zu verstoßen als auch die Wirtschaftlichkeit des Ansatzes zu vernachlässigen. Viel wichtiger ist aber, dass dadurch Möglichkeiten des Datenmissbrauchs entstehen können.

Ungeachtet dessen ist es auch bedeutsam, immer erst das Individuum zu sehen. Denn nicht alle Menschen – auch nicht innerhalb eines Versichertentypus – sind gleich, sondern reagieren und agieren individuell. Die IMK-Typologie ist unter diesem Gesichtspunkt ein Hilfsmittel, das es ermöglicht, gesetzlich Krankenversicherte so zusammenzufassen, dass eine Bearbeitung des Marktes durch die Krankenkasse wirtschaftlich und sozial, aber gleichzeitig nicht pauschalisiert möglich ist.

Literatur

AOK PLUS. (2020a). *AOK Gesundheitsmagazin.* Abgerufen von https://www.aok.de/pk/plus/inhalt/aok-plus-kundenmagazine/.

AOK PLUS. (2020b). *AOK PLUS pro junior. Mit dem AOK PLUS pro junior belohnen wir die gesunde Lebensweise Ihrer Familie.* Abgerufen von https://www.aok.de/pk/plus/inhalt/aok-plus-pro-junior/.

Baas, J. (2015). Zwischen Privat und Gesetzlich – Die Marke „Techniker Krankenkasse". In K. Brandmeyer, P. Pirck, & A. Pogoda (Hrsg.), *Medizin trifft Marke. Markentechnik für den Gesundheitsmarkt* (1. Aufl.) (S. 3–10). Wiesbaden: Springer Gabler.

Baumann, E. (2006). Auf der Suche nach der Zielgruppe. Das Informationsverhalten hinsichtlich Gesundheit und Krankheit als Grundlage erfolgreicher Gesundheitskommunikation. In J. Böcken & B. Braun (Hrsg.), *Gesundheitsmonitor 2006. Gesundheitsversorgung und Gestaltungsoptionen aus der Perspektive von Bevölkerung und Ärzten* (S. 117–153). Gütersloh: Bertelsmann.

Börgel, A. (2003). *Zielgruppenorientierte Übermittlung krankheitsbezogener Informationen an Versicherte der Gesetzlichen Krankenkassen.* (Dissertation). Universität Osnabrück, Deutschland.

Burkhardt, W. (2013). *Einer für alle, alle für einen. Das Solidarprinzip in der gesetzlichen Krankenversicherung, Bundeszentrale für politische Bildung.* Abgerufen von https://www.bpb.de/politik/innenpolitik/gesundheitspolitik/72358/solidarprinzip.

Dierks, M.-L. (2019). Empowerment, Selbstmanagementförderung und Gesundheitskompetenzvermittlung – Versuch einer Einordnung. In G. Seidel, R. Meierjürgen, S. Melin, J. Krug, & M.-L. Dierks (Hrsg.), *Selbstmanagement bei chronischen Erkrankungen* (S. 31–46). Baden-Baden: Nomos.

Dlugosch, G. E., & Krieger, W. (2008). FEG. Fragebogen zur Erfassung des Gesundheitsverhaltens. In J. Bengel, M. Wirtz, & C. Zwingman (Hrsg.), *Diagnostische Verfahren in der Rehabilitation* (S. 106–108). Göttingen: Hogrefe.

Felder, W. (2009). Zielgruppen-Marketing der AOK Berlin – Die Gesundheitskasse. In R. Roski (Hrsg.), *Zielgruppengerechte Gesundheitskommunikation. Akteure – Audience*

Segmentation – Anwendungsfelder (1. Aufl.) (S. 133–152). Wiesbaden: VS Verlag für Sozialwissenschaften.

Fuchs, R., Bolliger-Salzmann, H., & Abel, T. (2012). Gesundheitsverhalten und Lebensstile. In M. Egger & O. Razum (Hrsg.), *Public Health. Sozial- und Präventivmedizin kompakt* (S. 132–142). Berlin, Boston: De Gruyter. https://doi.org/10.1515/9783110255416.132.

GKV-Spitzenverband (Hrsg.). (2018). *Kennzahlen der gesetzlichen Krankenversicherung.* Abgerufen von https://www.gkv-spitzenverband.de/media/grafiken/gkv_kennzahlen/ken nzahlen_gkv_2020_q2/GKV_Kennzahlen_Booklet_Q2-2020_300dpi_2020-09-10.pdf.

GKV-Spitzenverband. (2020a). *Anzahl der Krankenkassen im Zeitverlauf. Konzentrationsprozess durch Fusionen, GKV-Spitzenverband.* Abgerufen von https://www.gkv-spitze nverband.de/media/grafiken/krankenkassen/Grafik_Krankenkassenanzahl_Konzentrat ionsprozess_300dpi_2020-01-02.jpg.

GKV-Spitzenverband. (2020b). *Selbstverwaltung, Solidarität und Sachleistung.* Abgerufen von https://www.gkv-spitzenverband.de/krankenversicherung/kv_grundprinzipien/selbst verwaltung_gkv/gkv_selbstverwaltung_1.jsp.

IMWF Institut für Management- und Wirtschaftsforschung GmbH. (2017). Transparenz von Kassenleistungen. Repräsentative Bevölkerungsbefragung.

Krankenkassen.de (2020). *Die größten Krankenkassen: Versicherte 2019.* Abgerufen von https://www.krankenkassen.de/krankenkassen-vergleich/statistik/versicherte/aktuell/.

Lampert, T., Kroll, L. E., Kuntz, B., & Hoebel, J. (2018). Gesundheitliche Ungleichheit in Deutschland und im internationalen Vergleich: Zeitliche Entwicklungen und Trends. *Journal of Health Monitoring 3*(S1), 1–26. https://doi.org/10.17886/RKI-GBE-2018-019.

Latham, K., & Peek, C. W. (2013). Self-rated health and morbidity onset among late midlife U.S. adults. *The Journals of Gerontology. Series B, Psychological Sciences and Social Sciences, 68*(1), 107–116. https://doi.org/10.1093/geronb/gbs104.

Neumann, K., & Schiller, S. (2016). *Zwischen Ausbildung und Familiengründung. Rundumbetrachtung einer schwer zu erreichenden Zielgruppe (IGES Kompass Gesundheit).* Berlin: IGES Institut GmbH; IMK Institut für angewandte Marketing- und Kommunikationsforschung.

Noar, S. M., Benac, C. N., & Harris, M. S. (2007). Does tailoring matter? Meta-analytic review of tailored print health behavior change interventions. *Psychological Bulletin, 133*(4), 673–693. https://doi.org/https://doi.org/10.1037/0033-2909.133.4.673

Reifegerste, D., Schiller, S., & Leu, J. (2019). Krankenkassenkommunikation. In C, Rossmann & M. R. Hastall (Hrsg.), *Handbuch der Gesundheitskommunikation* (Bd. 77, S. 121–132). Wiesbaden: Springer Fachmedien. https://doi.org/10.1007/978-3-658-10727-7_10.

Rittner, A. M. (2011). *Kundenwertorientierte strategische Segmentierung in der gesetzlichen Krankenversicherung* (Schriftenreihe Gesundheitsmanagement und Medizinökonomie, Bd. 20). Hamburg: Kovač.

Roski, R., & Schikorra, S. (2009). Informations- und Medienverhalten von Versicherten und Patienten. Eine Segmentierung von Barmer Versicherten. In R. Roski (Hrsg.), *Zielgruppengerechte Gesundheitskommunikation. Akteure – Audience Segmentation – Anwendungsfelder* (1. Aufl.) (S. 107–132). Wiesbaden: VS Verl. für Sozialwissenschaften.

Schendera, C. F. G. (2010). *Clusteranalyse mit SPSS. Mit Faktorenanalyse.* Berlin: Oldenbourg Wissenschaftsverlag.

Schweitzer, A., & Bock, C. (2009). Marktsegmentierung und ihre Chancen für die zielgruppengerichtete Kommunikation. In R. Roski (Hrsg.), *Zielgruppengerechte Gesundheitskommunikation. Akteure – Audience Segmentation – Anwendungsfelder* (1. Aufl.) (S. 89–106). Wiesbaden: VS Verl. für Sozialwissenschaften.

Schweitzer, A., Weller, D., & Rücker, M. (2008). *Health Care Monitoring. Die Verbraucherstudie für den deutschen Gesundheitsmarkt* (psychonomics, Hrsg.). Abgerufen von https://cdn.yougov.com/de-pdf/HealthCareMonitoring_2008_Studienportrait.pdf.

Statistisches Bundesamt (2017). *Bevölkerung, Familien, Lebensformen. Statistisches Jahrbuch 2017*. Abgerufen von https://www.destatis.de/DE/Publikationen/StatistischesJahrbuch/Bevoelkerung.pdf?__blob=publicationFile.

Statistisches Bundesamt (2020). *Durchschnittsalter auf Grundlage des Zensus 2011 nach Geschlecht und Staatsangehörigkeit. Durchschnittsalter nach Geschlecht und Staatsangehörigkeit 2011 bis 2019*. Abgerufen von https://www.destatis.de/DE/Themen/Gesellschaft-Umwelt/Bevoelkerung/Bevoelkerungsstand/Tabellen/durchschnittsalter-zensus-jahre.html.

Walter, U., & Röding, D. (2019). Zielgruppenspezifische Prävention und Gesundheitsförderung. In R. Haring (Hrsg.), *Gesundheitswissenschaften* (Springer Reference Pflege – Therapie – Gesundheit) (S. 391–402). Berlin, Heidelberg: Springer.

Sören Schiller ist Geschäftsführer bei IMK Institut für angewandte Marketing- und Kommunikationsforschung GmbH, Erfurt, Deutschland.

Sarah-Maria Steppe ist Beraterin bei IMK Institut für angewandte Marketing- und Kommunikationsforschung GmbH, Erfurt, Deutschland.

Teil IV
PR und Organisationskommunikation von Stiftungen und Pharmaunternehmen

PR und Advocacy-Arbeit von und für junge Erwachsene mit Krebserkrankungen

10

Julia Stüwe und Felix Pawlowski

Zusammenfassung

Krebstumore wie auch deren Behandlung können zum Verlust der Fruchtbarkeit (Fertilität) bei Betroffenen führen. Der Kinderwunsch wird dann oft dem Ziel des Überlebens untergeordnet. Medizinische Standards zum Erhalt der Fruchtbarkeit in der deutschen Medizinlandschaft sind zwar bestens etabliert, aber aufgrund der oft verweigerten Kostenübernahme nicht für jeden Betroffenen bezahlbar. Für etwa 16.500 Menschen zwischen 18 und 39 Jahren, die jährlich mit Krebs neudiagnostiziert werden, ergeben sich damit neben gesundheitlichen auch finanzielle und existentielle Herausforderungen bei der Bewältigung ihrer Erkrankung. Der Öffentlichkeit ist diese Problematik wenig bekannt. Daher soll im vorliegenden Beitrag die PR-Kampagne und Advocac-Arbeit der Deutschen Stiftung für junge Erwachsene mit Krebs anhand des Modells verständnisorientierter Öffentlichkeitsarbeit dargestellt werden. Diese mündete u. a. in die gesundheitspolitische Gesetzgebung des Terminservice- und Versorgungsgesetzes und eine gesetzlich geregelte Kostenübernahme fertilitätserhaltender Maßnahmen.

J. Stüwe (✉)
Universität Rostock, Rostock, Deutschland
E-Mail: julia.stuewe2@uni-rostock.de

F. Pawlowski
Deutsche Stiftung für junge Erwachsene mit Krebs, Berlin, Deutschland
E-Mail: f.pawlowski@junge-erwachsene-mit-krebs.de

© Springer Fachmedien Wiesbaden GmbH, ein Teil von Springer Nature 2021   159
D. Reifegerste (Hrsg.), *PR und Organisationskommunikation im Gesundheitswesen*, https://doi.org/10.1007/978-3-658-32884-9_10

Schlüsselwörter

Public Relations • Gesundheitspolitik • Dialog • Krebskommunikation •
Fertilität • Lobby • Advocacy • Case Study

10.1 Einleitung

Im deutschen Gesundheitswesen verfolgen die beteiligten Akteur*innen (z. B.
Kostenträger oder Versicherte) verschiedene Ziele. So existieren nicht nur
gesundheitlich-medizinische Belange, sondern daneben auch ökonomisch-
wirtschaftliche Interessen und gesamtgesellschaftlich relevante Ziele (Roski
2009). Diverse Stakeholder, wie die Politik oder Interessenverbände, versuchen
dabei mit gezielt angesetzter Organisationskommunikation, wie Lobbyarbeit und
Advocacy, ihre Ziele bestmöglich durchzusetzen, wodurch es zu einer gewissen
Konkurrenz der Themen und Maßnahmen kommen kann (Köppl 2008). Auch in
der gesundheitspolitischen Gesetzgebung können diese Kommunikationsprozesse
beobachtet werden (Simon 2015). So versuchen die jeweiligen Akteur*innen ihr
eigenes Thema möglichst weit oben auf der politischen Agenda zu platzieren, um
das eigene Vorhaben durchzubringen.

Neben etablierten, großen Akteur*innen im gesundheitspolitischen Markt
(z. B. Krankenkassenverbände), existieren auch kleinere Kommunikatoren im System. Sie umfassen zumeist ein sehr spezielles Interesse und arbeiten vielfach
gemeinnützig. Zu diesen zählt u. a. die Deutsche Stiftung für junge Erwachsene
mit Krebs[1]. Als patientenorientierte Organisation arbeitet sie eigentlich abseits
von etablierten, politischen Strukturen und Kommunikationswegen. Dennoch
schaffte sie es, sich im Verfahren um das Terminservice- und Versorgungsgesetz
(TSVG) aus dem Mai 2019 erfolgreich einzubringen. Dieses Gesetz soll nicht nur
zeitnahe Termine bei Fachärzt*innen zusichern oder der verbesserten Versorgung
auf dem Land dienen, sondern auch dazu beitragen, dass gesetzliche Krankenkassen zusätzliche Versorgungsleistungen übernehmen, wie z. B. fertilitätserhaltende
Maßnahmen für junge Krebspatient*innen. Dieser Erfolg ist auf eine Vielzahl
verschiedener Maßnahmen der Stiftung zurückzuführen. So wurden u. a. gezielt
Bundestagsabgeordnete für die Thematik sensibilisiert und mobilisiert sowie über
Pressearbeit und -konferenzen Medien, Öffentlichkeit und Gesellschaft auf die
Problematik aufmerksam gemacht.

---

[1] Siehe https://junge-erwachsene-mit-krebs.de/.

Eine Krebserkrankung betrifft in jungen Jahren nur wenige Menschen. Jährlich erkranken in Deutschland nach Angaben des Robert Koch-Instituts rund 16.500 junge Menschen im Alter zwischen 18 und 39 Jahren an Krebs. Laut Gesellschaft der epidemiologischen Krebsregister in Deutschland e. V. (GEKID 2020) macht dies gerade einmal 3 % der Gesamterkrankungszahl aus. Doch nicht allein die Erkrankung und der Kampf um das Überleben belastet die jungen Krebsbetroffenen. Auch die Fertilität, ihr Erhalt sowie unerfüllte Kinderwünsche und somit sozial-existenzielle Komponenten stellen wichtige Themenkomplexe dar, welche als psychisch belastend empfunden werden (Leuteritz et al. 2018). Der Grund hierfür liegt neben medizinischen Maßnahmen oft in der fehlenden, gesetzlich geregelten Kostenübernahme dafür. Daher startete die Deutsche Stiftung für junge Erwachsene mit Krebs im Sommer 2017 ihr Vorhaben, dass fertilitätserhaltende Maßnahmen zukünftig von gesetzlichen Krankenkassen übernommen werden sollen. Mit diesem Interesse und einem Einstehen für eine vergleichsweise marginal auftretende Patientengruppe im deutschen Gesundheitssystem begann die politische PR-Arbeit der Stiftung.

Im folgenden Beitrag wird diese Kampagne genauer vorgestellt. Um dieses Anliegen bestmöglich zu realisieren, setzte die Stiftung auf eine dialogorientierte Kommunikation auf unterschiedlichen Ebenen und mit verschiedenen Akteur*innen. Da es sich hierbei um gesundheitspolitisches Engagement und Veränderungen handelt, sollen zunächst die Begriffe Lobby und Advocacy (1.2) definiert werden. Das Ziel der Stiftung, Verständnis und Zustimmung für die Fertilitätsaspekte junger Krebsbetroffener und eine gesetzliche Regelung dieser zu erreichen, knüpft an das Konzept der *verständnisorientierten Öffentlichkeitsarbeit* nach Roland Burkart (1996) an, welches in Abschn. 10.3 in seinen Grundzügen erklärt wird. Bei der Kampagne der Stiftung handelte es sich darüber hinaus um ein Konglomerat verschiedenster PR-Aktionen inklusive politischen Engagements, wobei sich auf gemeinnützliche Aspekte im Sinne von Patienteninteressen konzentriert wurde. Diese werden in 1.4 als ein Beispiel für die Kommunikation mit politischen Entscheidungsträgern im Gesundheitswesen aufgezeigt und mit den theoretischen Vorüberlegungen zusammengeführt.

10.2   Lobbying und Advocacy in der Gesundheitspolitik

In der Gesundheitspolitik geht es um ein stetes Aushandeln verschiedenster Interessen. Dabei trifft man in einem hochkomplexen und teuren Gesundheitssystem wie in Deutschland auf verschiedene Gruppen – sogenannte Interessenverbände

– mit unterschiedlichen Statusrollen, welche der Politik und ihren gewählten Mitgliedern Bedarfe und Informationen zu ihren Belangen übermitteln wollen und sollen (Simon 2015). Denn obwohl die Interessenverbände für ihren eigenen Nutzen einstehen, sind die politischen Entscheidungsträger*innen gleichfalls auf ihre Kompetenz und die Nähe zu Betroffenen im System angewiesen. Zum einen weisen eben diese Institutionen und Unternehmen durch ihre Fokussierung eine besondere Expertise auf. Zum anderen bringen sie im Gegensatz zu einzelnen Privatpersonen und kleinteiligen Anfragen kumulierte, größere Anliegen in politische Debatten ein. Dabei gilt es, diese Interessenverbände und ihre Vertreter*innen voneinander zu unterscheiden. So differenziert man im deutschen Gesundheitssystem Leistungserbringer (z. B. die Ärztekammer, Kassenärztliche Vereinigung oder Berufsverbände), Kostenträger (z. B. Krankenkassen) und Patientenorganisationen (z. B. Stiftungen).

Die etablierten Akteur*innen der Kostenträger und der Leistungserbringer im deutschen Gesundheitswesen, zu denen die Mitglieder des Gemeinsamen Bundesausschusses (G-BA) gehören, werden regelmäßig an der Gesetzgebung beteiligt. Der G-BA ist das höchste Beschlussgremium der gemeinsamen Selbstverwaltung im deutschen Gesundheitswesen und bestimmt in Form von Richtlinien, welche medizinischen Leistungen die in Deutschland Versicherten beanspruchen können. Seine Mitglieder sind der Spitzenverband der gesetzlichen Krankenversicherung, die Kassenärztliche Bundesvereinigung (KBV), die Deutsche Krankenhausgesellschaft (DKG) und die Kassenzahnärztliche Bundesvereinigung (KZBV). Patientenvertreter*innen besitzen dort zwar ein Mitberatungs- und Antragsrecht, jedoch kein Stimmrecht (G-BA o. J.). Daher existieren neben diesen Hauptvertreter*innen auch kleinere Verbände und Gruppen, die zwar mit weniger Ressourcen ausgestattet sind, aber dennoch versuchen, ihre jeweiligen Interessen auf politischer Ebene einzubringen. Sie übernehmen eine Art Fürsprache oder Anwaltschaft *(Advocacy)* für eine sozial schwächer gestellte Gruppe, wie beispielsweise nicht professionell organisierte Patientengruppen, die zwar per se gleiche Rechte besitzt, aber weniger Einfluss hat, diese an offizieller Stelle geltend zu machen (Fischer 2011). Diesen Gruppen fehlen im Gegensatz zu etablierten Pharmakonzernen oder medizinischen Berufsverbänden einflussreiche Kommunikationspartner*innen und die finanziellen Ressourcen, um ihre Interessen entsprechend zu kommunizieren.

Die *Advocacy* wird als eines von drei Themen benannt, die bereits 1986 im Abschlusspapier der WHO-Konferenz zur Gesundheitsförderung in Ottawa *(Ottawa-Charta)* neben *Empowerment* (siehe dazu Koinig in diesem Beitrag) und *Vernetzung* zentral aufgeführt wurde. Gesundheit wird hier eine wichtige

Bedeutung für die Lebensqualität zugeschrieben, die durch verschiedene Faktoren (z. B. politische, wirtschaftliche, soziale oder biologische) beeinflusst werden kann. Daher sollen durch Fürsprachemechanismen gesundheitsfördernder Maßnahmen angestoßen werden, was wiederum das Leben der direkt Beteiligten positiver gestalten soll. Insbesondere non-profit Nichtregierungsorganisationen (z. B. gemeinnützige Stiftungen, Patientenverbände etc.) werden als Anwaltschaft auf (gesundheits-) politischer Ebene verstanden. Sie können sowohl in geografisch abgesteckten Räumen als auch in transnationalen Netzwerken agieren, um so auf gesundheitliche Problemsituationen aufmerksam zu machen (Keck und Sikkink 1999).

Schnell kommt hierbei der Begriff Lobbyismus (Beck 2014) auf, worunter „die Beeinflussung von politischen Entscheidungen durch Personen, die nicht an diesen Entscheidungen beteiligt sind" verstanden wird (Köppl 2008, S. 195). Von Lobbying und Advocacy ist der Begriff der Public Affairs zu trennen. Er ist als besonderer Teilbereich der Öffentlichkeitsarbeit von Unternehmen zu bezeichnen, da er sich insbesondere dem Aufbau und vor allem der Pflege von Beziehungen widmet (Köppl 2008). Sowohl Lobbying als auch Advocacy und Public Affairs bestehen aus politischer Kontaktpflege und Mitgestaltung. Allerdings sind zumeist ihre Intentionen und Formen der Umsetzung unterschiedlich. Während die Lobbyarbeit eher für ein sehr bestimmtes Vorgehen ihrer Vertreter*innen mit zumeist (aber nicht ausschließlich) wirtschaftlichen Interessen steht, agiert die Advocacy aus einer schwächeren Position heraus und beruft sich auf ihren Einsatz für ideelle Anliegen. Public Affairs ist dagegen eher für wirtschaftliche Anliegen einzuordnen, da hier meist (oppositionelle) politische, ökonomische oder gesellschaftliche Veränderungen angestrebt werden, um diese mit den eigenen Unternehmenszielen besser vereinbaren zu können (Filzmaier und Fähnrich 2014).

Ziel all dieser strategischen Kommunikationsmaßnahmen ist es, neue Gesetze, Verordnungen, Novellierungen oder Regulierungen zu schaffen. Allerdings erfolgt diese Einflussnahme nicht gleichwertig, da sie von unterschiedlichen Faktoren abhängig ist. So sind finanzstarke Verbände mit guten und beständigen Beziehungen zu Abgeordneten, genügend Personal und Vertretungsmonopol bzw. wirtschaftsstarke und gewinnorientierte Verbände durchaus mächtiger im System bezüglich ihres Einflusses auf die Politik zu bewerten als freiwillig abhängige Gemeinschaften (Simon 2015). Die unterschiedlich verteilten Ressourcen sorgen damit nicht unbedingt für eine soziale Gerechtigkeit im Gesundheitssystem selbst, da bestimmte Themen aufgrund ihrer finanzstarken Träger im Hintergrund deutlich besser auf der politischen Agenda platziert werden können als andere. Daher müssen insbesondere die kleineren und weniger etablierten Akteur*innen des

Gesundheitswesens Kommunikationsstrategien anwenden, die auch mit weniger Ressourcen umsetzbar sind und dennoch zu den gewünschten Zielen führen.

10.3   Das Konzept des Dialogs: Die verständnisorientierte Öffentlichkeitsarbeit

Unabhängig davon, ob die Interessen über etablierte Lobby-Strukturen oder ideelle Advocacy-Kommunikationsarbeit durchgesetzt werden sollen, setzen beide auf eine gewisse Dialogbereitschaft des Gegenübers. Diese sind zum einen politische Entscheidungsträger*innen, um das Vorhaben offiziell legitimieren zu lassen, und zum anderen die Öffentlichkeit, um dafür gleichzeitig Unterstützung zu erhalten. Diese verständnisorientierte Öffentlichkeitsarbeit (Burkart 1996) wird in der Organisationskommunikation und PR als vorteilhaft bewertet und situationsspezifisch empfohlen, um das eigene Handeln zu legitimieren sowie eigene Interessen durchzusetzen. Sie erfordert eine individuelle Kombination aus *Persuasion* (d. h. emotionale Durchsetzung von Interessen), *Argumenten* (d. h. die Überzeugung des Gegenüber durch prüfbare Behauptungen) und *Information* (d. h. adressatenspezifische Botschaften) pro Situation, Thema sowie beteiligten Akteur*innen (Kuhlmann 1993; Zerfaß 1996).

Deutlich wird das im theoretischen Modell der *verständnisorientierten Öffentlichkeitsarbeit* (Burkart 1996). Grundlage hierbei ist das Erkennen und Akzeptieren einer diversen Gesellschaft (im Sinne von Habermas 1981), ohne deren Legitimation Beschlüsse und ihre Ausführungen durch Interessenkonflikte zwischen Gesellschaft und dem/der Vertreter*in des Interesses erschwert werden. Das erklärte Ziel verständnisorientierter Öffentlichkeitsarbeit ist daher das Einverständnis zwischen den beteiligten Fraktionen – so die Initiator*innen des Interesses selber und den Personen, die davon betroffen sind – herbeizuführen. Somit gelten das Herstellen von Verständnis und Vertrauen als wichtige Ziele erfolgreicher Öffentlichkeitsarbeit. Eine Möglichkeit dies zu tun, ist vor allem *argumentativ* zu überzeugen, ohne aber dabei andere Kommunikationsstile *(persuasiv* und *informativ)* zu vernachlässigen. Da das Interesse in der Regel nicht die Gesamtgesellschaft direkt betrifft, sondern nur einen Teil davon, ist der Fokus dabei auf eben jene Teilöffentlichkeit zu legen. In ihr muss das Einverständnis für den eigenen Bedarf über die *objektive, subjektive* und *soziale* Welt der beteiligten Kommunikationspartner*innen eingeholt werden. Zuallererst muss daher der Gegenstand in seiner Begrifflichkeit für alle Beteiligten gemeinsam definiert werden *(objektive Welt).* Anschließend muss deutlich werden, welche Personen, Unternehmen bzw. Parteien hinter dem Interesse stehen, sodass hier eine Vertrauenswürdigkeit geschaffen wird, die von der betroffenen Zielgruppe dem Interessenverband zugesprochen wird *(subjektive Welt)*. Zudem muss klar werden, warum dieses Interesse verfolgt wird, d. h. welchen Zweck es erfüllen soll *(soziale Welt)*. Sind grundlegende Fragen bei den beteiligten Kommunikator*innen – sprich die Fragen nach dem Was?, Wer? und Warum? – geklärt, ist die benötigte Verständigung über den Sachverhalt erreicht. Diese dient als essentieller Zwischenschritt hin zum Einverständnis für das Interesse, welches anschließend konkretisiert werden muss. Das erfolgt über die Wahrheit (Zahlen/Daten/Fakten), die Vertrauenswürdigkeit der Organisation bzw. den Personen dahinter und die Legitimität des Vorhabens. Die Realisierung des Interesses setzt somit das (Ein-)Verständnis voraus.

Insbesondere der Gesundheitsbereich ist durch die Nähe zum Menschen emotional, mitunter moralisch behaftet (siehe dazu Vieth in diesem Band). Während medizinische Fakten und wissenschaftliche Diskurse von Argumenten und Informationen geprägt sind, müssen Patient*innengeschichten und individuelle Gesundheit als persuasiv verstanden werden. Diese drei Bereiche im Gesundheitssektor in Einklang zu bringen bzw. gezielt Elemente auszulassen, um Interessen durchzusetzen, ist als besondere Herausforderung anzusehen – vor allem, wenn grundlegende Veränderungen in der gesundheitspolitischen Gesetzgebung angestrebt werden. Schließlich ist dialogorientierte PR-Arbeit auch darauf ausgelegt, ökonomische und soziale Gegebenheiten mithilfe neuer oder sich verändernder Rechtsordnungen weiterzuentwickeln (Zerfaß 1996). Die Gesundheitspolitik ist allerdings (wie beschrieben) mit verschiedensten, mehr oder weniger einflussreichen Akteur*innen ausgestattet, die über Lobbyarbeit und/oder Advocacy versuchen, ihre Belange auf politischer Ebene durchzusetzen. Die Politik als eine Kommunikationspartnerin ist aber nicht allein wichtig. So ist insbesondere bei patientenzentrierten Belangen, die in einem solidarisch finanzierten Gesundheitssystem wie in Deutschland unweigerlich mit Kosten für die Mehrheit verbunden sind, auch die emotionale Zustimmung der Öffentlichkeit essentiell. Diese über Medien zu erreichen und dabei persuasive sowie informative und argumentative Kommunikationsstile zu verbinden, ist im Sinne verständnisorientierte Öffentlichkeitsarbeit im Gesundheitsbereich als ebenfalls wichtig zu erachten.

Es kann demnach festgehalten werden, dass gesundheitspolitische Veränderungen über dialogorientierte Organisationskommunikation bestenfalls in zweigleisiger Struktur zu realisieren sind. Zum einen muss der Interessenverband mit politischen Entscheidungsträger*innen in Kontakt stehen, um offizielle, legitimierende Veränderungen herbeiführen zu können. Zum anderen ist die Öffentlichkeit über Medien argumentativ und emotional zu überzeugen, sodass die Abgeordneten auch deren Zustimmung haben.

10.4 Die Fertilitätskampagne der Deutschen Stiftung für junge Erwachsene mit Krebs

Gesundheitliche Problemsituationen sind nicht nur Krankheiten wie Krebs, sondern auch ihre damit verbundenen, sehr individuellen Lang- und Spätfolgen für die körperliche, psychische und soziale Gesundheit. Zu diesen Folgen zählt die tumor- bzw. therapiebedingte Infertilität. Dabei gehören Familiengründung und (der aufgrund der Therapie gefährdete) Kinderwunsch zu den wichtigsten Themen bezüglich der psychischen und sozialen Gesundheit von jungen Erwachsenen mit Krebs. Allerdings stand den Patient*innen bis Mai 2019 keine gesetzlich geregelte Kostenübernahme fertilitätserhaltender Maßnahmen zu. Seit Sommer 2017 hat sich die *Deutsche Stiftung für junge Erwachsene mit Krebs* hier im Sinne der Advocacyarbeit engagiert. Zum einen machten einige Mitglieder ihrer Stifterin, der *DGHO Deutschen Gesellschaft für Hämatologie und Medizinische Onkologie e. V.*, die in ihrem Arbeitsalltag immer wieder mit der Thematik konfrontiert wurden, auf das Problem aufmerksam. Zum anderen wendeten sich Betroffene an die Stiftung, die über die physischen und psychischen Nachwirkungen von verpassten, fertilitätserhaltenden Maßnahmen sowie fehlender Kostenübernahme berichteten. Im Folgenden sollen zunächst die sozialmedizinischen Hintergründe erklärt werden, woraufhin einzelne Kampagnenpunkte der Aktion Krebs und Kinderwunsch präsentiert und diese auf ihre Dialogkonstruktion im Sinne verständnisorientiert Öffentlichkeitsarbeit analysiert werden.

10.4.1 Zum Sachverhalt: Fertilität und Krebs

Der Moment der Diagnose Krebs versetzt Betroffene zumeist in psychische Ausnahmesituationen. Während die Patient*innen noch mit dem Verarbeiten beschäftigt sind, werden vom medizinischen Personal Therapiepläne ausgearbeitet und Behandlungen eingeleitet. Das Überleben des Betroffenen hat dabei höchste Priorität. Junge Erwachsene zwischen 18 und 39 Jahren zeigen im Vergleich zu älteren Betroffenengruppen mit durchschnittlich achtzig Prozent eine deutlich höhere Überlebensrate auf (Hilgendorf et al. 2016). Das bedeutet aber auch, dass sie einem erhöhten Risiko ausgesetzt sind, an Langzeit- und Spätfolgen zu erkranken. Als eine solche gilt die therapiebedingte Infertilität. Sie kann sowohl durch die erfolgten Krebsbehandlungen, aber auch Tumore selbst entstehen (Bokemeyer et al. 2017). Fertilität und Kinderwunsch sind Themen, welche junge Betroffene mit Krebs für sich als besonders relevant einschätzen (Sodergren et al. 2018). Die physische Möglichkeit der Gründung einer eigenen Familie ist für viele mit einem hohen Grad an Lebenszufriedenheit verbunden (Leuteritz et al. 2018). Allerdings zeigen die Ergebnisse aus Befragungen der Betroffenen in Deutschland, dass fertilitätserhaltende Maßnahmen vor Beginn der Therapie von ihren Ärzt*innen oft nicht deutlich genug angesprochen werden (Bokemeyer et al. 2017). Bislang lag der medizinische Fokus auf dem Überleben. Die Heilung der Patient*innen ließ die Langzeitperspektive nach einer positiv verlaufenen Therapie in den Hintergrund rücken. Daher wurden gut etablierte Maßnahmen[2] zum Erhalt der natürlichen Fruchtbarkeit und Option auf eine spätere künstliche Befruchtung von vielen gesetzlichen Krankenkassen bisher nicht übernommen (ebd.). Die Kosten für die Entnahme sowie Folgekosten für die Lagerung (zwischen 800 EUR und 4300 EUR, abhängig vom Geschlecht der Betroffenen) müssen aus privaten Mitteln erfolgen. Insbesondere junge Menschen in Ausbildung und Studium hatten oftmals noch nicht die Möglichkeit, größere Summen anzusparen. Daher stellten fertilitätserhaltende Maßnahmen Betroffene in zweierlei Hinsicht vor existenzielle Herausforderungen – sowohl finanziell in Form von anfallenden Kosten für medizinische Behandlungen, als auch psychosozial mit dem Wunsch nach einer eigenen Familie.

10.4.2 Wissenschaftlicher Konsens, mediale Aufmerksamkeit und politische Dialoge

Die Problematik der fehlenden Aufklärung und Kostenübernahme wurde der *Deutschen Stiftung für junge Erwachsene mit Krebs* seit ihrer Gründung im Juli 2014 vermehrt von Betroffenen zugetragen. Jedoch fehlte es bislang an empirischen Studien zu dieser Thematik in Deutschland, welches gesellschaftliches und politisches Handeln im Sinne einer gesamten Betroffenengruppe verständlich legitimiert. Das Forschungskollektiv *AYA Leipzig* hat anschließend erstmals in ihrei Studie zur Lebenszufriedenheit junger Krebspatient*innen und -überlebenden in Deutschland festhalten können, dass *Kinder und Familienplanung* als einer der drei am stärksten negativ betroffenen Bereiche in Zusammenhang mit der Erkrankung genannt wird (Leuteritz et al. 2018). Diese Studie gab den Anstoß dazu, medizinische und sozialrechtliche Informationen und Erfahrungsberichte zum Themenbereich *Krebs und Kinderwunsch* intern zusammenzutragen. Unter diesem Projektnamen erschloss sich schließlich auch das bestehende Problemfeld der fehlenden Kostenübernahme fertilitätserhaltender Maßnahmen durch die gesetzlichen

---

[2]Siehe https://www.awmf.org/uploads/tx_szleitlinien/015-082l_S2k_Fertilitaetserhaltung-bei-onkologischen-Therapien_2017-12.pdf.

Krankenkassen, welche bislang durch unklare Rechtslage und Versicherungsbedingungen die Fruchtbarkeitserhaltung für junge Patient*innen mit Krebs nahezu unmöglich machte. Somit setzte die Stiftung sich zum Ziel, den § 27 SGB V Krankenbehandlung (Abs. 1) dahin gehend zu ergänzen, dass die Kostenerstattung fruchtbarkeitserhaltender Maßnahmen von gesetzlichen Krankenkassen eindeutig vermerkt ist. Die neu zu legitimierende Formulierung im Gesetz würde die Kostenübernahme für die Entnahme, Konservierung und Lagerung ermöglichen und damit den unmittelbaren Druck und Verwaltungsaufwand von den jungen Patient*innen mit Krebs in der Situation der Diagnosestellung und vor der Aufnahme der Therapie nehmen. Zusätzlich zur politischen Dimension dieser Thematik, sollte auch die Öffentlichkeit darüber aufgeklärt werden. Am 30. November 2017 lud die Stiftung zusammen mit der *DGHO* zu einer Pressekonferenz ein, auf welcher die Gesundheitspolitische Schriftenreihe, Band 11 *Vom Krebs geheilt, aber nicht gesund – Keine Hoffnung auf eigene Kinder* vorgestellt wurde. Darin hatten beide Organisationen die bereits intern zusammengetragen Informationen entsprechend aufbereitet. Auf der Pressekonferenz standen auch junge Betroffene den Journalist*innen Rede und Antwort und erzählten von ihren persönlichen Schicksalen. Die anschließende Berichterstattung in regionaler und überregionaler Presse trug die bestehende Versorgungslücke in die breite Öffentlichkeit und sollte für ein zusätzliches Sensibilisieren insbesondere durch Lokalbezüge beitragen.

Die vorgestellte Publikation bildete dann die Grundlage für die anschließende politische Kampagne zur Änderung der bestehenden Gesetzeslage. In der ersten Hälfte des Jahres 2018 besuchten Stiftungsvertreter*innen, zusammen mit Betroffenen gezielt Abgeordnete aus dem Bundesgesundheitsausschuss aus deren Wahlkreisen und trugen ihre Forderungen vor. Mit der verbundenen Regionalität von Betroffenen und politischer Vertreter*innen versuchte man, Thema und Schicksal greifbarer zu machen, womit sich eine stärkere Wirkung und Engagement versprochen wurde. Bis Juni 2018 fanden so Gespräche mit Mitgliedern des Bundestages und den Fraktionen der *CDU/CSU, SPD, Bündnis90/Die GRÜNEN* und *FDP* statt. Alle Parteien standen auch Dank des authentischen und emotionalen Einsatzes der Betroffenen dem Vorhaben positiv gegenüber und versicherten im Falle eines entsprechenden Vorstoßes im Parlament ihre Unterstützung. Im Mai 2018 verfasste zunächst die *SPD* ein entsprechendes Positionspapier, ehe die *FDP* einen eigenen Gesetzentwurf mit dem genauen Wortlaut der von der Stiftung geforderten Revision in den Bundestag einbrachte. Einen Monat später folgte die Arbeitsgruppe *Gesundheit* der *CDU/CSU*-Fraktion mit einem Positionspapier. Anschließend stimmte die Regierung einem Referentenentwurf von Bundesgesundheitsminister Jens Spahn zu, der die Änderung in das bevorstehende *Terminservice- und Versorgungsgesetz (TSVG)* mit aufnahm. Entscheidender Stein des Anstoßes war hierbei das Engagement der Betroffenen Claudia Liane Neumann, die im Rahmen der *Ehrenfelix*-Preisverleihung der *Felix Burda Stiftung* Herrn Spahn in ihrer Rede direkt auf das Thema ansprach, woraufhin dieser öffentlich zusicherte, dass die Forderung der Stiftung zeitnah umgesetzt werden würde. In den darauffolgenden Wochen und Monaten standen Bundesgesundheitsministerium (BMG), Stiftung, *DGHO* und andere Fachgesellschaften in engem Kontakt, sodass ein für alle Seiten zufriedenstellender Gesetzesentwurf erarbeitet werden konnte. Nach erster, zweiter und dritter Lesung im Bundestag, wurde das *TSVG* mit der darin enthaltenen Neuregelung zur Kostenübernahme fruchtbarkeitserhaltender Maßnahmen bei keimzellschädigenden Therapien schließlich am 9. Mai 2019 vom Bundestag beschlossen. Wieder lud die Stiftung zusammen mit der *DGHO* zu einer Pressekonferenz ins Haus der Bundespressekonferenz ein, bei der erneut Betroffene Teil des Podiums waren.

In allen Phasen der Kampagne wirkten junge Betroffene aus dem deutschlandweiten Netzwerk der Stiftung maßgeblich mit. Ohne ihren Einsatz wäre es nicht zu einer so raschen Umsetzung der Forderungen gekommen, da ihre persönlichen Geschichten und Schicksale die Entscheidungsträger*innen überzeugten.

10.4.3 PR-Kampagne „Krebs und Kinderwunsch" zwischen Theorie und Praxis

Die Erkrankung Krebs, junge Betroffenengruppen und (unerfüllte) Kinderwünsche sind bewegende Themen. Allein für sich stehend haben sie zum einen für viele Menschen in der Gesellschaft Anknüpfungspunkte an das reale Leben (z. B. durch eigene Betroffenheit oder im Bekanntenkreis), zum anderen weiß man um ihre Folgen (z. B. Tod). Die Kombination dieser drei Thematiken in einem Zusammenhang und innerhalb einer Kampagne versprach daher einen hohen emotionalen Grad, den man positiv nutzen musste. Gleichzeitig galt die Vorsicht, diesen persuasiven Kommunikationsbogen nicht zu überspannen, da Argumente und Informationen es erst schaffen, das Thema in Politik und Öffentlichkeit zu legitimieren.

Wissenschaftliche Auseinandersetzungen mit der Thematik und damit einhergehend evidenzbasiertes Wissen zu *Krebs und Kinderwunsch* bei jungen Erwachsenen in Deutschland brachte einen objektiven Konsens in die anzustoßende Debatte. Sie lieferten Argumente und Informationen, um das Vorhaben und das weitere Vorgehen sozial zu rechtfertigen. Gleichzeitig präsentierte sich mit der Stiftung eine glaubwürdige Vertreterin dieser Problematik. Als unabhängige Organisation ist es nahezu unmöglich, ihr wirtschaftliches Interesse oder ökonomisches Kalkül zu unterstellen, da sie per se für Gemeinnützigkeit steht. Vielmehr spricht man ihr aufgrund ihrer patientenorientierten Haltung die Rolle einer *Advocacy* zu. Sie schafft es, für die vergleichsweise kleine Patientengruppe ein Fürspracheinstrument in Politik und Öffentlichkeit zu sein, um auf diesen speziellen, zukunftsorientierten und lebensbejahenden Bereich aufmerksam zu machen. Um wissenschaftliche Argumente zu unterstreichen und die Nähe zu der Betroffenengruppe auch öffentlich zu symbolisieren, wurden eben jene auf große Veranstaltungen explizit zu Erzählungen über ihre persönlichen Schicksale gebeten. Über die Kombination von Zahlen und Fakten über Fertilitätserhalt und Kostenübernahmeregelungen in Deutschland sowie den gemeinsamen und forcierten Auftritt von Stiftung und Betroffenengruppen auf Events schafften sie eine Legitimität ihres Vorhabens bei den dialogzentrierten Gruppen – der Politik und der medialen Öffentlichkeit – und damit eine Basis für ihr weiteres Handeln. Der Einsatz regionaler Vertreter*innen (Betroffene) und damit auch regionaler Berichterstattung begünstigte über jene intensiven Anknüpfungspunkte die Anerkennung der Thematik bei eben diesen.

Die Aktivitäten der Stiftung können gleichzeitig unter dem Begriff eines positiven Lobbyismus gefasst werden. Sie stehen dabei weniger für wirtschaftliche Interessen, sondern für Patientenrechte auf Politikebene ein. Lobbyismus ist innerhalb dieser Kampagne soweit erkennbar, da sie zum einen ein besonderes politisches Engagement zeigten (z. B. durch persönliche Treffen und eigene Gesetzesentwürfe). Zum anderen konnte die Stiftung aufgrund ihrer organisatorischen Nähe auf erfahrene Kommunikationsstrukturen der *DGHO* als renommierte Fachgesellschaft zurückgreifen, weshalb man hier einen solchen Einfluss ausmachen kann. Gleichzeitig ist die aktive Mitarbeit am Gesetzestext bis hin zum Wortlaut ein Merkmal klassischer Lobbyarbeit.

Dialoge mit Politik und Medien sind in der PR-Kampagne *Krebs und Kinderwunsch* insgesamt auf verschiedenen Ebenen erkennbar. Sie werden je nach Bedarf und Zeitpunkt mit Emotionen, Informationen und Argumenten versehen, sodass sie größtmögliche Wirksamkeit entfalten können. Das Konglomerat an Dialogen mit unterschiedlichen Inhalten an unterschiedliche Adressaten hat in diesem Fall zu einer geglückten Legitimation des Vorhabens geführt. Das PR-Modell von Roland Burkart zeigt bei diesem praktischen Beispiel dahin gehend seine Grenzen, dass die einzelnen Schritte als ineinanderfließende Konstrukte zu verstehen sind. Zwar baut auch hier die Kommunikationsebene der Verständigung auf den verschiedenen Welten auf, allerdings sind klare Abgrenzungen aufgrund der zweigleisigen Struktur – ausgerichtet auf Politik und Öffentlichkeit – nicht möglich.

## 10.5	Fazit

Dialogorientiertes Arbeiten hat sich im Fall der PR-Kampagne *Krebs und Kinderwunsch* für die *Deutsche Stiftung für junge Erwachsene mit Krebs* und ihre Interessengruppe als durchaus erfolgreich bewiesen. Mit dem *TSVG* soll zukünftig die Kostenübernahme fruchtbarkeitserhaltender Maßnahmen für junge Patient*innen mit Krebs in die Leistungspflicht der gesetzlichen Krankenkassen aufgenommen werden. Der geänderte § 27a im Sozialgesetzbuch V (SGB V) verpflichtet fortan die Kassen zur Kostenübernahme fruchtbarkeitserhaltender Maßnahmen bei Frauen bis zur Vollendung des 40. Lebensjahres und bei Männern bis zur Vollendung des 50. Lebensjahres, wenn ihre Fruchtbarkeit durch eine Chemo-, Strahlen- oder andere schwere Therapien in Gefahr ist. Dies betrifft jährlich bis zu 11.000 Mädchen und Frauen und bis zu 22.000 Jungen und Männer mit Krebs. Allerdings schafft das Gesetz seine Gültigkeit noch nicht im real gelebten Alltag der Patient*innen, da durch die Verabschiedung lediglich ein Auftakt im Abstimmungsprozess mit verschiedenen Akteur*innen darstellt. Zunächst sieht das Gesetz vor, dass der *Gemeinsame Bundesausschuss (G-BA)* eine Richtlinie für die Durchführung in der Praxis erlässt und bestimmt, welche Methoden, Verfahren, Diagnosen und konkrete Einzelheiten vom Gesetz abgedeckt werden. Laut Zeitplan des *G-BA* sollte dies bis Februar 2020 geschehen. Am 16. Juli 2020 wurde die Richtlinie nach 14-monatiger Bearbeitungszeit schließlich vom *G-BA* beschlossen. Als nächstes muss sie nach Genehmigung durch das Bundesministerium für Gesundheit in Kraft gesetzt werden. Danach hat der Bewertungsausschuss sechs Monate Zeit, um die Preise für die medizinischen Leistungen festzulegen. Dieser Verwaltungsprozess bewirkt, dass nach der offiziellen Verabschiedung des Gesetzes ein neuer Kreislauf dialogorientierter PR-Kommunikation startet. Auch hier werden wiederum Interessenabwägungen über Argumente, Informationen und mitunter auch Emotionen einfließen. Die Stiftung als *Advocacy* der Betroffenengruppe kann ihren Einfluss allerdings nicht mehr offiziell geltend machen. Da sie nicht zu den anerkannten Fachgesellschaften in Deutschland gehört, ist sie aus den Diskussionen und Abstimmungsprozessen ausgeschlossen. Die Nähe zur *DGHO* als in diesem Prozess nun beteiligte Institution und trotz allem das Erstellen eines eigenen Vorschlags für zukünftig stattfindende Debatten soll allerdings auch in diesem Prozess mit einfließen, sodass entsprechende Interessen verwirklicht werden. Auch medial über Presseauftritte wird das Thema mit Schicksalen weiterhin verbunden und auf fehlende und sich verweigernde Kostenübernahme aufmerksam gemacht, denn bis alle Beschlüsse vorliegen, kann es noch bis in das erste Quartal des Jahres 2021 dauern.

Wer jedoch heute die Diagnose Krebs bekommt, kann nicht so lange warten! Zusammen mit der *DGHO* hat die Stiftung im September 2019 und noch einmal nach der Verabschiedung der Richtlinie im Juli 2020 Briefe an die Vorstände der 109 Gesetzlichen Krankenkassen geschrieben. Darin wird darum gebeten, schon jetzt Einzelfallprüfungen vorzunehmen, die Kosten zu tragen und die Betroffenen in dieser schwierigen Situation nicht allein zu lassen. Der Abstimmungsprozess soll spätestens im Jahr 2022 offiziell enden, sodass Richtlinien und finanzielle Bewilligungen dann auch real existieren.

Es bleibt zu prüfen, inwieweit die hier vorgestellte Kommunikationsstrategie der Öffentlichkeitsarbeit einer Stiftung auch auf andere Erkrankungen und Gesundheitsprobleme übertragen werden kann. Auf jeden Fall finden sich in den Themenfeldern „finanzielle und soziale Folgen von Erkrankungen", „Krankenkassenleistungen" oder „Arbeit und Krankheit" zahlreiche Anliegen, für die sich Patienten- oder Angehörigengruppen eine erfolgreiche Advocacy im Gesundheitssystem wünschen.

Literatur

Beck, S. (2014). *Lobbyismus im Gesundheitswesen*. Baden-Baden: Nomos.

Bokemeyer, C., Hallek, M., Lüftner, D. et al. (2017). Vom Krebs geheilt, aber nicht gesund. Keine Hoffnung auf eigene Kinder, Gesundheitspolitische Schriftenreihe der DGHO. DGHO, Berlin.

Burkart, R. (1996). Verständnisorientierte Öffentlichkeitsarbeit (VÖA): ein theoretisch begründeter Neuansatz. In G. Bentele, H. Steinmann & Ansgar Zerfaß (Hrsg.), *Dialogorientierte Unternehmenskommunikation. Grundlagen – Praxiserfahrungen – Perspektiven* (S. 254–270). Berlin: VISTAS Verlag.

Filzmaier, P., & Fähnrich, B. (2014). Public Affairs: Kommunikation mit politischen Entscheidungsträgern. In A. Zerfaß & M. Piwinger (Hrsg.), *Handbuch Unternehmenskommunikation* (S. 1185–1204). Wiesbaden: Springer Fachmedien.

Fischer C. (2011). Advocacy und Lobby im Gesundheitswesen. In P. Hensen & C. Kölzer (Hrsg.), *Die gesunde Gesellschaft* (S. 149–159). Wiesbaden: VS Verlag für Sozialwissenschaften.

G-BA (o.J.). Über den G-BA. Wer wir sind. https://www.g-ba.de/ueber-den-gba/wer-wir-sind/. Zugegriffen: 01. Februar 2020.

GEKID (2020). Atlas. https://atlas.gekid.de/CurrentVersion/atlas.html. Zugegriffen: 01. Februar 2020.

Habermas, J. (1981). *Theorie des kommunikativen Handelns*. Frankfurt a. M.: Suhrkamp Verlag.

Hilgendorf, I., Freund, M., Kropp, P., et al. (2011). Onkologische Erkrankungen bei Jugendlichen und jungen Erwachsenen – Zahlen aus dem Klinischen Krebsregister Rostock als Arbeitsgrundlage für eine interdisziplinäre Herausforderung. *TumorDiagnostik und Therapie 32*, 1–8. https://doi.org/10.1055/s-0029-1246000

Hilgendorf, I., Borchmann, P., Engel, et al. (2016). Heranwachsende und junge Erwachsene (AYA, Adolescents and Young Adults). https://www.onkopedia.com/de/onkopedia/guidel ines/heranwachsende-und-junge-erwachsene-aya-adolescents-and-young-adults/@@gui deline/html/index.html. Zugegriffen: 01.Februar 2020.

Keck, M.E., & Sikkink, K. (1999). Transnational advocacy networks in international and regional politics. *International Social Science Journal* 51, 89–101. doi:https://doi.org/10. 1111/issj.12187

Köppl, P. (2008). Lobbying und Public Affairs. Beeinflussung und Mitgestaltung des gesell-schaftspolitischen Unternehmensumfeldes. In M. Meckel und B. F. Schmidt (Hrsg.), *Unternehmenskommunikation. Kommunikationsmanagement aus Sicht der Unterneh-mensführung* (S. 187–219). Wiesbaden: Gabler.

Kuhlmann, W. (1993). Zum Spannungsfeld Überreden – Überzeugen. In W. Armenrecht, H. Avenarius & U. Zabel (Hrsg.), *Image und PR* (S. 37–53). Opladen: Westdeutscher Verlag.

Leuteritz, K., Friedrich, M., Sender, A., et al. (2018). Life satisfaction in young adults with cancer and the role of sociodemographic, medical, and psychosocial factors: Results of a longitudinal study. *Cancer* 17:82 , 1–9. doi:https://doi.org/10.1002/cncr.31659

Roski, R. (2009). Akteure, Ziele und Stakeholder im Gesundheitswesen. In R. Rossi (Hrsg.), *Zielgruppengerechte Gesundheitskommunikation. Akteure – Audience Segmentation – Anwendungsfelder* (S. 3–32). Wiesbaden: Springer VS.

Simon, M. (2015). Lobbyismus in der Gesundheitspolitik. https://www.bpb.de/politik/innenp olitik/gesundheitspolitik/200658/lobbyismus-in-der-gesundheitspolitik. Zugegriffen: 01. Februar 2020.

Sodergren, S.C., Husson, O., Rohde, G.E., et al. (2018). Does age matter? A comparison of health-related quality of life issues of adolescents and young adults with cancer. *Eur J Cancer Care 27:e12980*, 1–15. doi:https://doi.org/10.1111/ecc.12980

Zerfaß, A. (1996). Dialogkommunikation und Unternehmensführung. In G. Bentele, H. Steinmann & Ansgar Zerfaß (Hrsg.), *Dialogorientierte Unternehmenskommunikation. Grundlagen – Praxiserfahrungen – Perspektiven* (S. 23–58). Berlin: VISTAS Verlag.

WHO (1986). Ottawa Charter for Health Promotion. https://www.euro.who.int/__data/assets/ pdf_file/0004/129532/Ottawa_Charter.pdf?ua=1. Zugegriffen: 01. Februar 2020.

Julia Stüwe MA ist wissenschaftliche Mitarbeiterin am Institut für Medienforschung der Universität Rostock und ehemalige Stipendiatin der Deutschen Stiftung für junge Erwach-sene mit Krebs.

Felix Pawlowski MA ist verantwortlich für die Presse- und Onlinekommunikation bei der Deutschen Stiftung für junge Erwachsene mit Krebs.

Pharmawerbung zur Stärkung der Gesundheitskompetenz von Konsument*innen

11

Isabell Koinig

Zusammenfassung

Während die Wirkung verschreibungspflichtiger Pharmawerbung bereits umfassend erforscht wurde, sind die Werbeeffekte im Bereich frei verkäuflicher Arzneimittel bisher weitestgehend außer Acht gelassen worden. Der vorliegende Beitrag untersucht daher, inwieweit Werbung, die klassischerweise informieren oder vom Kauf eines Produkts überzeugen will, Rezipient*innen auch „empowern" kann. Mit einer Werbung für ein fiktives Schmerzmittel wurden daher experimentell vier Versionen einer Anzeige (informativ, emotional, gemischt und nachhaltig-sozial) in ihrer Wirkung auf das Empowerment der Rezipient*innen getestet. Daten wurden in vier relevanten Pharmamärkten (Österreich, Deutschland, Brasilien und den USA) erhoben. Die gemischte Werbeanzeige wurde nicht nur in allen Ländern am besten rezipiert, sondern führte auch zum höchsten Empowerment, gefolgt von der informativen und der emotionalen Anzeige. Die nachhaltig-soziale-Anzeige erzielte die geringsten Effekte. Dies lässt darauf schließen, dass sowohl Informationen als auch Emotionen nötig sind, um Empowerment hervorzurufen. Abschließend werden die Implikationen der Studie sowie zukünftiger Forschungsbedarf dargestellt.

Schlüsselwörter

Pharmawerbung • Empowerment • Produktbewertung • Werbewirkung • Interkulturelle Studie • Frei verkäufliche Arzneimittel

I. Koinig (✉)
Universität Klagenfurt, Klagenfurt, Österreich
E-Mail: isabelle.koinig@aau.at

© Springer Fachmedien Wiesbaden GmbH, ein Teil von Springer Nature 2021
D. Reifegerste (Hrsg.), *PR und Organisationskommunikation im Gesundheitswesen*, https://doi.org/10.1007/978-3-658-32884-9_11

11.1 Einleitung

Auch wenn Kommunikationsaktivitäten im digitalen Zeitalter vermehrt online stattfinden, so sind für over-the-counter (OTC) Arzneimittel nach wie vor Printanzeigen die häufigste und zuverlässigste Informationsquelle für Nutzer*innen (Accent Health 2014) und damit ein wichtiges Kommunikationsinstrument in der strategischen Kommunikation von Pharmaunternehmen. Dies gilt insbesondere für Werbemaßnahmen für nicht-verschreibungspflichtige Arzneimittel in einem interkulturellen Kontext. Während allerdings die Wirkung verschreibungspflichtiger Pharmawerbung bereits umfassend erforscht wurde, so wurden die Werbeeffekte im OTC-Bereich bisher weitestgehend außer Acht gelassen (Main et al. 2004; DeLorme et al. 2010; Huh et al. 2015). Im vorliegenden Beitrag wird daher untersucht, ob Werbung, der sowohl eine Informations- als auch eine Persuasionsfunktion zugesprochen wird (Siegert und Brecheis 2010), auch zur Konsument*innenbildung und deren Empowerment beitragen kann. Bildung und Empowerment unterscheiden sich dahin gehend voneinander, dass Empowerment zusätzlich zur Bildung einen direkten Appell an Rezipient*innen richtet, sich aktiv an Gesundheitsentscheidungen zu beteiligen (Koinig 2016). In diesem Zusammenhang erfolgt eine Steigerung der Selbstwirksamkeitserwartung (Bonfadelli und Friemel 2020). Der vorliegende Beitrag setzt sich dezidiert mit der Frage des Empowerments auseinander und kontrastiert Ergebnisse aus vier Ländern bzw. von drei Kontinenten, genauer gesagt aus Österreich, Deutschland, den USA und Brasilien. Die vorliegende Studie wird somit auch Forderungen nach verstärkter kultur-vergleichender Forschung gerecht (Okazaki 2007).

11.2 Werbemaßnahmen von Pharmaunternehmen

Pharmawerbung bezieht sich auf „messages created by marketers of pharmaceutical products that attempt to inform, persuade and even entertain members of the target audience with the goal of influencing recipient's attitudes – and ultimately behavior – in a favorable manner" (Diehl et al. 2008, S. 100). Während Werbung für nicht-verschreibungspflichtige Arzneimittel überall geschaltet werden darf, ist es lediglich in den USA und Neuseeland erlaubt, verschreibungspflichtige Medikamente auch massenmedial zu bewerben (DeLorme et al. 2010). Um die Aufmerksamkeit auf verfügbare OTC-Arzneimittel zu lenken, investiert die Pharmaindustrie verstärkt in Werbung. Dies trifft auf ca. ein Drittel des zur Verfügung stehenden Werbebudgets zu (VOX 2015; BBC 2015). Der Großteil des Budgets fließt dabei in traditionelle Werbekanäle, wie z. B. Fernseh- und Printwerbung (Bell 2018; Snyder Bulik 2020).

Pharmawerbung ist somit ein Teil von breit angelegten strategischen Pharmakommunikationsmaßnahmen, die zum einen auf Umsatzsteigerung abzielen, zum anderen aber auch versuchen, Entscheidungsträger*innen (und somit gesetzliche Rahmenbedingungen) zu beeinflussen und den Bekanntheitsgrad des Unternehmens sowie die Akzeptanz der angebotenen Produkte zu steigern (Dan 2019). Durch den Einsatz von Werbung versuchen Pharmaunternehmen, die Nachfrage für OTC Arzneimittel zu erhöhen, da der Großteil der Krankheitserscheinungen (ca. 80 %) mittels Selbstmedikation behandelt werden könnte (Colin-Thome 2003).

Eine weitere Entwicklung, die den OTC-Sektor nachhaltig prägt und zu dessen Wachstum beiträgt, sind die sogenannten Rx-to-OTC Switches, d. h. die Überführung von vormals verschreibungspflichtigen Medikamenten in den OTC Status nach Auslauf deren Patents (DeLorme et al. 2010). Seit den 1970er Jahren waren mehr als 700 Produkte sowie 100 aktive Inhaltsstoffe alleine in den USA von dieser Reklassifizierung betroffen, weltweit trifft dies sogar auf 40 % aller Arzneimittel zu (CHPA 2014). Folglich bergen OTC-Medikamente ein großes Einsparungspotenzial für bereits angeschlagene Gesundheitssysteme weltweit und erfreuen sich steigender Nachfrage (AESGP 2017).

Global liegt der Marktwert der Pharmaindustrie bei 1111,8 Mrd. US-Dollar (MarketLine 2019), wovon knapp 120 Mrd. US-Dollar auf die OTC-Arzneimittelindustrie entfallen (Statista 2020). Die Bezeichnung dieser Arzneimittelgruppe begründet sich darin, dass jene Präparate rezeptfrei in Apotheken erhältlich sind und verstärkt auch in Versandapotheken angeboten werden. Weltweite Prognosen bestätigen, dass der OTC-Sektor auch in Zukunft an Bedeutung gewinnen wird (155 Mrd. US-Dollar bis 2020; MarketLine 2016), bedingt durch soziodemografische Veränderungen (z. B. eine alternde Bevölkerung oder die Zunahme chronischer Erkrankungen) und eine prognostizierte Ärzt*innenknappheit. Dies ruft Konsument*innen dazu auf, nicht nur alternative Gesundheitsangebote in Betracht zu ziehen, sondern auch eine stärkere Selbstverantwortung für Gesundheitsentscheidungen zu übernehmen (Neuhauser und Kreps 2003; siehe auch Dobrick in diesem Band).

Der OTC-Sektor selbst hat in der akademischen Forschung bisher nur relativ wenig Beachtung geschenkt bekommen; folglich sind Resultate nicht nur fragmentiert, sondern auch nicht mehr aktuell (Main et al. 2004). Die vorliegende Studie möchte dazu beitragen, die Forschung zur Werbewirkung von OTC-Arzneimitteln zu erweitern.

11.3 Self-Care Movement: Von Patient*innen zu Gesundheitskonsument*innen

Die stetige Ausweitung des Anwendungsbereichs von OTC-Präparaten wird als Antwort der Pharmaindustrie nach stärkerer Patient*innen-Zentriertheit und -einbindung verstanden (Koinig 2016). Einem Artikel aus dem Jahr 2017 folgend, kann aktuell von einer „Treat Yourself" Generation gesprochen werden (The Guardian 2017). Obwohl der Ursprung des Wortes Self-Care (dt. Selbstmedikation) im antiken Griechenland liegt, so hat sich der Begriff in den letzten Jahren zu einem Buzzword entwickelt (The Guardian 2017). Im Kontext von Arzneimittelwerbung ist mit Selbstmedikation die Stärkung der individuellen Gesundheitskompetenz und das Vertrauen seitens der Konsument*innen, sich selbst medikamentös mit Arzneimitteln zu behandeln, verbunden (Grace 1991). Diese Kompetenz erlaubt ihnen dann bestenfalls, verantwortungsvolle Gesundheitsentscheidungen zu treffen. Das Empowerment, d. h. die positive Wahrnehmung dieser eigenen Kompetenzen, ist somit als eine Begleiterscheinung dieses Neudenkens zu verstehen. Dieser Trend wird auch vermehrt von Pharmaunternehmen aufgegriffen (Sanofi 2020).

Darüber hinaus hat sich in den letzten Jahren die Rolle der Patient*innen maßgeblich geändert (Schulz und Nakamoto 2013): Im 21. Jahrhundert werden Patient*innen nun verstärkt als *befähigte Verbraucher*innen* bzw. *Gesundheits-Konsument*innen* bezeichnet („health care consumers"; Terlep 2019). Dieses neue Rollenbild geht davon aus, dass Konsument*innen über Fähigkeiten verfügen, die es ihnen erlauben, positive (Gesundheits-) Ergebnisse durch ihr eigenes Handeln zu erzielen (Schiavo 2007).

11.4 Konsument*innenbefähigung: Das Empowerment als möglicher Lösungsansatz

Das Konzept des Empowerments (dt.: Selbstermächtigung) wird dabei folgendermaßen definiert: „a state in which an individual possesses a relatively high degree of actual power – that is, a genuine potential for making choices" (Tones und Tilford 2001). Insbesondere im Gesundheitsbereich ist Empowerment mit verstärkter Kontrolle und erhöhter Verantwortung für Gesundheit und Krankheit durch die Patient*innen gleichzusetzen (Iriart et al. 2011; McAllister et al. 2011; Bulsara et al. 2006; Anderson et al. 2000). Empowerment geht über traditionelle Formen der *health compliance* hinaus, bei denen Patient*innen einem von Ärzt*innen fest-gelegten Behandlungsschema folgen (Koinig 2016). Somit stellt es eine Form des freiwilligen Engagements dar (NCCSDO 2005).

Die Definitionen von Empowerment stellen daher die Fähigkeit eines Individu-ums, zu rationalen Entscheidungen zu gelangen und Kontrolle über seine Gesund-heit zu akzeptieren, in den Mittelpunkt (McAllister et al. 2012; Salmon und Hall 2003). Durch einen besseren Zugang zu Bildung und eine steigende Anzahl von (digitalen und interaktiven) Informationsquellen werden Rezipient*innen in ihrem Empowerment unterstützt und können sich nicht nur besser und umfangreicher über Gesundheitsfragen informieren, sondern sich auch stärker in Gesundheits-belange mit einbringen. Für Arzneimittelhersteller bedeutet dies, dass sie eine gemeinsame Entscheidungsfindung mit Konsument*innen anstreben und Rezipi-ent*innen Informationen, die der Entscheidungsfindung dienlich sind, im Rahmen von Werbeaktionen zur Verfügung stellen, um sie auf ihr Produktangebot und „the availability of self-care solutions" aufmerksam zu machen (AESGP 2016, S. 11). Das Konzept des Konsument*innen-Empowerments bringt besonders für Pharmaunternehmen positive Effekte, da – neben Ärzt*innen als Entscheidungs-träger*innen – nun auch Patient*innen verstärkt als Abnehmer*innen zum Zug kommen. Ziel entsprechender Pharmawerbung ist also nicht nur die Stärkung der Gesundheitskompetenz der Patient*innen, sondern auch die Vergrößerung des Absatzmarktes und somit ökonomische Interessen (siehe dazu Vieth in die-sem Band). Diese Entwicklung muss zum Teil auch kritisch hinterfragt werden, da die Patient*innen ihre Entscheidungen lediglich aufgrund von Laienwissen fällen (Blaxter 2007) und Empowerment dann die Gefahr einer Selbstüberschät-zung in Bezug auf gesundheitliche Entscheidungskompetenzen birgt (Schulz und Nakamoto 2013).

Ein vernachlässigter Aspekt in der Marketingliteratur ist der Beitrag der Wer-bung zum *Empowerment*. Dies bedeutet, dass die Werbebotschaft, zusätzlich zu bildenden Inhalten, auch die Selbstwirksamkeitserwartung der Rezipient*innen positiv beeinflussen und verstärken kann. Im Gesundheitsbereich bezieht sich Empowerment darauf, dass Verbraucher*innen Mitspracherecht in Gesundheits-fragen einfordern und dieses durch Werbeinformationen aufgebaut bzw. gestärkt werden kann (CHPA 2013; Koinig 2016; Koinig et al. 2017). In diesem Zusam-menhang sind Werbetreibende dazu aufgerufen, Werbebotschaften auf eine Art und Weise zu formulieren, sodass Konsument*innen Vertrauen in ihre eigenen Fähigkeiten entwickeln und von ihrem Mitspracherecht in Gesundheitsfragen Gebrauch machen.

Werbung kann somit als Quelle der (Selbst-)Ermächtigung von Verbrau-
cher*innen dienen (Koinig 2016). Während sich die meisten Empowerment-
Forschungen bisher auf den Austausch von Patient*innen und Ärzt*innen konzentriert haben (Anshari et al. 2012), so hat weder die Rolle noch die Relevanz
von Werbung für den Empowermentprozess in der Forschung Aufmerksamkeit
erhalten. Mit der vorliegenden Studie soll diese Forschungslücke geschlossen
werden.

11.5   Das Werbe-Empowerment-Modell (WEM)

Die angesprochene Werbewirkung auf das Empowerment kann auf drei Ebenen erreicht werden: *Message Empowerment, Self-Medication Empowerment,* und
Health Empowerment (Koinig 2016).

- *Message Empowerment* beschreibt dabei die direkt durch die Werbeanzeige
  hervorgerufene Fähigkeit der Konsument*innen, das beworbene Produkt zu
  bewerten und kann ihre Zuversicht, das Produkt zu verwenden, steigern.
- Im Zuge des sogenannten *Self-Medication Empowerments* steigert sich die
  wahrgenommene Selbstmedikationsfähigkeit der Konsument*innen – sie füh-
  len sich besser informiert, interessierter, autonomer und darin bestärkt, ihre
  körperlichen Leiden mithilfe von nicht-verschreibungspflichtigen Arzneimitteln zu lindern.
- Beim *Health Empowerment,* der allgemeinsten Form des Empowerments,
  haben Konsument*innen das Gefühl, dass ihnen die in der Anzeige enthaltenen
  Informationen mehr Autonomie und ein größeres Mitspracherecht in Bezug auf
  Gesundheitsentscheidungen im Allgemeinen einräumen.

Ziel der Untersuchung ist darüber hinaus, die gewonnenen Wirkungen nicht
isoliert zu betrachten, sondern Interaktionseffekte zwischen den Empowermen-
tebenen und weiteren Modell-Variablen näher zu beleuchten. Das Modell setzt
sich dabei aus Elementen bestehender Werbewirkungsmodelle und Gesundheits-
theorien zusammen (Menon et al. 2004; Ball et al. 2016).

Folgende Variablen sind Bestandteile des entwickelten Werbe-Empowerment-
Modells:

- *Glaubwürdigkeit* (= der Grad, zu dem Anzeigeninhalte als wahr angesehen
  werden)

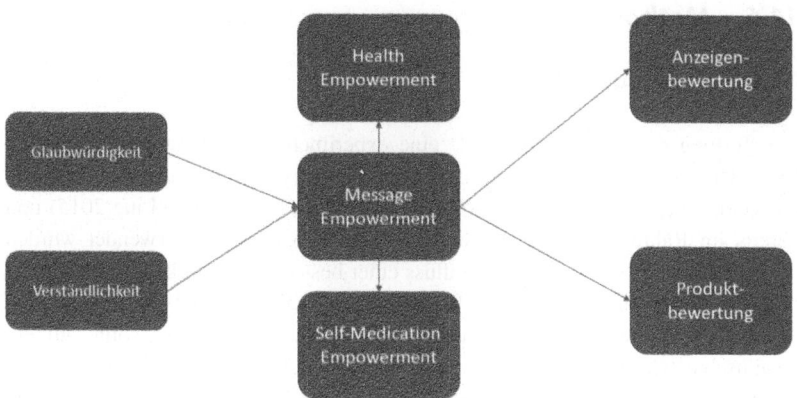

Abb. 11.1 Das Werbe-Empowerment-Modell (WEM). Copyright © Koinig et al. (2017)

- *Verständlichkeit* (= die Fähigkeit des oder der Befragten, den Inhalt der Anzeige zu verstehen)
- *Message Empowerment*
- *Self-Medication Empowerment*
- *Health Empowerment*
- *Anzeigenbewertung* (= die Wahrnehmung der Werbebotschaft durch die Empfänger*innen, sowohl in affektiver als auch in kognitiver Hinsicht) und
- *Produktbewertung* (= die Einschätzung des Produkts durch die Rezipient*innen)

Das in Abb. 11.1 skizzierte Modell nimmt an, dass besonders das *Message Empowerment* durch die *Glaubwürdigkeit* und *Verständlichkeit,* die der Werbeanzeige zugesprochen werden, positiv beeinflusst werden kann. Das *Message Empowerment* soll dann zwei weitere Formen des Empowerments, nämlich *Self-Medication Empowerment* und *Health Empowerment,* verstärken. Somit wird erwartet, dass der Kontakt mit einer Werbeanzeige Konsument*innen nicht nur erlaubt, das beworbene Produkt besser zu bewerten *(Message Empowerment),* sondern diese auch in ihrer Selbstmedikationsfähigkeit bestärkt *(Self-Medication Empowerment)* und stärker in ihre Gesundheit involviert *(Health Empowerment).* Darüber hinaus wird angenommen, dass das *Message Empowerment* sowohl Auswirkungen auf die *Anzeigenbewertung* als auch auf die *Produktbewertung* hat.

11.6   Methode

11.6.1 Stimulusmaterial

Zur Testung dieses Modells wurde eine experimentelle Untersuchung durchgeführt. Hierfür wurden Schmerzmittel als geeignetes Produkt ausgewählt, da sie
die viertgrößte Arzneimittelkategorie weltweit darstellen (MarketLine 2015) und
bereits im Rahmen früherer Studien aus dem OTC-Bereich verwendet wurden
(z. B. Huh et al. 2015). Um den Einfluss einer bestehenden Marke auf die Bewertung der Werbeanzeige oder des Produkts zu vermeiden (Yin 1999), wurde eine
fiktive Schmerzmittelmarke entwickelt. Der fiktive Markenname sollte auf ein
gewünschtes Gesundheitsziel verweisen, und folglich wurde Senza – was „ohne"
Schmerzen bedeutet – übernommen. Der Name des Pharmaherstellers – ProSante
– war ebenfalls fiktiv.

Insgesamt wurden vier verschiedene Anzeigenversionen (informativ, emotional, gemischt und nachhaltig-sozial) entworfen. Jede Anzeige enthielt den
gleichen Slogan, welcher einer bestehenden Aspirin-Werbung von Bayer nach-
empfunden war und darauf verwies, dass die Verwendung des OTC-Präparats zu
einer Verringerung von Schmerzen führen würde. Wie im Fall von bestehenden
Aspirin-Anzeigen, wurde der Name bewusst in den Slogan integriert.

- Die informative Version der Anzeige basierte auf einem informativen Appell,
  welcher das beworbene Medikament als dominantes Bild zeigt. Die Textelemente der Anzeige wurden, wie von Rossiter und Bellman (2005) empfohlen,
  kurz und einfach gehalten, und verzichteten auf die Verwendung von medizinischem Jargon. Sie betonten die Effektivität des Produkts, sowie dessen
  einzigartige Zusammensetzung.
- Die emotionale Anzeige zeigte ein auffälliges, angenehm wirkendes Bild,
  das 90 % der gesamten Seite einnahm. Die Illustration zeigte ein glücklich
  aussehendes, attraktives Paar. Glück wurde als passende Emotion gewählt,
  da es einfach zu identifizieren und leicht zu erkennen ist, und als stärkste
  menschliche Emotion angesehen wird (Flora 2008). Zudem wird Gesundheit
  als Voraussetzung für Glück angesehen. Mit Ausnahme des Slogans enthielt
  diese Werbeansprache keinerlei Textelemente.
- Die gemischte Werbeansprache stellte eine Kombination aus der informativen
  und der emotionalen Anzeige dar (siehe Abb. 11.2).
- Eine in der Pharmaindustrie weniger häufig angewandte Werbeansprache ist
  der (soziale) Corporate-Social-Responsibility-Appell, bei dem Unternehmen
  ihre Unterstützung für Umweltprojekte bzw. soziale Initiativen kundtun und

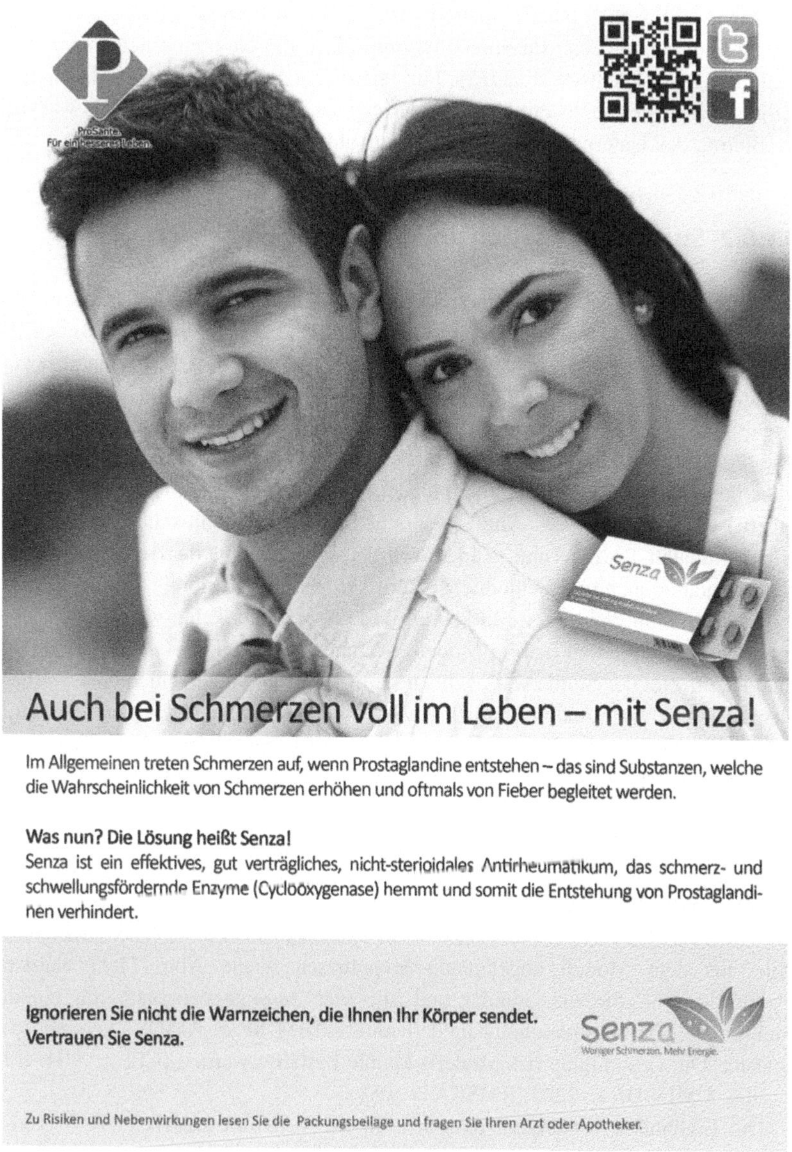
ProSante.
Für ein besseres Leben.
Senza
Auch bei Schmerzen voll im Leben – mit Senza!
Im Allgemeinen treten Schmerzen auf, wenn Prostaglandine entstehen – das sind Substanzen, welche die Wahrscheinlichkeit von Schmerzen erhöhen und oftmals von Fieber begleitet werden.
Was nun? Die Lösung heißt Senza!
Senza ist ein effektives, gut verträgliches, nicht-sterioidales Antirheumatikum, das schmerz- und schwellungsfördernde Enzyme (Cycloöxygenase) hemmt und somit die Entstehung von Prostaglandinen verhindert.
Ignorieren Sie nicht die Warnzeichen, die Ihnen Ihr Körper sendet.
Vertrauen Sie Senza.
Senza
Weniger Schmerzen. Mehr Energie.
Zu Risiken und Nebenwirkungen lesen Sie die Packungsbeilage und fragen Sie Ihren Arzt oder Apotheker.

Abb. 11.2 Stimulus-Material – gemischte Werbeansprache Copyright © Koinig (2016)

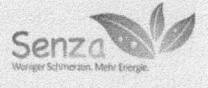

damit auch explizit wertebasiert argumentieren (siehe dazu Vieth in diesem Band). Sie werben damit, einen gesellschaftlichen Beitrag zu leisten, der über die unternehmerische Profitmaximierung (d. h. die ökonomischen Interessen) hinausgeht (Diehl et al. 2015). Für Pharmahersteller eignen sich besonders gesundheitsbezogene Projekte. Inhalt des nachhaltig-sozialen Appells war der Beitrag des Unternehmens zum Gemeinwohl (Mueller 2011).

11.6.2 Studienpopulation und Studiendesign

967 Befragte aus vier Ländern respektive von drei Kontinenten bildeten die Stichprobe der Studie (Österreich: 240; Deutschland: 244; USA: 242; Brasilien: 241). Die untersuchten Pharmamärkte waren Österreich und Deutschland, zwei wichtige europäische Märkte, die USA, der größte Arzneimittelmarkt weltweit, sowie Brasilen, ein wichtiger aufstrebender lateinamerikanischer Pharmamarkt. Die Proband*innen waren zwischen 18 und 93 Jahre alt; das Durchschnittsalter der nicht-studentischen Stichprobe (49,7 % Männer und 50,3 % Frauen) lag bei 36 Jahren. Dieses Alter entspricht dem Durchschnittsalter der jeweiligen nationalen Bevölkerung. Zudem wurde sichergestellt, dass die Stichprobe Repräsentant*innen unterschiedlicher Berufsgruppen und Bildung abdeckte.

Basierend auf etablierten Marketing- und Gesundheitsskalen wurde ein strukturierter Fragebogen zu den im Modell genannten Konstrukten (siehe Abb. 11.1) entwickelt. Ziel der Studie war es, herauszufinden, 1) ob unterschiedliche Werbeansprachen in vier Ländern ähnlich bewertet werden und 2) inwieweit Werbung das Empowerment der Verbraucher*innen fördern kann. Nähere Informationen zur Messung der einzelnen Konstrukte und den konkreten Items finden sich in Koinig (2016) und Koinig et al. (2017).

11.7 Ergebnisse

Alle aus dem Modell abgeleiteten Hypothesen (siehe Abb. 11.1) wurden gleichzeitig für alle vier Länder und alle vier Anzeigenversionen mit einem Mehrgruppen-Strukturgleichungsmodell mittels IBM SPSS AMOS (Version 22) getestet. Die Gesamtgüte des Modells konnte bestätigt werden (CFI = .904; IFI = .906; CMIN/DF = 2245; RMSEA = .051).

Die Ergebnisse bestätigen, dass sowohl die *Glaubwürdigkeit* (.819***) als auch die *Verständlichkeit* (.072***) der einzelnen Anzeigen einen positiven

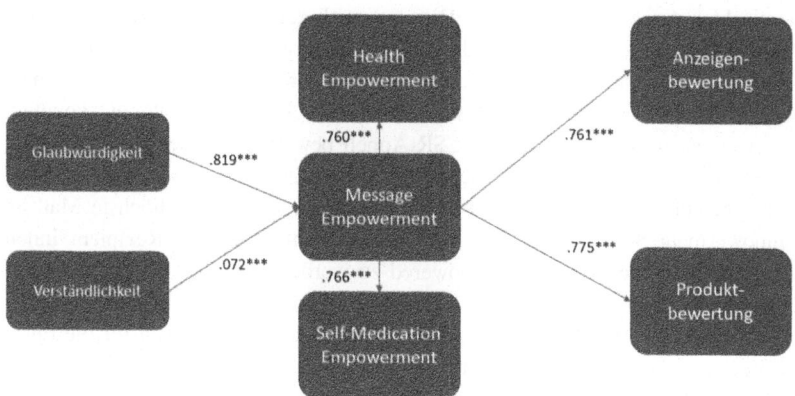

Abb. 11.3 Das Werbe-Empowerment-Modell inkl. bestätigter Hypothesen

Einfluss auf das *Message Empowerment* hatten, was darauf hindeutet, dass glaubwürdige und verständliche Anzeigeninhalte Verbraucher*innen bei der Bewertung eines beworbenen pharmazeutischen Produkts unterstützen können. Die Ergebnisse waren unabhängig von der verwendeten Werbeansprache (mit Ausnahme der emotionalen Anzeige[1]) signifikant.

Das *Message Empowerment* hatte wiederum einen signifikanten positiven Einfluss auf das *Self-Medication Empowerment* (.766***) und das *Health Empowerment* (.760***), was auf das Potenzial von Werbung, Verbraucher*innen in ihren Selbstmedikationsfähigkeiten zu stärken und ihnen mehr Kontrolle in Gesundheitsfragen zuzusprechen, schließen lässt. Diese Beziehungen waren für alle vier Anzeigenversionen signifikant. Zudem konnte bestätigt werden, dass *Message Empowerment* einen positiven Einfluss auf die Anzeigenbewertung (.761***) sowie die Produktbewertung (.775***) ausübt. Die angenommenen Beziehungen waren für alle vier Anzeigenversionen signifikant (siehe Abb. 11.3).

11.8   Diskussion und Implikationen

Obwohl die Beziehungen des Werbe-Empowerment-Modells für alle vier Anzeigenversionen bestätigt werden konnten, so war das Empowerment-Potenzial der

---

[1]Dies ist allerdings keine Überraschung, da die emotionale Anzeige keine Text-Informationen enthielt.

gemischten Anzeige am höchsten. Dies traf auch auf die vier untersuchten Pharmamärkte zu, in denen Selbstmedikation verstärkt gefordert und gefördert wird. Als zweit- bzw. drittbeste Anzeigen wurden der informative und der emotionale Appell wahrgenommen, welche Konsument*innen ebenfalls „befähigen" konnten. Am wenigsten positiv wurde der CSR-Appell bewertet, welcher auch zu einem geringeren Grad von Empowerment führte. Die Tatsache, dass gemischte Werbeansprachen am besten rezipiert wurden und gleichzeitig das höchste Maß an Empowerment hervorriefen, lässt zwar darauf schließen, dass Rezipient*innen Informationen benötigen, um empowered zu werden, diese jedoch erst in Kombination mit emotionalen Stimuli ihre volle Wirkung entfalten (können). Dies ist eine interessante Erkenntnis, sowohl für Werbeforschende als auch für die Pharmaindustrie, da die gemischte Werbeansprache den informativen Appell übertraf, welcher bisher in der Pharmawerbung am häufigsten verwendet wurde (Main et al. 2004).

Für Werbetreibende lassen sich folgende Implikationen ableiten: Durch die Gestaltung einer verständlichen und glaubwürdigen Anzeige kann das *Message Empowerment* und damit das Vertrauen der Verbraucher*innen in pharmazeutische Produkte positiv beeinflusst werden. Indirekt wirken sich die Variablen *Glaubwürdigkeit* und *Verständlichkeit* auch auf *Self-Medication Empowerment* und *Health Empowerment* aus. Dies bedeutet, dass Werbetreibende besonders diesen Kriterien verstärkt Beachtung schenken sollen, um die Anzeigeneffektivität und deren Empowerment-Potenzial zu erhöhen. Als besonders geeignet werden hierfür gemischte Ansprachen angesehen, wohingegen CSR-Appelle eher selektiv eingesetzt werden sollen, wenn die Steigerung des Empowerments angestrebt wird. Streben Unternehmen hingegen an, ihren sozialen Beitrag in den Vordergrund zu stellen, so kann sich dies sehr wohl positiv auf die Werbeanzeigen- und Produktbewertung der Konsument*innen auswirken.

Zudem gilt es, die Werbebotschaften auf eine Art und Weise zu formulieren, die Konsument*innen mit bereits bestehenden Kompetenzen ansprechen und jene, deren Fähigkeiten nur bedingt ausgeprägt sind, dazu auffordern, Expert*innen (z. B. Apotheker*innen) in Entscheidungsfragen zu konsultieren (Schulz und Nakamoto 2013). So kann den negativen Konsequenzen des Empowerments vorgebeugt werden. Pharmaunternehmen müssen sich dieses Risikos bewusst sein und abschätzen, ob es sinnvoll ist, ihren Absatzmarkt zu erhöhen, wenn dabei die Gefahr besteht, dass Konsument*innen aufgrund von Selbstüberschätzung ihrer Fähigkeiten zu „dangerous self-managers" werden (Schulz und Nakamoto 2013).

Im 21. Jahrhundert kommt der Selbstmedikation im Rahmen einer aufstrebenden DO IT YOURSELF-Kultur hohe Relevanz zu. Ein wichtiger Schritt, um diese stärker zu fördern, wurde bereits unternommen, indem vormals verschreibungspflichtige Medikamente nun vermehrt als nicht-verschreibungspflichtige Arzneimittel geführt werden, um Verbraucher*innen eine aktivere Rolle in Gesundheitsfragen einzuräumen. Dies bezieht sich dann auf Audre Lorde's Statement aus ihrem 1988 erschienenen Aufsatz „Burst of Light", in dem sie schreibt: „caring for myself is not self-indulgence, it is self-preservation" (S. 130). In diesem Zusammenhang nimmt auch die Werbung eine zentrale Rolle ein: Nur wenn den Verbraucher*innen Zugang zu leicht verständlichen und glaubwürdigen Informationen gewährt wird, sind sie in der Lage, nicht-verschreibungspflichtige Medikamente und deren Eignung für ihren Gesundheitszustand zu beurteilen. Werbeanzeigen für OTC-Präparate sollen Rezipient*innen und deren Gesundheit in den Mittelpunkt stellen und diese dazu befähigen, eine aktive Rolle in Gesundheitsentscheidungen zu übernehmen. Sollte Information (gekoppelt mit Emotion) als nützlich und empowernd angesehen werden, können sie Kontrolle über ihre Gesundheit und ihr Wohlbefinden zurückzugewinnen. Auch vor dem Hintergrund, dass Pharmaunternehmen ökonomische Interessen verfolgen, sollten Konsument*innen in ihrem Streben nach Gesundheit unterstützt werden. Das Empowerment stellt in diesem Zusammenhang ein Konzept dar, dass einen Wertewandel begleitet, im Zuge dessen Konsument*innen aktiv in Gesundheitsentscheidungen einbezogen werden. Wenn Unternehmen sich bewusst dazu entschließen, gesundheitsbewussten Rezipient*innen einfach aufbereitete und befähigende Informationen zur Verfügung zu stellen, die darauf basierend informierte Entscheidungen treffen können, so entsteht eine WIN–WIN Situation für beide Seiten, und das Gesundheitssystem kann nachhaltig entlastet werden. Die damit einhergehenden Risiken – z. B. etwaige Missverständnisse oder Selbstüberschätzung der Rezipient*innen – liegen aber in der Verantwortlichkeit der Pharmaunternehmen und dürfen keinesfalls außer Acht gelassen werden.

Literatur

Accent Health. (2014). The Value of Physicians in the OTC Marketplace. White Paper. Abgerufen von https://www.accenthealth.com/AccentHealth/media/Documents/AH_OTC_whitepaper_2014.pdf.

AESGP (2016). *AESGP Annual Report 2015–2016*. Abgerufen von https://aesgp.eu/articles/aesgp-annual-report-2015-2016.

AESGP (2017). *AESGP Annual Report 2016–2017*. Abgerufen von https://aesgp.eu/articles/aesgp-annual-report-2016-2017.

Anderson, R.M., Funnell, M.M., Fitzgerald, J.T., & Marrero, D.G. (2000.) The diabetes empowerment scale. A measure of psychological self-efficacy. *Diabetes Care, 23*(6), 739–743.

Anshari, M., Almunawar, M.N., Low, P.K.C., & Wint, Z. (2012). Customer empowerment in healthcare organisations through CRM 2.0. *Austrian Journal of South-East Asian Studies, 5*(1), 139–151.

Ball, J.G., Manika, D., & Stout, P. (2016). Causes and consequences of trust in direct-to-consumer prescription drug advertising. *International Journal of Advertising, 35*(2), 216–247.

BBC (2015). *Pharmaceutical industry gets high on fat profits.* Abgerufen von https://www.bbc.com/news/business28212223.

Bell, J. (2018). *Pharma advertising in 2018: TV, midterms and specialty drugs.* Abgerufen von https://www.biopharmadive.com/news/pharma-ad-dtc-marketing-2018-spend-TV-congress/533319/.

Blaxter, M. (2007). How is health experienced? In J. Douglas, S. Earle, S. Handsley, C.E. Lloyd, & S. Spurr (Hrsg.). *A reder in promoting public health* (S. 26–32). London: Sage.

Bonfadelli, H., & Friemel, T.N. (2020). *Kommunikationskampagnen im Gesundheitsbereich: Grundlagen und Anwendungen* (3. Aufl.). Köln: Herbert von Halem.

Bulsara, C., Styles, I., Ward, A.M., & Bulsara, M. (2006). The psychometrics of developing the patient empowerment scale. *The Journal of Psychosocial Oncology, 24*(2), 1–16.

CHPA (2013). *New data shows reliability and efficacy fuel trust and preference for OTC options.* Abgerufen von http:// www.chpa.org/03_06_13.aspx.

CHPA. (2014). Rx-to-OTC Switch. Abgerufen von https://www.chpa.org/switchpp.aspx.

Colin-Thome, D. (2003). Supporting self-care in the 21st century – a long term conditions view. *Journal of Holistic Healthcare, 6*(2), 6–8.

Dan, V. (2019). Pharmakommunikation. In C. Rossmann & M. R. Hastall (Hrsg.), *Handbuch der Gesundheitskommunikation: Kommunikationswissenschaftliche Perspektiven* (S. 109–120). Wiesbaden: Springer.

DeLorme, D.E., Huh, J., Reid, L.N., & An, S. (2010). The state of public research on over-the-counter drug advertising. *International Journal of Pharmaceutical and Healthcare Marketing, 4*(3), 208–231.

Diehl, S., Mueller, B., & Terlutter, R. (2008). Consumer responses towards non-prescription and prescription drug advertising in the US and Germany: They don't really like it, but they do believe it. *International Journal of Advertising, 27*(1), 99–131.

Diehl, S., Terlutter, R., & Müller, B. (2015). Doing good matters to consumers: The effectiveness of humane-oriented CSR appeals in cross-cultural standardized advertising campaigns. *International Journal of Advertising, 35*(4), 730–757.

Flora, C. (2008). *The pursuit of happiness.* Abgerufen von https://www.psychologytoday.com/articles/200812/the-pursuit-happiness.

Grace, V. M. (1991) The marketing of empowerment and the construction of the health consumer: A critique of health promotion. *International Journal of Health Services, 21*, 329–343.

Huh, J., DeLorme, D.E., & Reid, L.N. (2015). Do consumers avoid watching over-the-counter-drug advertisements? *Journal of Advertising Research, 55*(4), 401–415.

Iriart, C., Franco, T., & Merhy, E.E. (2011). The creation of the health consumer. *Globalization and Health, 7*(2), 1–12.

Koinig, I. (2016). *Pharmaceutical advertising as a source of consumer self-empowerment: Evidence from four countries*. Wiesbaden: Springer.

Koinig, I., Diehl, S., & Mueller, B. (2017). Are pharmaceutical ads affording consumers a greater say in their health care? The evaluation and self-empowerment effects of different ad appeals in Brazil. *International Journal of Advertising, 36*(6), 1–30.

Koinig, I., Diehl, S. & Mueller, B. (in Druck). Replicating the CSR-Advertising-Effectiveness Mod-el: Do Consumers' Attitudes Towards Corporate So-cially Responsible Behavior in the Pharmaceutical Industry Change Over Time? In M. Waiguny & S. Rosengren (Hrsg.). Advances in Advertising Research XI. Wiesbaden: Springer.

Main, K.J., Argo, J.J., & Huhmann, B.A. (2004). Pharmaceutical advertising in the USA: Information or influence? *International Journal of Advertising, 23*(1), 119–141.

MarketLine (2015). *Global OTC pharmaceuticals*. Abgerufen von https://store.marketline.com/report/ohme3505–global-otc-pharmaceuticals/.

MarketLine (2016). *The global pharmaceutical market*. Abgerufen von https://store.market line.com/report/ohmf0126–global-pharmaceuticals/.

MarketLine (2019). *Global OTC pharmaceuticals*. Abgerufen vonhttps://www.marketres earch.com/Life-Sciences-c1594/Pharmaceuticals-c89/General-Pharmaceuticals-c177/.

McAllister, M., Wood, A., Dunn, G., Shiloh, S., & Todd, C. (2011). The genetic counseling outcome scale: A new patient reported outcome measure for clinical genetics services. *Clinical Genetics, 79*(5), 413–424.

McAllister, M., Dunn, G., Payne, K., Davies, L., & Todd, C. (2012). Patient empowerment: The need to consider it as a measurable patient-reported outcome for chronic conditions. *BMC Health Services Research, 12*, 157–167.

Menon, A.M., Deshpande, A.D., George, M.Z., & Perri III, M. (2004). A model assessing the effectiveness of direct-to-consumer advertising: Integration of concepts and measures from marketing and healthcare. *International Journal of Advertising, 23*(1), 91–117.

Mueller, B. (2011). *Dynamics of International Advertising: Theoretical and Practical Perspectives* (2. Aufl.). New York: Peter Lang.

NCCSDO (2005). *Concordance, adherence and compliance in medicine taking*. Abgerufen von https://www.nets.nihr.ac.uk/__data/assets/pdf_file/0009/64494/FR-08-1412-076.pdf.

Neuhauser, L., & Kreps, G.L. (2003). Rethinking communication on the e-health era. *Journal of Health Psychology, 8*, 7–23.

Okazaki, S. (2007). Cross-cultural advertising research: Where we have been and where we need to go. *International Marketing Review, 24*(5), 499–518.

Rossiter, J.R., & Bellman, S. (2005). *Marketing communications: Theory and applications*. French Forest: Pearson Education Australia.

Salmon, P., & Hall, G.M. (2003). Patient empowerment and control: A psychosocial discourse in the service of medicine. *Social Science and Medicine, 57*(10), 1969–1980.

Sanofi (2020). *Evidenzbasierte Selbstmedikation – Eigenverantwortung von Patienten stärken*. Abgerufen von https://www.sanofi.de/de/therapiegebiete/selbstmedikation.

Schiavo, R. (2007). *Health communication: From theory to practice*. San Francisco: Wiley and Sons.

Schulz, P.J., & Nakamoto, K. (2013). Health literacy and patient empowerment in health communication. *Patient Education and Counseling, 90*, 4–11.

Siegert, G., & Brecheis, D. (2010). *Werbung in der Medien- und Informationsgesellschaft: Eine kommunikationswissenschaftliche Einführung*. Wiesbaden: Springer.

Snyder Bulik, B. (2020). *The top 10 ad spenders in Big Pharma for 2019*. Abgerufen von https://www.fiercepharma.com/special-report/top-10-advertisers-big-pharma-for-2019.

Statista (2020). *OTC Pharmaceuticals worldwide*. Abgerufen von https://www.statista.com/outlook/18000000/100/otc-pharmaceuticals/worldwide.

Terlep, S. (2019). *P&G Pursues the Do-It-Yourself Health-Care Business*. Abgerufen von https://www.wsj.com/articles/p-g-pursues-the-do-it-yourself-health-care-business-11574084384.

The Guardian (2017). *Generation treat yo' self: The problem with ‚self-care‘*. Abgerufen von https://www.theguardian.com/lifeandstyle/2017/jan/12/self-care-problems-solange-knowles.

Tones, K., & Tilford, S. (2001). *Health Promotion: Effectiveness, efficiency and equity* (3. Aufl.). Cheltenham, UK: Nelson Thornes.

VOX (2015). *9 of top 10 drug marketers spend more on marketing than research*. Abgerufen von https://www.vox.com/2015/2/11/8018691/big-pharma-research-advertising.

Yin, J. (1999). International advertising strategies in China: A worldwide survey of foreign advertisers. *Journal of Advertising Research, 39,* 25–35.

Isabell Koinig ist Postdoc-Assistentin am Institut für Medien- und Kommunikationswissenschaft der Universität Klagenfurt.

The manufacturer's authorised representative in the EU is Springer
Nature Customer Service Centre GmbH, Europaplatz 3, 69115 Heidelberg,
Germany. If you have any concerns regarding our products, please
contact ProductSafety@springernature.com

Printed and bound by CPI Group (UK) Ltd, Croydon, CR0 4YY
28/04/2026
02098491-0001